U0628851

中華文化促進會主持編纂

國家“十一五”~“十四五”重點圖書出版規劃項目

中國社會科學院哲學社會科學創新工程學術出版資助項目

出品人 王石 段先念

今注本二十四史

舊五代史

一二

晉書〔二〕

宋 薛居正等 撰

陳智超 紀雪娟 主持校注

中国社会科学出版社

舊五代史　卷八一

晋書七

少帝紀第一

少帝，名重貴，高祖之從子也。[1]考諱敬儒，母安氏，以唐天祐十一年六月二十七日，生帝於太原汾陽里。[2]敬儒嘗爲後唐莊宗騎將，[3]早薨，高祖以帝爲子。帝少而謹厚，高祖愛之，洎歷方鎮，嘗遣從行，委以庶事，但性好馳射，有祖禰之風。高祖鎮太原，[4]命瑯琊王震以《禮記》教帝，[5]不能領其大義，謂震曰："非我家事業也。"及高祖受圍於太原，親冒矢石，數獻可於左右，高祖愈重焉。高祖受契丹册，[6]將入洛，欲留一子撫晋陽，先謀於戎王，戎王曰："使諸子盡出，吾當擇之。"乃於行中指帝謂高祖曰："此眼大者可矣。"遂以帝爲北京留守，授金紫光禄大夫、檢校司徒、行太原尹，知河東管内節度觀察事。[7]

[1]高祖：即後晋皇帝石敬瑭。五代時後晋王朝的建立者。沙

陀部人。紀見本書卷七五至卷八〇、《新五代史》卷八。

［2］天祐：唐昭宗李曄開始使用的年號（904）。唐哀帝李柷即位後沿用（904—907）。唐亡後，河東李克用、李存勗仍稱天祐，沿用至天祐二十年（923）。五代其他政權亦有行此年號者，如南吴、吴越等，使用時間長短不等。　考：代指去世的父親。　敬儒：即石敬儒。沙陀部人。後晋高祖石敬瑭兄。傳見《新五代史》卷一七。　考諱敬儒：《新五代史》卷九《晋出帝紀》作："出帝父敬儒，高祖兄也。"《通鑑》卷二八〇天福元年（936）閏十一月丙寅條同。

［3］莊宗：即後唐莊宗李存勗。五代後唐王朝的建立者。紀見本書卷二七至卷三四、《新五代史》卷五。

［4］高祖鎮太原：《輯本舊史》之影庫本粘籤："'鎮太原'上原本脱'高祖'二字，今從《册府元龜》增入。"有關晋高祖鎮太原之記載，可見明本《册府》卷三〇〇《外戚部·選尚門》。

［5］瑯琊：古邑名。位於今山東南部。　王震：人名。瑯琊（今山東南部）王氏族人。後晋官員。事見本書本卷。　禮記：書名。又稱《小戴記》或《小戴禮記》。儒家經典之一。秦漢以前諸家禮儀論著選集。　命瑯琊王震以禮記教帝：據《舊五代史考異》所載："案：《歐陽史》作博士王震。"見《新五代史》卷九。

［6］契丹：古部族、政權名。公元4世紀中葉宇文部爲前燕所攻破，始分離而成單獨的部落，自號契丹。唐貞觀中，置松漠都督府，以其首領爲都督。唐末强盛，916年迭剌部耶律阿保機建立契丹國（遼）。先後與五代、北宋並立，保大五年（1125）爲金所滅。參見張正明《契丹史略》，中華書局1979年版。

［7］北京留守：官名。後晋以太原府爲北京。唐、五代在都城、陪都或軍事重鎮設留守，由地方行政長官兼任。　金紫光禄大夫：官名。光禄大夫加金印紫綬，正三品。　檢校司徒：官名。爲散官或加官，以示恩寵加此官，無實際執掌。司徒，與太尉、司空並爲三公。　太原尹：官名。唐、五代太原地方最高行政長官。從三

品。　河東：方鎮名。治所在太原（今山西太原市西南晉源鎮）。　行太原尹，知河東管内節度觀察事：《新五代史》卷九作“行太原尹，……知河東節度事”，與《輯本舊史》略同。《通鑑》卷二八〇天福元年閏十一月條丁卯作“太原尹、河東節度使”。

天福二年九月，徵赴闕，授光禄大夫、檢校太保、右金吾衛上將軍。[1]

[1]天福：五代後晉高祖石敬瑭年號（936—942）。出帝石重貴沿用至九年（944）。後漢高祖劉知遠繼位後沿用一年，稱天福十二年（947）。　光禄大夫：官名。漢代始設，由中大夫改置。從二品。　檢校太保：官名。爲散官或加官，以示恩寵加此官，無實際執掌。太保，與太師、太傅合稱三師。　右金吾衛上將軍：官名。唐置，掌宫禁宿衛。唐代置十六衛，即左右衛、左右驍衛、左右武衛、左右威衛、左右領軍衛、左右金吾衛、左右監門衛、左右千牛衛，各置上將軍，從二品；大將軍，正三品；將軍，從三品。事見《輯本舊史》卷七六《晉高祖紀二》天福二年（937）九月，“甲寅，皇子北京留守、知河東軍府事、太原尹重貴加檢校太保，爲右金吾衛上將軍”；卷七七《晉高祖紀三》天福三年十二月丙子，“以皇子右金吾衛上將軍重貴爲檢校太傅、開封尹，封鄭王，加食邑三千户”。《新五代史》卷九《晉出帝紀》天福二年九月條、《通鑑》卷二八一天福三年十二月癸亥作“左金吾衛上將軍”。

三年十二月，授開封尹，加檢校太傅，封鄭王，增食邑三千户，俄加檢校太尉、同中書門下平章事。[1]

[1]檢校太傅：官名。爲散官或加官，以示恩寵，無實際執掌。　檢校太尉：官名。爲散官或加官，以示恩寵，無實際執掌。　同

中書門下平章事：官名。簡稱“同平章事”。唐高宗以後，凡實際任宰相之職者，常在其本官後加同平章事的職銜。後成爲宰相專稱。後晋天福五年（940），升中書門下平章事爲正二品。

六年，高祖幸鄴，改廣晋尹，進封齊王。七年正月，加兼侍中。[1]

[1]鄴：地名。即鄴都。治所在今河北大名縣。五代後唐同光元年（923），改魏州爲興唐府，建號東京，三年改東京爲鄴都。　侍中：官名。秦始置。隋、唐前期爲門下省長官。唐後期多爲大臣加銜，不參與政務，實際職務由門下侍郎執行。正二品。　六年，高祖幸鄴，改廣晋尹，進封齊王：據《舊五代史考異》載：“案：以下疑脱‘七年正月，加兼侍中’八字。”當是。否則下文“是歲六月十三日乙丑高祖崩”蒙上文必使人誤以爲高祖崩於天福六年。中華書局本“六年”條下引劉本案語：“此歲爲天福七年，此承上六年爲言，於中當有脱文。”但未補。今據同書卷八〇《晋高祖紀六》天福七年（942）正月丙寅條補。

是歲六月十三日乙丑，高祖崩，承遺制命柩前即皇帝位。[1]帝在并州未著人望，及保釐浚郊，大有寬裕之稱。[2]從幸鄴都，[3]是歲遇旱，高祖遣祈雨於白龍潭，[4]有白龍見於潭心，是夜澍雨尺餘，人皆異之，至是果登大位焉。丁卯，賜侍衛諸軍將校錢一百貫下至五貫，[5]以初即位示賚也。戊辰，宰臣馮道等率百僚請聽政，[6]凡三上表，允之。庚午，始聽政於崇德殿門偏廊，分命廷臣以嗣位奏告天地宗廟社稷。遣右驍衛將軍石德超等押先皇御馬二匹，往相州西山撲祭，用北俗禮也。[7]丙子，以司徒、兼侍中馮道爲大行皇帝山陵使，門下侍郎竇貞固副之，太常卿崔棁爲禮儀使，户部侍郎吕琦爲鹵簿使，御史中丞王易簡爲儀仗使。[8]己卯，遣判四方館事朱崇節、右金吾衛大將軍梁言持國信物使於契丹。[9]是時，河南、河北、關西並奏蝗害稼。

[1]“是歲”至“即皇帝位”：《通鑑》卷二八三天福七年（942）五月：“帝寢疾，一旦，馮道獨對。帝命幼子重睿出拜之，又令宦者抱重睿置道懷中，其意蓋欲道輔立之。”“六月，乙丑，帝殂。道與天平節度使、侍衛馬步都虞候景延廣議，以國家多難，宜立長君，乃奉廣晋尹、齊王重貴爲嗣。是日，齊王即皇帝位。”

[2]并州：州名。唐開元十一年（723）改爲太原府。治所在今山西太原市西南晋源鎮。　保釐：保境安民、治理地方之意。　浚郊：指五代後晋都城開封市郊，因開封附近有浚水，故名。

[3]鄴都：明本《册府》卷二一《帝王部・徵應門》作“大名”，且繫此事於天福三年。

[4]白龍潭：地名。位於今河北魏縣西南。

[5]賜侍衛諸軍將校錢一百貫下至五貫：中華書局本有校勘記載：“‘五貫’，《册府》卷八一作‘五十貫’。”見明本《册府》卷八一《帝王部・慶賜門三》天福七年六月丁卯條。

[6]馮道：人名。瀛州景城（今河北滄縣）人。五代時官拜宰相，歷仕後唐、後晋、後漢、後周，亦曾臣服於契丹。傳見本書卷一二六、《新五代史》卷五四。

[7]右驍衛將軍：官名。唐置，掌宫禁宿衛。唐代十六衛之一。從三品。　石德超：人名。籍貫不詳。五代後晋將領。事見本書本卷。　相州：州名。治所在今河南安陽市。　撲祭：祭禮名。殺馬祭祀。爲沙陀等塞北部族的祭祀禮儀。

[8]司徒：官名。與太尉、司空並爲三公，唐後期、五代多爲

大臣、勳貴加官。正一品。　大行皇帝：古代對已死而停棺未葬的皇帝的諱稱。"大行"意爲一去不復返。　山陵使：官名。亦稱山陵儀仗使。唐貞觀中始置。掌議帝后陵寢制度、監造帝后陵寢。詳見吴麗娱《唐代的皇帝喪葬與山陵使》，《魏晋南北朝隋唐史資料》2008年第1期。　門下侍郎：官名。門下省副長官。唐後期三省長官漸爲榮銜，中書、門下侍郎却因參議朝政而職位漸重，常常用爲以"同三品"或"同平章事"任宰相者的本官。正三品。　竇貞固：人名。同州白水（今陝西白水縣）人。五代後唐至宋初大臣，後唐進士，後漢宰相。傳見《宋史》卷二六二。　太常卿：官名。西漢置太常，南朝梁始置太常卿。太常寺長官。掌宗廟祭祀禮樂及教育等。正三品。　崔棁：人名。博陵安平（今河北安平縣）人。五代官員。傳見本書卷九三、《新五代史》卷五五。　禮儀使：官名。有重大禮儀事務則臨時置使，掌禮儀事務，事畢即罷。　户部侍郎：官名。尚書省户部次官。協助户部尚書掌土地、人户、錢谷、貢賦之政。正四品下。　吕琦：人名。幽州安次（今河北廊坊市安次區）人。五代官員。以剛直、才幹著稱。未及重用而去世。傳見本書卷九二、《新五代史》卷五六。　鹵簿使：官名。掌帝后出行車駕儀仗。　御史中丞：官名。如不置御史大夫，則爲御史臺長官。掌司法監察。正四品下。　王易簡：人名。京兆（今陝西西安市）人。五代後梁進士，五代、宋初大臣。傳見《宋史》卷二六二。　儀仗使：官名。皇帝大駕出行時，總掌儀仗事務。　"丙子"至"御史中丞王易簡爲儀仗使"：《舊五代史考異》："案徐無黨《五代史記》注云：'舊史《實録》無橋道頓遞使，疑不置或闕書，漢高祖亦然'。"據《輯本舊史》《新五代史》，後唐（明宗、閔帝）、後周（世宗、恭帝）皆設置有橋道頓遞使。

［9］判四方館事：官名。隋始置四方館，以通事謁者爲主官。唐、五代沿置，以通事舍人或判四方館事爲主官。掌四方往來及互市事務。　朱崇節：人名。籍貫不詳。五代後梁官員。事見《舊唐書》卷一七九及本書本卷。《舊五代史考異》載："案：《歐陽史》

作館使宋崇節。”誤。《新五代史》卷九《晋出帝紀》及卷三六《李存孝傳》均作“朱崇節”。　右金吾衛大將軍：官名。唐置，掌宫禁宿衛。唐代十六衛之一。正三品。“衛”字《輯本舊史》闕，中華書局本沿之未補，據《新五代史》卷九補。　梁言：人名。籍貫不詳。五代官員。事見本書本卷。

秋七月癸未朔，百官素服臨於天清殿。[1]戊子，詔：“應宫殿、州縣及官名、府號、人姓名，與先帝諱同音者悉改之。”[2]改西京明堂殿爲宣德殿，中書政事堂爲政事廳，堂後官房頭爲録事，餘爲主事。[3]己丑，大行皇帝大祥，帝釋縗服，百官衣縿。辛卯，帝除禫服，百官吉服。[4]壬辰，太皇太后劉氏崩，高祖之庶母也。遺詔服紀園陵毋用后禮，皇帝不得廢軍國機務。既而禮官奏：“準令式，爲祖父母齊縗周，又準《喪葬令》，皇帝本服周者，三哭而止。請準後唐同光三年，皇太妃北京薨，莊宗於洛京西内發哀素服，不視事三日。”從之。[5]仍遣國子祭酒兼户部侍郎田敏奏告高祖靈座。[6]癸巳，右諫議大夫鄭受益、中書舍人楊昭儉並停見任，以請假在外，不赴國哀故也。[7]丁酉，宰臣馮道等率文武百僚詣崇德殿門拜表，請御正殿，凡三上表，允之。安州奏，水平地深七尺。[8]庚子，帝御正殿，宣制：“大赦天下，四京及諸道州府諸色罪犯，[9]除十惡五逆、殺人强盗、官典犯贓、合造毒藥、屠牛鑄錢外，[10]其餘罪犯，咸赦除之。襄州安從進如能果決輸誠，並從釋放。[11]其中外臣僚將校，並與加恩。天下有蟲蝗處，並與除放租税。”辛丑，恒州順國軍節度使杜威、河東節度使劉知遠，[12]並加檢校太師，仍增爵邑。青州平盧軍節度使楊光遠加守太師。[13]癸卯，鄆州天平軍節度使兼侍衛馬步都虞候景延廣加特進、同中書門下平章事，充侍衛親軍都指揮使。[14]滑州義成軍節度使兼侍衛馬軍都指揮使李守貞，相州彰德軍節度使、侍衛步軍都指揮使郭謹，並加檢校太傅，仍增爵邑。[15]宰臣馮道等上表，請依舊置樞密使，略曰："竊以樞密使創自前朝，置諸近侍，其來已久，所便尤多。頃歲樞密使劉處讓偶屬家艱，爰拘喪制，既從罷免，暫議改更，不曾顯降敕文，永停使額。所願各歸職分，豈敢苟避繁難，伏請依舊置樞密使。"[16]初，高祖事後唐明宗，睹樞密使安重誨秉政擅權，賞罰由己，常惡之，及登極，故斷意廢罷，一委中書。[17]至是馮道等厭其事繁，故復請置之，庶分其權。表凡三上，不允。乙巳，徐州節度使李從温、宋州節度使安彦威並加兼中書令，西都留守、充襄州行營都部署高行周加兼侍中，鳳翔節度使李從曮加守太保。[18]遣中使就中書賜宰臣馮道生辰器幣，道以幼屬亂離，早喪父母，不記生日，堅辭不受。丙午，以給事中羅周岳爲左散騎常侍，以右諫議大夫符蒙爲給事中，以祕書少監兼廣晋少尹邊蔚爲左散騎常侍，以廣晋少尹張煦爲右諫議大夫，以廣晋府判官、光禄少卿邊光範爲右諫議大夫。[19]丁未，荆南節度使、南平王高從誨加兼尚書令，湖南節度使、楚王馬希範加守太傅。[20]自是藩侯郡守，皆第加官封，示溥恩也。是月，州郡十七蝗。

［1］天清殿：宫殿名。位於今河南開封市。

［2］與先帝諱同音者悉改之：據中華書局本有校勘記："'悉'字原闕，據《大金集禮》卷二三引《舊五代史・晋紀》補。"明本《册府》卷三《帝王部・名諱門》天福七年（942）敕："應殿名及州縣名、職名等，有與高祖諱犯者悉改之。"

［3］政事堂：官署名。唐代以降宰相議事辦公之所。初設於門下省，後遷至中書省，唐玄宗時改稱中書門下，後又有更革。　録事：官名。古代各級官府所設屬官，掌文書記録流轉等事。　主事：官名。古代各級官府所設屬官，協辦各類政務。　"改西京明堂殿爲宣德殿"至"餘爲主事"：據殿本《輯本舊史》之案語："《東都事略・陶穀傳》：穀本姓唐，避晋祖諱改姓陶，蓋當時避諱之體如此。"見《東都事略》卷三〇《陶穀傳》，原文作："因避晋高祖諱而更爲陶，遂不復其舊。"

［4］縗服：我國古代喪服的一種。　縿：我國古代旌旗的正幅。　禫服：又稱"除服"或"脱孝"。中國古代喪葬風俗的一種，守孝期滿而可行禮除服。

［5］同光：後唐莊宗李存勗年號（923—926）。　從之：《輯本舊史》之影庫本粘籤："原本作'存之'，今據文改正。"

［6］國子祭酒：官名。國子監長官。從三品。　田敏：人名。淄州鄒平（今山東鄒平縣）人。五代、宋初大臣、學者。傳見《宋史》卷四三一。

［7］右諫議大夫：官名。隸中書省。唐代置左、右諫議大夫各四人，分隸門下省、中書省。掌諫諭得失、侍從贊相。正四品下。　鄭受益：人名。鄭州滎陽（今河南滎陽市）人。唐朝宰相鄭餘慶之曾孫。五代後梁至後晋官員。傳見本書卷九六。　中書舍人：官名。中書省屬官。掌起草文書、呈遞奏章、傳宣詔命等。正五品上。　楊昭儉：人名。京兆長安（今陝西西安市）人。五代後周、宋初大臣。傳見《宋史》卷二六九。

［8］安州：州名。治所在今湖北安陸市。

[9]四京及諸道州府諸色罪犯："四京及"三字《輯本舊史》闕，中華書局本沿之未補，今據明本《册府》卷九四《帝王部·赦宥門一三》所載天福七年七月庚子制補。

[10]合造毒藥：中華書局本有校勘記："'造'原作'作'，據《册府》卷九四改。"

[11]襄州：州名。治所在今湖北襄陽市。　安從進：人名。索葛部人。五代後唐、後晋將領。傳見本書卷九八、《新五代史》卷五一。

[12]恒州：州名。即鎮州。治所在今河北正定縣。　節度使：官名。唐時在重要地區所設掌握一州或數州軍、民、財政的長官。　杜威：人名。即杜重威，避後晋出帝石重貴諱稱杜威。其先朔州（今山西朔州市朔城區）人，後徙居太原。五代後晋、後漢將領。傳見本書卷一〇九、《新五代史》卷五二。　劉知遠：人名。沙陀部人，後世居於太原。五代後唐、後晋將領，後漢高祖。紀見本書卷九九至卷一〇〇、《新五代史》卷一〇。　恒州順國軍節度使杜威、河東節度使劉知遠：據《輯本舊史》案語載："杜重威避少帝諱去'重'字，至漢始復，故少帝紀皆作杜威。"

[13]檢校太師：官名。爲散官或加官，以示恩寵，無實際執掌。　青州：州名。治所在今山東青州市。　平盧軍：方鎮名。治所在青州（今山東青州市）。　楊光遠：人名。沙陀部人。五代後唐、後晋將領。傳見本書卷九七、《新五代史》卷五一。　太師：官名。與太傅、太保合稱三師，唐後期、五代多爲大臣、勳貴加官。正一品。

[14]鄆州：州名。治所在今山東東平縣。　天平軍：方鎮名。治所在鄆州（今山東東平縣）。　侍衛馬步都虞候：官名。五代侍衛親軍馬步軍統兵官，僅次於馬步軍都指揮使、副都指揮使。　景延廣：人名。陝州（今河南三門峽市陝州區）人。五代後晋將領。傳見本書卷八八、《新五代史》卷二九。　特進：官名。西漢末期始置，授給列侯中地位較特殊者。隋唐時期，特進爲文散官，授給

有聲望的官員。正二品。　侍衛親軍都指揮使：官名。五代時侍衛親軍之長官。多爲皇帝親信。《通鑑》卷二八三天福七年七月癸卯條作“侍衛馬步都指揮使”。

［15］滑州：州名。治所在今河南滑縣。　義成軍：方鎮名。治所在滑州（今河南滑縣）。　侍衛馬軍都指揮使：官名。五代時皇帝親軍侍衛馬軍司長官。　李守貞：人名。河陽（今河南孟州市）人。五代將領。傳見本書卷一〇九、《新五代史》卷五二。　相州：州名。治所在今河南安陽市。　彰德軍：方鎮名。治所在相州（今河南安陽市）。　侍衛步軍都指揮使：官名。五代始置。皇帝侍衛親軍步軍司最高長官。　郭謹：人名。晋陽（今山西太原市）人。五代後晋、後漢將領。傳見本書卷一〇六。

［16］樞密使：官名。樞密院長官。五代時以士人爲之，備顧問、參謀議，出納詔奏，權侔宰相。參見李全德《唐宋變革期樞密院研究》，國家圖書館出版社2009年版。　劉處讓：人名。滄州（今河北滄縣舊州鎮）人。五代後唐、後晋將領。傳見本書卷九四、《新五代史》卷四七。

［17］明宗：即五代後唐明宗李嗣源。沙陀部人。原名邈佶烈，李克用養子。926年至933年在位。紀見本書卷三五至卷四四、《新五代史》卷六。　安重誨：人名。應州（今山西應縣）人。五代後唐大臣。傳見本書卷六六、《新五代史》卷二四。

［18］徐州：州名。治所在今江蘇徐州市。　李從温：人名。代州崞縣（今山西原平市）人。五代後唐、後晋大臣。好財利。傳見本書卷八八。　宋州：州名。治所在今河南商丘市睢陽區。　安彦威：人名。代州崞縣（今山西原平市）人。五代後唐、後晋大臣。以知兵、謹厚著稱。傳見本書卷九一、《新五代史》卷四七。　中書令：官名。漢代始置，隋、唐前期爲中書省長官，屬宰相之職，唐後期多爲授予元勳大臣的虚銜。正二品。　留守：官名。在都城、陪都或軍事重鎮所設留守，由地方行政長官兼任。　行營都部署：官名。凡行軍征討，挂帥率軍戰鬥，總管行營事務。　高行

周：人名。嬀州懷戎（今河北懷來縣）人。五代後唐至後周將領。傳見本書卷一二三、《新五代史》卷四八。　鳳翔：方鎮名。治所在鳳翔府（今陝西鳳翔縣）。　李從曮：人名。深州博野（今河北蠡縣）人。李茂貞長子，唐末、五代軍閥。傳見本書卷一三二。　太保：官名。與太師、太傅並爲三師。唐後期、五代多爲大臣、勳貴加官。正一品。

［19］給事中：官名。秦始置。隋唐以來，爲門下省屬官。掌讀署奏抄，駁正違失。正五品上。　羅周岳：人名。籍貫不詳。五代官員。事見本書本卷及卷七六、卷七八、卷八四。　左散騎常侍：官名。門下省屬官。掌侍奉規諷，備顧問應對。正三品下。　符蒙：人名。籍貫不詳。五代官員。事見本書本卷及卷三二、卷七七、卷八三、卷一二三。　祕書少監：官名。唐承隋制，置秘書省，設秘書少監二人協助秘書監工作。從四品上。　少尹：官名。唐、五代於三京、鳳翔等府均置少尹，爲府尹的副職。協助府尹通判列曹諸務。從四品下。　邊蔚：人名。京兆長安（今陝西西安市）人。五代大臣。傳見本書卷一二八。　張煦：人名。籍貫不詳。後周時擔任散騎常侍、刑部尚書、兵部尚書等職。事見本書本卷、卷八四、卷一一一至卷一一四。　判官：官名。此處指山陵判官。協助山陵使、副使處理帝后陵寢制度、監造帝后陵寢。　光禄少卿：官名。北魏始設，歷代沿置，光禄寺副長官。掌宮廷飲宴食材採辦諸事。從四品。　邊光範：人名。并州陽曲（今山西太原市）人。歷仕五代後唐、後晉至宋代。傳見《宋史》卷二六二。　左散騎常侍：據中華書局本有校勘記："'左'，原作'右'，據本書卷八二《晉少帝紀二》、卷一二八《邊蔚傳》及本卷下文改。"見本卷天福八年（943）二月甲戌條、下卷天福八年十月己巳條。

［20］荊南：方鎮名。唐至德二年（757）置。治所在荊州（今湖北荊沙市荊州區）。後唐同光二年（925）高季興受封爲南平王。　高從誨：人名。陝州硤石（今河南三門峽市陝州區）人，南平國主高季興長子。傳見本書卷一三三、《新五代史》卷六九。　尚書

令：官名。秦始置。隋、唐前期爲尚書省長官，與中書令、侍中並爲宰相。因以李世民爲之，後皆不授，唐高宗廢其職。唐後期以李適、郭子儀有功而特授此職，爲大臣榮銜，不參與政務。五代因之。唐時爲正二品，後梁開平三年（909）升爲正一品。　湖南：方鎮名。治所在潭州（今湖南長沙市）。　馬希範：人名。許州鄢陵（今河南鄢陵縣）人。五代十國南楚國主馬殷子。後唐明宗長興三年（932）至後晋開運四年（947）在位。傳見本書卷一三三、《新五代史》卷六六。　太傅：官名。與太師、太保合稱三師，唐後期、五代多爲大臣、勳貴加官。正一品。

八月壬子朔，百官素服臨於天清殿。乙卯，以左散騎常侍羅周岳爲東京副留守。戊午，襄州行營都部署高行周奏，收復襄州，安從進自焚而死，生擒男弘贊斬之。[1]庚申，以山陵禮儀使、太常卿崔棁爲太子賓客，分司西都，病故也。[2]壬戌，晋昌軍節度使桑維翰加檢校太傅。[3]甲子，宰臣馮道加守太尉，趙瑩加中書令，李崧加左僕射兼門下侍郎，和凝加右僕射。[4]契丹遣使致慰禮馬二十匹及羅絹等物。前河中節度使康福卒，[5]贈太師，謚曰武安。戊辰，以太子太保兼尚書左僕射劉昫爲太子太傅。[6]詔賜襄州城内百姓粟，[7]大户二斛，小户一斛，以久困重圍也。己巳，以太子賓客趙元輔權判太常卿事，充山陵禮儀使。[8]庚午，葬太皇太后於魏縣秦固村。[9]癸酉，契丹遣使致祭於高祖，賻禮御馬二匹、羊千口、絹千匹。契丹主母亦遣使來慰。詔："免襄州城内人户今年秋來年夏屋税，[10]其城外下營處與放二年租税。應被安從進脅從者，一切不問。"丁丑，百官素服臨於天清殿。己卯，分命朝臣詣寺觀禱雨。辛巳，兩浙節度使吴越國王錢弘佐、福建節度使王延羲，並加食邑，仍改賜功臣名號。[11]是月，河中、河東、河西、徐、晋、商、汝等州蝗。[12]

[1]戊午：《輯本舊史》原作“是日”，孔本有案語：“高行周克襄州，《五代春秋》及《通鑑》俱不書日，《遼史》作甲子，晋復襄州，蓋以奏聞之日爲收城之日也。歐陽史作八月戊午，高行周克襄州，當得其實。”見《新五代史》卷九《晋出帝紀》，繫於天福七年（942）八月戊午（七日），《輯本舊史》原附於甲子（十三日）條後，《遼史》卷四《太宗紀下》會同五年（即晋天福七年，942）亦繫於八月甲子條，均誤。中華書局本未改正。今從《新五代史》。

[2]太子賓客：官名。爲太子官屬。唐高宗顯慶元年（656）始置。掌侍從規諫，贊相禮儀。正三品。

[3]晋昌軍：方鎮名。治所在京兆府（今陝西西安市）。　桑維翰：人名。洛陽（今河南洛陽市）人。五代後唐進士，後晋宰相、樞密使。傳見本書卷八九、《新五代史》卷二九。

[4]太尉：官名。與司徒、司空並爲三公，唐後期、五代多爲大臣、勳貴加官。正一品。　趙瑩：人名。華州華陰（今陝西華陰市）人。五代後晋宰相。傳見本書卷八九、《新五代史》卷五六。　李崧：人名。深州饒陽（今河北饒陽縣）人。後晋宰相，歷仕後唐至後漢。傳見本書卷一〇八、《新五代史》卷五七。　左僕射：官名。秦始置。隋唐前期以左、右僕射佐尚書令總理六官，綱紀庶務，如不置尚書令，則總判省事，爲宰相之職。唐後期多爲大臣加銜。從二品。　和凝：人名。鄆州須昌（今山東東平縣）人。後晋宰相。傳見本書卷一二七、《新五代史》卷五六。　右僕射：官名。秦始置。隋、唐前期以左、右僕射佐尚書令總理六官，綱紀庶務，

如不置尚書令，則總判省事，爲宰相之職。唐後期多爲大臣加銜。從二品。

[5]康福：人名。蔚州（今河北蔚縣）人。五代後唐將領。傳見本書卷九一、《新五代史》卷四六。　前河中節度使康福卒：中華書局本有校勘記："'河中'，原作'河東'，據本書卷八〇《晋高祖紀六》、卷九一《康福傳》改。"見《輯本舊史》卷七九天福五年三月丁亥條、卷八〇天福七年四月甲戌條、卷九一《康福傳》，又見《新五代史》卷四六《康福傳》。

[6]太子太保：官名。與太子太師、太子太傅統稱太子三師。隋唐以後多作加官或贈官。從一品。　劉昫：人名。涿州歸義縣（今河北容城縣）人。五代大臣，曾任宰相、監修國史，領銜撰進《舊唐書》。傳見本書卷八九、《新五代史》卷五五。　太子太傅：官名。與太子太師、太子太保統稱太子三師。隋唐以後多作加官或贈官。從一品。

[7]詔賜襄州城内百姓粟：中華書局本有校勘記："原作'百官'，據殿本、《册府》卷一〇六改。"見明本《册府》卷一〇六《帝王部・惠民門二》天福七年八月詔。

[8]趙元輔：人名。籍貫不詳。五代官員。事見本書本卷及卷七九。

[9]魏縣：縣名。治所在今河北魏縣。　秦固村：地名。位於今河北邯鄲市。

[10]今年秋來年夏：中華書局本有校勘記："'今年秋來年夏'，原作'今年夏秋來'，據《册府》卷四九二改。"見《宋本册府》卷四九二《邦計部・蠲復門四》天福七年八月詔。今據改。

[11]錢弘佐：人名。五代十國吴越君主。傳見本書卷一三三、《新五代史》卷六七、《十國春秋》卷八〇。　王延羲：人名。五代十國閩國景宗，性嗜酒殘暴，後爲部將連重遇、朱文進所殺。傳見本書卷一三四、《新五代史》卷六八。　"丁丑"至"仍改賜功臣名號"：丁丑、己卯、辛巳三條，中華書局本均置於九月，且以

丁丑爲朔日。但九月壬午朔，丁丑爲八月二十六、己卯爲八月二十八、辛巳爲八月三十，故需將此三條移至八月。

［12］晋：州名。治所在今山西臨汾市。　商：州名。治所在今陝西商洛市商州區。　汝：州名。治所在今河南汝州市。

九月癸未，帝御乾明門，觀襄州行營都部署高行周、都監張從恩等獻俘馘。[1]有司宣露布訖，[2]以安從進男弘受等四十四人徇於市，皆斬之。曲赦京城禁囚。甲申，宴班師將校於崇德殿，賜物有差。乙酉，宰臣和凝上《迴河頌》，賜鞍馬器帛。丁亥，以宋州歸德軍節度使安彦威爲西京留守兼河南尹；以襄州行營都部署、西京留守高行周爲宋州節度使，加檢校太師。[3]戊子，降襄州爲防禦使額，均、房二州割屬鄧州，升泌州爲團練使額。[4]己丑，以東京留守兼開封尹李德琉爲廣晋尹；以宣徽南院使、襄州行營都監張從恩爲東京留守兼開封尹，加檢校太尉；以前同州節度使、襄州行營副部署宋彦筠爲鄧州威勝軍節度使，加檢校太尉。[5]山陵禮儀使撰高祖祔饗太廟酌獻樂章，上之。[6]庚寅，詔今後除授留守，宜降麻制。[7]癸巳，永壽長公主史氏進封魯國大長公主，壽安長公主烏氏進封衛國大長公主，樂平長公主杜氏進封宋國大長公主。[8]荆南高從誨累表讓尚書令之命。己亥，追封故秦國公主爲梁國長公主，故永壽長公主爲岐國大長公主，故延慶長公主爲邠國大長公主。[9]辛丑，以義成軍節度使兼侍衛馬軍都指揮使李守貞充大行皇帝山陵都部署。[10]壬寅，以宣徽北院使、判三司劉遂清爲鄭州防禦使，以澶州防禦使李承福爲宣徽北院使。[11]癸卯，詔大行皇帝十一月十日山陵，宜自十月一日至十一月二十日不坐，放文武百官朝參。甲辰，上大行皇帝尊謚寶册，[12]百官素服班於天清殿。禮儀使撰進高祖祔饗太廟酌獻樂章舞名，[13]請以《咸和之舞》爲名。從之。

[1]都監：官名。唐代中葉命將出征，常以宦官爲監軍、都監。後爲臨時委任的統兵官，稱都監、兵馬都監。掌屯戍、邊防、訓練之政令。　張從恩：人名。太原人。五代後晋外戚、將領。仕至宋初。傳見《宋史》卷二五四。

[2]露布：不加密封的文書，亦稱“露版”或“露板”。漢代唯赦令、贖令，召三公詣朝堂受制書，司徒印封，露布下州郡。魏晋以下，每戰勝則書捷狀建於竿頭，使天下皆知之，或白其事而告天下。

[3]歸德軍：方鎮名。治所在宋州（今河南商丘市睢陽區）。本後梁宣武軍，後唐改名歸德軍。

[4]防禦使：官名。唐代始置，設有都防禦使、州防禦使兩種。常由刺史或觀察使兼任，實際上爲唐代後期州或方鎮的軍政長官。　均：州名。治所在今湖北丹江口市。　房：州名。治所在今湖北房縣。　鄧州：州名。治所在今河南鄧州市。　泌州：州名。治所在今河南唐河縣。

[5]李德琉：人名。應州金城（今山西應縣）人。後唐、後晋大臣。傳見本書卷九〇。　廣晋：府名。五代後晋天福二年（937）改興唐府置廣晋府，治元城、廣晋二縣（今河北大名縣）。　宣徽南院使：官名。唐始置。宣徽南院的長官。初用宦官，五代以後改用士人。與宣徽北院使通掌内諸司及三班内侍之名籍，郊祀、朝會、宴享供帳之儀，檢視内外進奉名物。參見王永平《論唐代宣徽使》，《中國史研究》1995 年第 1 期；王孫盈政《再論唐代的宣徽

使》，《中華文史論叢》2018 年第 3 期。　同州：州名。治所在今陝西大荔縣。　行營副部署：官名。行營都部署副職。　宋彥筠：人名。雍丘（今河南杞縣）人。五代後唐、後晋將領。傳見本書卷一二三。　威勝軍：方鎮名。治所在鄧州（今河南鄧州市）。

［6］祔：祭禮名。據《儀禮·既夕禮》載："明日以其班祔。"鄭玄注："祔，猶屬也。"行祔禮以將七廟神主牌位附屬於太廟。　太廟：帝王的祖廟。用以供奉、祭祀皇帝先祖。

［7］麻制：唐宋時代委任宰執大臣的詔命，因書於麻紙而得名。

［8］長公主：我國古代對皇帝姐妹的稱呼。　大長公主：我國古代對皇帝姑母的稱呼。　"癸巳"至"宋國大長公主"：《輯本舊史》之"永壽長公主史氏""樂平長公主杜氏"，中華書局本改作"樂平長公主史氏""鄭國長公主杜氏"，並有校勘記："'樂平長公主'，原作'樂平公主'，據本書卷七六《晋高祖紀二》及本卷下文改。本書卷七六《晋高祖紀二》：'（天福二年五月）皇第十二妹史氏爲永壽長公主，皇第十三妹杜氏爲樂平長公主。'《金石萃編》卷一二〇史匡翰碑云匡翰尚魯國大長公主。《通鑑》卷二八一：'重威，朔州人也，尚帝妹樂平長公主。'則樂平長公主係杜重威妻。"《輯本舊史》卷七六《晋高祖紀二》繫封皇妹史氏爲永壽長公主、杜氏爲樂平長公主於天福二年（937）五月庚午。《通鑑》卷二八一記杜重威尚樂平長公主在天福二年六月己亥。中華書局本有校勘記所引與文獻所載不符，故今恢復《輯本舊史》原文。又，"衛國大長公主"，中華書局本有校勘記："'衛國'，殿本作'魏國'。"

［9］秦國公主：中華書局本有校勘記："原作'秦國長公主'，據《五代會要》卷二改。按本書卷七九《晋高祖紀五》：'（天福六年）長安公主薨，帝之長女也……追贈秦國公主。'"《輯本舊史》卷七九《晋高祖紀五》天福六年二月癸丑條："長安公主薨，帝之長女也。笄年降於駙馬楊永祚，帝悼惜之甚，追贈秦國公主。"《會要》卷二公主條云"六年五月卒，追封秦國公主，至七年九月，又

追封梁國長公主。”今據改。

[10]山陵都部署：官名。掌營建、保衛皇室山陵諸事。

[11]宣徽北院使：官名。唐始置。宣徽北院的長官。初用宦官，五代以後改用士人。與宣徽南院使通掌内諸司及三班内侍之名籍，郊祀、朝會、宴享供帳之儀，檢視内外進奉名物。參見王永平《論唐代宣徽使》，《中國史研究》1995年第1期；王孫盈政《再論唐代的宣徽使》，《中華文史論叢》2018年第3期。　判三司：官名。通掌鹽鐵、度支、户部三個部門事務。爲三司使之起始。　劉遂清：人名。青州北海（今山東濰坊市）人。五代後唐、後晋官員。治理地方多有善政。傳見本書卷九六。　鄭州：州名。治所在今河南鄭州市。　澶州：州名。唐、五代初，治所在今河南清豐縣。後晋天福四年（939）移治於今河南濮陽市。　李承福：人名。漢陽（今湖北武漢市漢陽區）人。五代後晋官員。傳見本書卷九〇。

[12]甲辰，上大行皇帝尊謚寶册：據《舊五代史考異》載："案《五代會要》：天福七年，中書門下奏：山陵禮儀使狀：高祖尊謚號及廟號，伏准故事，將啟殯宫前，擇日命太尉率百僚奉謚册，告天于圜丘畢，奉謚册跪讀于靈前。此累朝之制，蓋以天命尊極，不可稽留。今所上高祖聖文章武明德孝皇帝尊謚寶册，伏緣去洛京地遠，寶册難以往來，當司詳酌，伏請祗差官往洛京，奏告南郊太廟。其日，中書門下文武百官立班，中書令、侍中升靈座前讀寶册，行告謚之禮。”又，文中“告天于圜丘畢”，中華書局本有校勘記：“‘于’原作‘子’，據殿本、劉本、《五代會要》卷一改。”見《會要》卷一雜録條晋天福七年八月條。

[13]禮儀使撰進高祖祔饗太廟酌獻樂章舞名：據《輯本舊史》之影庫本粘籤：“禮儀使，原本作‘禮俊使’，據上文云：山陵禮儀使撰高祖祔饗太廟樂章上之。蓋先進樂章，至此乃請定舞名也。原本‘俊’字誤，今改正。”參《宋本册府》卷五七〇《掌禮部·作樂門六》天福七年條。

冬十月辛亥朔，百官素服臨於天清殿。襄州利市廟封爲順正王，[1]仍令本州修崇廟宇。癸亥，啟攢宫，百官衣初喪服入臨。甲子，靈駕進發，帝於朱鳳門外行遣奠之祭，辭畢還宫。丁丑，太保盧質卒，贈太子太師，謚曰文忠。[2]己卯，宰臣李崧母喪，歸葬深州，遣使弔祭之。[3]庚辰，契丹遣使致祭於高祖，賻馬三匹、衣三襲。[4]

[1]襄州利市廟封爲順正王：據中華書局本有校勘記載："'順正王'，《册府》卷三四同，《五代會要》卷一一作'顯正王'。"見《會要》卷一一封嶽瀆條、明本《册府》卷三四《帝王部·崇祭祀門三》天福七年（942）十月條。

[2]盧質：人名。河南（今河南洛陽市）人。五代大臣。傳見本書卷九三、《新五代史》卷五六。　太子太師：官名。與太子太傅、太子太保統稱太子三師。隋唐以後多作加官或贈官。從一品。

[3]深州：州名。治所在今河北深州市。

[4]"庚辰"至"衣三襲"：據《新五代史》卷九《晋出帝紀》載，十月"己未，契丹使舍利來"。

十一月庚寅，葬高祖皇帝於顯陵。壬辰，湖南奏，前洪州節度使馬希振卒。[1]戊戌，詔宰臣等分詣寺廟祈雪。庚子，祔高祖神主於太廟。辛丑，以右金吾衛大將軍、權判三司董遇爲三司使。[2]詔："州郡税鹽，過税斤七錢，住税斤十錢，[3]州府鹽院並省司差人勾當。"先是，諸州府除蠶鹽外，每年海鹽界分約收鹽價錢一十七萬貫，[4]高祖以所在禁法，抵犯者衆，遂開鹽禁，許通商，令州郡配徵人户食鹽錢，上户千文，下户二百，分爲五等，時亦便之。至是掌賦者欲增財利，難於驟變前法，乃重其關市之征，蓋欲絶其興販歸利於官也。其後鹽禁如故，鹽錢亦徵，至今爲弊焉。是日，詔："天地、宗廟、社稷及諸祠祭等，訪聞所司承管，多不精潔。宜令三司預支一年禮料物色，於太廟置庫收貯，差宗正丞主掌，委監察御史監當，[5]祭器祭服等未備者修製。"[6]

[1]洪州：州名。治所在今江西南昌市。　馬希振：人名。許州鄢陵（今河南鄢陵縣）人。五代十國南楚（亦稱馬楚）開國君主馬殷之子。事見本書本卷、《新五代史》卷六六。

[2]董遇：人名。籍貫不詳。五代後晋官員。事見本書本卷及卷八三。

[3]過税斤七錢，住税斤十錢：《會要》卷二六鹽條。《宋本册府》卷四九四《邦計部·山澤門二》同，明本《册府》兩"錢"字均作"分"。但宋、明兩本《册府》均誤繫於天福六年（941）十一月。

[4]每年海鹽界分約收鹽價錢一十七萬貫：中華書局本有校勘記："'十'，原作'千'，據本書卷一四六《食貨志》、《五代會要》卷二六、《册府》卷四九四改。"見《會要》卷二六鹽條天福七年十一月記事。

[5]宗正丞：官名。隋、唐、五代置爲宗正寺佐官，位次少卿，員二人，掌判本寺日常公務。從六品上。　監察御史：官名。屬御史臺之察院，掌監察中央機構、州縣長官及祭祀、庫藏、軍旅等事。唐中期以後，亦作爲外官所帶之銜。正八品下。

[6]"委監察御史監當"：據中華書局本有校勘記載："'監察御史'，原作'監察使'，據殿本、孔本改。《五代會要》卷四、《册府》卷三四引天福七年十一月敕云以監察御史宋彦昇監庫。"

見《會要》卷四緣祀裁製條天福七年十一月敕。　“是日”至“祭器祭服等未備者修製”：《舊五代史考異》：“案《五代會要》：敕差宗正丞石載仁專主掌，監察御史宋彥昇監庫，兼差供奉官陳審璘往洛京，于太廟内穩便處修蓋庫屋五間，俟畢日，催促所支物色，監送入庫交付訖，取收領文狀歸閣。每有祠祭，諸司合請禮料。至時委監庫御史宋彥昇、宗正丞石載仁旋行給付。其大祠、中祠兼令監察御史檢點，小祠即令行事官檢點。如致慢易，本司准格科罪。其祭器未有者修製，已有者更仰整飭。”對《舊五代史考異》所引《會要》文，“于太廟内穩便處修蓋庫屋五間”，中華書局本有校勘記：“‘穩便’，原作‘隱便’，據孔本、《五代會要》卷四改。”“諸司合請禮料”，中華書局本有校勘記：“‘合’，原作‘各’，據《五代會要》卷四改。”

十二月辛酉，以威武軍節度副使、充福建管内諸軍都指揮使王亞澄爲威武軍副大使，知節度事。[1]詔：“諸道州府，每遇大祭祀、冬正、寒食、立春、立夏，雨雪未晴，不得行極刑，如有已斷下文案，可取次日及雨雪定後施行。”乙丑，以前鄧州節度使安審暉爲左羽林統軍，以前延州節度使丁審琪爲右羽林統軍，以前金州節度使潘環爲左神武統軍，以前華州節度使皇甫立爲左金吾衛上將軍，以右龍武統軍劉遂凝爲左驍衛上將軍，以前貝州節度使馬萬爲右驍衛上將軍，以左龍武大將軍張彥澤爲右武衛上將軍。[2]丙寅，宰臣馮道、滑州節度使兼侍衛馬軍都指揮使李守貞、河陽節度使皇甫遇、西京留守安彥威、廣晋尹李德琉，並加爵邑，以山陵充奉之勞也。己巳，回鶻進奉使密里等各授懷化歸德大將軍、將軍郎將，放還蕃。[3]庚午，故洪州節度使馬希振追封齊國公。辛未，故中吴建武等軍節度使、彭城郡王錢元璙追封廣陵郡王。[4]丙子，于闐、回鶻皆遣使貢方物。[5]

[1]威武軍：方鎮名。治所在福州（今福建福州市）。　節度副使：官名。唐、五代方鎮屬官。位於行軍司馬之下、判官之上。　王亞澄：人名。光州固始（今河南固始縣）人。五代十國閩國景宗王曦之子。事見本書本卷及《新五代史》卷六八。　副大使：官名。即節度副大使。方鎮中僅次於節度使之使職，如持節，則位同於節度使。

[2]安審暉：人名。沙陀部人。安審琦之兄。五代十國時期高級將領。傳見本書卷一二三。　左羽林統軍：官名。左羽林軍統兵官。至德二年（757）唐肅宗置禁軍，也叫神武天騎，分爲左、右神武天騎，左、右羽林軍，左、右龍武軍，稱“北衙六軍”。從二品。　延州：州名。治所在今陝西延安市。　丁審琪：人名。籍貫不詳。五代十國藩鎮軍閥。事見本書本卷及卷七九、卷八四、卷九四。　右羽林統軍：官名。右羽林軍統兵官。從二品。　金州：州名。治所在今陝西安康市。　潘環：人名。洛陽（今河南洛陽市）人。五代藩鎮軍閥。傳見本書卷九四。　左神武統軍：官名。左神武軍統兵官。從二品。　華州：州名。治所在今陝西渭南市華州區。　皇甫立：人名。代北（今山西代縣）人。五代後唐、後晋藩鎮將領。傳見本書卷一〇六。　左金吾衛上將軍：官名。唐置，掌宫禁宿衛。唐代十六衛之一。從二品。　右龍武統軍：官名。右龍武軍統兵官。從二品。　劉遂凝：人名。密州安丘（今山東安丘市）人。劉鄩之子。五代將領。歷任華州節度使、右龍武統軍、左驍衛上將軍。傳見本書卷一三一。　左驍衛上將軍：官名。唐置，掌宫禁宿衛。唐代十六衛之一。從二品。　貝州：州名。治所在今河北清河縣。　馬萬：人名。澶州（今河南濮陽市）人。五代後唐、後晋、後漢將領。傳見本書卷一〇六。　右驍衛上將軍：官

名。唐置，掌宫禁宿衛。唐代十六衛之一。從二品。　左龍武大將軍：官名。左龍武軍統兵官。從二品。　張彦澤：人名。太原（今山西太原市）人。五代後唐、後晋藩鎮軍閥。後投於契丹。後因擅殺遭誅，行刑時市人争食其肉。傳見本書卷九八、《新五代史》卷五二。　右武衛上將軍：官名。唐置，掌宫禁宿衛。唐代十六衛之一。從二品。

[3]回鶻：部族、政權名。又作回紇。原係突厥鐵勒部的一支。唐天寶三載（744）建立回紇汗國，8 世紀末 9 世紀初，回鶻與吐蕃争奪北庭和安西並最終取勝，統治西域。9 世紀中葉，回鶻汗國瓦解。參見楊蕤《回鶻時代：10—13 世紀陸上絲綢之路貿易研究》，中國社會科學出版社 2015 年版。　進奉使：官名。掌出使外國、進呈禮物。　密里：人名。籍貫不詳。回鶻官員。本書僅此一見。　郎將：官名。將軍、大將軍屬官。

[4]中吴：方鎮名。治所在蘇州（今江蘇蘇州市）。　建武：方鎮名。治所在邕州（今廣西南寧市）。　錢元璙：人名。錢鏐之子。五代後唐、後晋將領。事見本書本卷、卷三二、卷三七、卷一三三等。

[5]于闐：西域古國名。都城在今新疆和田地區。參見張廣達、榮新江《于闐史叢考》（增訂本），中國人民大學出版社 2008 年版。

天福八年春正月辛巳，盗發唐坤陵，莊宗母曹太后之陵也。河南府上言：“逃户凡五千三百八十七，餓死者兼之。”詔：“諸道以廪粟賑饑民，民有積粟者，均分借便，以濟貧民。”時州郡蝗旱，百姓流亡，餓死者千萬計，東都人士僧道，請車駕復幸東京。後唐莊宗德妃伊氏自契丹遣使貢馬。[1]庚寅，沙州留後曹元深加檢校太傅，充沙州歸義軍節度使。[2]癸巳，發禁軍萬人并家口赴東京。乙巳，于闐、回鶻入朝使劉再成等並授懷化大將軍、將軍郎將，放還蕃。[3]

[1]後唐莊宗德妃伊氏自契丹遣使貢馬：據《輯本舊史》之影庫本粘籤："德妃，原本作'得妃'，今從《歐陽史》改正。"見《新五代史》卷一四《唐太祖家人傳二》載伊德妃晋高祖反時，爲契丹所虜。

[2]沙州：州名。治所在今甘肅敦煌市。　留後：官名。唐、五代節度使多以子弟或親信爲留後，以代行節度使職務，亦有軍士、叛將自立爲留後者。掌一州或數州軍政。　曹元深：人名。沙州（今甘肅敦煌市西）人。曹議金次子，元德之弟。五代時期歸義軍節度使。事見本書本卷、卷一三八，《新五代史》卷九、卷七四、敦煌文書 P. 4046。　歸義軍：唐晚期至北宋前期以沙州爲中心的漢人地方政權。唐廷封張議潮爲歸義軍節度使。子孫相繼傳至張承奉，自稱"白衣天子"，建號"西漢金山國"。至五代後梁乾化三年（914），張承奉死，歸義軍政權轉入長史曹議金之手。曹氏子孫相承，傳至曹賢順，至宋仁宗景祐三年（1036），爲西夏元昊所滅。河西遂被西夏占領，直至蒙古滅夏（1227），元朝統一。

[3]劉再成：人名。籍貫不詳。于闐、回鶻使臣。事見本書本卷。中華書局本有校勘記："《新五代史》卷九《晋本紀》、卷七四《四夷附録》作'劉再昇'。"《新五代史》僅載劉再昇爲于闐使，不及回鶻使。

二月庚戌，御札取今月十一日車駕還東京，沿路州府，不用修飾行宫，食宿頓遞，並以官物供給，文武臣僚除有公事合隨駕外，並先次進發。壬子，[1]以侍衛親軍使景延廣充御營使。癸丑，以廣晋尹李德珫權鄴都留守。己未，車駕發鄴都，曲赦都下禁囚。甲子，次封丘，文武百官見於行宫。[2]乙丑，至東京。[3]甲戌，以東京留守張從恩爲權鄴都留守，以皇弟檢校司徒重睿爲檢校太保、開封尹，年幼未出閤，差左散騎常侍邊蔚知府事。[4]丁丑，以前太僕卿薛仁謙爲衛尉卿。[5]河中逃户凡七千七百五十九。是時天下饑，穀價翔踴，[6]人多餓殍。右金吾衛上將軍劉處讓卒，贈太尉。

[1]壬子：二字原闕，今據《新五代史》卷九《晋出帝紀》補。

[2]封丘：縣名。治所在今河南封丘縣。

[3]乙丑，至東京：據《舊五代史考異》："案：《遼史》作丁未，晋主至汴，與《薛史》異。《五代春秋》《歐陽史》《通鑑》並從《薛史》。"《舊五代史考異》所引《遼史》卷四《太宗紀下》會同六年（即晋天福八年）繫此事在三月丁未，非二月。見《五代春秋》卷下《晋少帝》天福八年（943）二月乙丑條、《新五代史》卷九天福八年二月乙未條、《通鑑》卷二八三天福八年二月乙丑條。

[4]重睿：人名。即石重睿。後晋高祖石敬瑭之子。傳見本書卷八七、《新五代史》卷一七。

[5]太僕卿：官名。漢代始置，太僕寺長官，掌御用車馬及國家畜牧事宜。正三品。　薛仁謙：人名。開封浚儀（今河南開封市）人。五代後唐、後晋官員。傳見本書卷一二八。　衛尉卿：官名。東漢始設，歷代沿置。掌武庫、器械、儀仗諸事。從三品。

[6]穀價翔踴：《宋本册府》卷四九二《邦計部·蠲复門四》天福八年二月條作"河南穀價暴加"。

三月己卯朔，以中書令、監修國史趙瑩爲晋昌軍節度使；以晋昌軍節度使桑維翰爲侍中、監修國史。[1]辛巳，以左散騎常侍盧重爲祕書監，以東京副留守羅周岳爲右散騎常侍。[2]癸未，青州節度使、東平王楊光遠進封壽王，北京留守劉知遠、恒州節度使杜威並加兼中書令。乙酉，以鄜州節度使符彦卿爲河陽節度使；以權鄴都留守、前開封尹張從恩爲鄴都留守、廣晋尹；以右羽林統軍丁審琪爲鄜州節度使。[3]丁亥，天策上將軍、湖南節度使、楚王馬希範加守尚書令、兼中書令。己丑，桂州節度使馬希杲依前檢校太尉、兼侍中，兼知朗州軍州事；朗州武平軍節度使馬希萼加檢校太尉，進封爵邑；以武平軍節度副使、岳州團練使馬希贍爲檢校太尉，領廬州昭順軍節度使；以武安軍節度副使、永州團練使馬希廣爲檢校太尉，領洪州鎮南軍節度使；皆楚王馬希範之弟也。[4]庚寅，以宣徽北院使李承福爲右武衛大將軍，充宣徽南院使；以前鄭州防禦使劉繼勳爲左千牛衛大將軍，充宣徽北院使。[5]國子祭酒兼户部侍郎田敏以印本《五經》書上進，[6]賜帛五十段。甲午，有白烏棲於作坊桐樹，作坊使周務勍捕而進之。[7]辛丑，引進使、太府卿孟承誨使契丹。[8]詔京百司攝官親公事及五年，與授初官。癸卯，以左諫議大夫司徒詡爲給事中，左司郎中王仁裕爲右諫議大夫，前鴻臚卿王均爲少府監。[9]

[1]監修國史：官名。北齊始置史館，以宰相爲之。唐史館沿置，爲宰相兼職。　“三月己卯朔”至“監修國史”：據《舊五代

史考異》載："案：《通鑑》作晋昌節度使、兼侍中桑維翰爲侍中。胡三省注云：桑維翰始居藩鎮而兼侍中，今入朝，正爲門下省長官。"見《通鑑》卷二八三天福八年（943）三月己卯條及該條胡注。

[2]盧重：人名。籍貫不詳。五代後唐、後晋官員。事見本書本卷。　祕書監：官名。漢代設秘書監，晋代初置秘書寺，後改秘書省。隋唐沿置。以秘書監、秘書少監爲正副長官。掌古今經籍圖書、國史實録、天文曆數之事。從三品。　右散騎常侍：官名。中書省屬官。掌侍從規諫、顧問應對等事。正三品下。

[3]鄜州：州名。治所在今陝西富縣。　符彦卿：人名。陳州宛丘（今河南淮陽縣）人。五代至宋初高級將領、藩鎮軍閥。傳見《宋史》卷二五一。　河陽：縣名。治所在今河南孟州市。

[4]桂州：州名。治所在今廣西桂林市。　馬希杲：人名。南楚武穆王馬殷之子。五代十國藩鎮軍閥。事見本書本卷及卷七六、卷八三、卷八四。傳見《十國春秋》卷七一。　朗州：州名。治所在今湖南常德市。　武平軍：方鎮名。治所在朗州（今湖南常德市）。中華書局本有校勘記："'武平'，原作'平武'，據殿本、劉本、邵本校乙正。"《輯本舊史》多處有武平軍之記載，如卷四二《唐明宗紀八》長興二年（931）八月條，又見《通鑑》卷二七六天成二年（927）八月條胡注。　馬希萼：人名。五代十國南楚君主，南楚武穆王馬殷之子，弑殺馬希廣後自立爲王，不恤政事，後爲馬希崇所代，終爲南唐所俘。傳見《新五代史》卷六六。　岳州：州名。治所在今湖南岳陽市。　團練使：官名，唐代中期以後，於不設節度使的地區設團練使，掌本區各州軍事。　馬希瞻：中華書局本有校勘記："殿本、劉本、《通鑑》卷二七六作'馬希瞻'。本書各處同。""希瞻"，見《通鑑》卷二七六天成三年三月條、卷二八八乾祐二年（949）十月丁亥條；"希瞻"，又見《輯本舊史》卷一〇二《漢隱帝紀中》乾祐二年十二月庚午條。　廬州：州名。治所在今安徽合肥市。　昭順軍：中華書局本作"昭信軍"，

並有校勘記："本書卷四二《唐明宗紀八》、《五代會要》卷二四記置昭信軍於虔州，又據本書卷四二《唐明宗紀八》，廬州置昭順軍。"見《會要》卷二四"諸道節度使軍額"條。《輯本舊史》卷四二《唐明宗紀八》長興二年閏五月，"癸丑（應爲癸巳，《輯本舊史》誤），升廬州爲昭順軍"；八月，"辛丑（應爲辛酉，《輯本舊史》誤），升虔州爲昭信軍"。今回改。　武安軍：方鎮名。治所在潭州（今湖南長沙市）。　永州：州名。治所在今湖南永州市。　馬希廣：人名。五代十國南楚君主，南楚武穆王馬殷之子。南楚文昭王馬希范去世後被擁立爲王，後爲馬希萼篡位所殺。傳見《新五代史》卷六六。　鎮南軍：方鎮名。治所在洪州（今江西南昌市）。中華書局本有校勘記："'鎮南軍'原作'鎮南州'，據劉本、邵本校改。按《通鑑》卷二五〇：'（咸通六年五月辛丑）置鎮南軍於洪州。'"

[5]右武衛大將軍：官名。唐置，掌宮禁宿衛。唐代十六衛之一。正三品。　劉繼勳：人名。衛州（今河南衛輝市）人。五代後唐、後晉藩鎮軍閥。傳見本書卷九六。　左千牛衛大將軍：官名。唐置，掌宮禁宿衛。唐代十六衛之一。正三品。

[6]國子祭酒兼户部侍郎田敏以印本五經書上進：據《輯本舊史》之影庫本粘籤："以印本《五經》書上進，考唐天成二年已開雕，至此始得印本書也。今附識於此。"

[7]作坊使：官名。唐有作坊，五代置作坊使，爲作坊監官，掌器物造作，　周務勍：據中華書局本有校勘記："原作'周務掠'，據《永樂大典》卷二三四五引《五代史·後晉少帝紀》改。　有白烏棲於作坊桐樹：中華書局本有校勘記載："'於'字原闕，據《永樂大典》卷二三四五引《五代史後晉少帝紀》補。"見《大典》卷二三四五"烏"字韻"白烏"事目。　有白烏棲於作坊桐樹，作坊使周務勍捕而進之：按《册府》卷二五：'作坊使周務勍上言，令捕而進之。'"見《大典》卷二三四五"烏"字韻"白烏"事目，明本《册府》卷二五《帝王部·符瑞門四》。

[8]引進使：官名。五代後梁始置，爲引進司的主官，五代諸司使之一。掌臣僚及外國與少數民族進奉禮物諸事。　太府卿：官名。南朝梁始置。太府寺長官。掌國家財帛庫藏出納、關市税收等務。從三品。　孟承誨：人名。大名（今河北大名縣）人。後晉官員。傳見本書卷九六。

[9]左諫議大夫：官名。隸門下省。唐代置左、右諫議大夫各四人，分隸門下省、中書省。掌諫諭得失、侍從贊相。正四品下。　司徒詡：人名。清河郡（今河北清河縣）人。五代後唐官員。傳見本書卷一二八。　左司郎中：官名。爲尚書左丞副貳，協掌尚書都省事務，監管吏、户、禮部諸司政務。位在諸司郎中上。從五品上。　王仁裕：人名。天水（今甘肅天水市）人。五代後唐、後晉、後漢藩鎮軍閥。傳見本書卷一二八、《新五代史》卷五七。　右諫議大夫：中華書局本有校勘記："'右'，王仁裕神道碑（拓片見《玉堂閒話評註》）作'左'。"　鴻臚卿：官名。秦稱典客，漢初改大行令，漢武帝時改大鴻臚，北齊置鴻臚寺，以鴻臚寺卿爲主官，後代沿置。掌四夷朝貢、宴飲賞賜、送迎外使等禮儀活動。從三品。　王均：人名。籍貫不詳。五代後唐、後晉官員。事見本書本卷。　少府監：官名。少府監長官，隋初置，唐初廢，太宗時復置。掌百工技巧之事。從三品。

夏四月戊申朔，日有蝕之。庚戌，以許州節度使趙在禮爲徐州節度使，以徐州節度使李從温爲許州節度使。[1]己巳，中書門下奏："請以六月二十七日降誕日爲啟聖節。"從之。是月，河南、河北、關西諸州旱蝗，分命使臣捕之。[2]

[1]許州：州名。治所在今河南許昌市。　趙在禮：人名。涿州（今河北涿州市）人。五代後唐、後晉將領。傳見本書卷九〇、

《新五代史》卷四六。

[2]是月，河南、河北、關西諸州旱蝗，分命使臣捕之：據《舊五代史考異》："案：《歐陽史》作供奉官張福率威順軍捕蝗于陳州。"見《新五代史》卷九《晋出帝紀》天福八年（943）四月條。

五月己卯，追封皇故長姊爲吴國長公主。癸未，皇姪女永福縣主薨，輟朝三日，追封平昌郡主。[1]丁亥，皇第二叔祖贈太師萬友追封秦王；皇第三叔祖贈太尉萬銓贈太師，追封趙王。[2]皇伯贈太傅敬儒贈太師，追封宋王；皇叔贈太尉福王德贈太師，追封如故；皇叔贈太傅暉贈太師，追封韓王；皇叔贈太尉通王殷、皇叔贈太尉廣王威、皇兄贈太傅郯王重裔並贈太師，追封如故。皇兄贈太師沂王重信追封楚王；皇兄贈太傅虢王重英、皇兄贈太尉壽王重乂、皇兄贈太傅夔王重進、皇弟贈太尉陳王重杲等並贈太師，追封如故。[3]仍令所司擇日册命。辛卯，以御史中丞王易簡爲尚書右丞，以禮部侍郎張允爲御史中丞，以中書舍人吴承範爲禮部侍郎，以吏部侍郎王延爲尚書右丞，以尚書右丞王松爲吏部侍郎，以兵部侍郎張昭遠爲吏部侍郎，以户部侍郎吕琦爲兵部侍郎，以刑部侍郎韋勳爲户部侍郎，以工部侍郎李詳爲刑部侍郎。[4]癸巳，命宰臣馮道等分詣寺觀禱雨。[5]己亥，飛蝗自北翳天而南。太子賓客崔棁卒。[6]甲辰，詔："應三京、鄴都、諸道州府見禁罪人，除十惡五逆、行劫殺人、僞行印信、合造毒藥、官典犯贓外，人犯死罪者減一等，餘並放。"[7]是時所在旱蝗，故有是詔。乙巳，幸相國寺祈雨。

［1］縣主：命婦封號。東漢時公主封縣者稱縣公主，晋與南朝諸王女皆封縣主。唐代以諸王之女爲縣主，視正二品。　郡主：命婦封號。始見於晋。隋、唐用以封皇太子之女，視從一品。

［2］萬友：人名。沙陀部人。後晋皇帝石敬瑭叔叔。傳見《新五代史》卷一七。　萬銓：人名。沙陀部人。後晋皇帝石敬瑭叔叔。傳見《新五代史》卷一七。據《輯本舊史》之案語："原本作'詮'，今從《歐陽史》改。"本條案語誤，《新五代史》卷一七《晋家人傳》作"萬詮"。又，中華書局本有校勘記："'萬銓'，《册府》卷二七七同，本書卷八七《廣王敬威傳》、《新五代史》卷一七《晋家人傳》作'萬詮'。"《輯本舊史》卷七九《晋高祖紀五》天福六年（941）正月丙戌條及明本《册府》卷二七七《宗室部·褒寵門三》作"萬銓"。

［3］敬德、敬暉、敬殷、敬威：人名。沙陀部人。後晋皇帝石敬瑭諸弟。傳見《新五代史》卷七一。　重裔、重信、重英、重乂、重進、重杲：人名。沙陀部人。後晋皇帝石敬瑭諸子。傳見《新五代史》卷七一。　重英、皇兄贈太尉壽王：九字原闕，中華書局本有校勘記："張森楷校勘記：'案《宗室傳》作虢王重英、壽王重乂，新《家人傳》同上。《高祖紀》天福七年，重英再贈太傅，追封虢王；重乂再贈太尉，追封壽王。則是贈太傅虢王者重英，非重乂也。虢王下蓋脱"重英、皇兄贈太尉壽王"九字，各本並譌。'"但未補。今據《輯本舊史》卷八〇《晋高祖紀六》天福七年正月辛酉條、卷八七《宗室列傳二》、《新五代史》卷一七《晋家人傳》補。　皇兄贈太傅夔王重進：中華書局本有校勘記："'太傅'，原作'太師'，據本書卷八〇《晋高祖紀六》改。"見《輯本舊史》卷八〇《高祖紀六》天福七年正月壬戌條。《新五代史》卷一七《晋家人傳》："并贈重進以故左金吾衛將軍贈太保。七

年正月，皆加贈太傅，追封重英虢王，重胤郯王，重進夔王。出帝天福八年五月，皆加贈太師。”

［4］尚書右丞：官名。尚書省佐貳官。唐中期以後，與尚書左丞實際主持尚書省日常政務，權任甚重。後梁開平二年（908）改爲右司侍郎，後唐同光元年（923）復舊爲右丞。唐時爲正四品下，後唐長興元年（930）升爲正四品。中華書局本有校勘記：“‘右’，原作‘左’，據本書卷八二《晋少帝紀二》改。按《宋史》卷二六二《王易簡傳》：‘又拜御史中丞，歷右丞、吏部侍郎、左丞。’本卷下一處同。”見《輯本舊史》卷八二《晋少帝紀二》開運元年（944）六月戊辰條、本卷天福八年六月丙寅條及《宋史·王易簡傳》。　禮部侍郎：官名。尚書省禮部次官。協助禮部尚書掌禮儀、祭享、貢舉之政。正四品下。　張允：人名。鎮州束鹿（今河北辛集市）人。五代後唐至後漢官員。傳見本書卷一〇八、《新五代史》卷五七。　吴承範：人名。魏州（今河北大名縣）人。五代後唐、後晋文士、官員。傳見本書卷九二。　吏部侍郎：官名。尚書省吏部次官。協助吏部尚書掌文選、勳封、考課之政。正四品上。　王延：人名。鄭州長豐（今河北文安縣南）人。五代大臣，歷仕五代各朝。傳見本書卷一三一、《新五代史》卷五七。　王松：人名。京兆（今陝西西安市）人。唐僖宗宰相王徽之子。五代後唐至後漢官員。傳見本書附録、《新五代史》卷五七。　兵部侍郎：官名。尚書省兵部次官。協助兵部尚書掌武官銓選、勳階、考課之政。正四品下。　張昭遠：人名。籍貫不詳。五代後唐官員。事見本書本卷。　刑部侍郎：官名。尚書省刑部次官。協助刑部尚書掌天下刑法及徒隸、勾覆、關禁之政令。正四品下。　韋勳：人名。籍貫不詳。五代後唐、後晋官員。事見本書本卷、《遼史》卷四。　工部侍郎：官名。尚書省工部次官。協助尚書掌管百工山澤水土之政令，考其功以詔賞罰，總所同各司之事。正四品下。　李詳：人名。籍貫不詳。五代後唐至後周官員，歷任左補闕、中書舍人、尚書右丞、吏部侍郎。事見本書本卷及卷四二、卷七七、卷八四、

卷一一一。

[5]命宰臣馮道等分詣寺觀祈雨：中華書局本沿《輯本舊史》無“馮道”二字，據《宋本册府》卷一四五《帝王部·弭災門三》補。

[6]太子賓客崔棁卒：中華書局本有校勘記：“‘崔棁’，原作‘李棁’，據本書卷九三《崔棁傳》及本卷上文改。”見本卷天福七年（942）六月丙子條，又見《新五代史》卷五五《崔棁傳》。

[7]“應三京、鄴都、諸道州府”至“餘並放”：中華書局本沿《輯本舊史》無“應三京鄴都”五字，有校勘記：“《册府》卷九四敘其事云：‘除十惡行劫諸殺人者及僞行印信、合造毒藥、官典犯贓外，人犯死罪者減一等，餘並放。’”今據明本《册府》卷九四《帝王部·赦宥門一三》補。

六月庚戌，以螟蝗爲害，詔侍衛馬軍都指揮使李守貞往皋門祭告，仍遣諸司使梁進超等七人分往開封府界捕之。[1]乙卯，以左羽林統軍安審暉爲潞州節度使。[2]宿州奏，飛蝗抱草乾死。丙辰，貝州奏，逃户凡三千七百。[3]丁巳，[4]遣供奉官衛延韜詣嵩山投龍祈雨。[5]戊午，以西京留守馬從斌爲左監門衛上將軍。[6]開封府界飛蝗自死。庚申，河南府奏，飛蝗大下，遍滿山野，草苗木葉食之皆盡，人多餓死。禮部侍郎吴承範卒。丙寅，以將册皇太后，遣尚書右丞王易簡奏告天地。陝州奏，蝗飛入界，傷食五稼及竹木之葉，逃户凡八千一百。丁卯，以給事中符蒙爲禮部侍郎，以左諫議大夫裴坦爲給事中。[7]辛未，遣内外臣僚二十八人分往諸道州府率借粟麥。[8]時使臣希旨，立法甚峻，民間碓磑泥封之，隱其數者皆斃之，由是人不聊生，物情胥怨。是月，諸州郡大蝗，所至草木皆盡。《永樂大典》卷一萬五千六百四十九。[9]

[1]侍衛馬軍都指揮使：中華書局本有校勘記："'馬軍'，原作'馬步軍'，據本書卷八二《晋少帝紀二》、卷一〇九《李守貞傳》、《册府》卷一四五及本卷上文改。" 皋門：即王宫的郭門。古代天子宫城有五門，自内而外，第五道門稱皋門。 梁進超：人名。籍貫不詳。五代後晋官員。事見本書本卷。 "六月庚戌"至"分往開封府界捕之"：《輯本舊史》卷八一《晋少帝紀一》天福七年（942）十二月條、卷八二《晋少帝紀二》開運元年（944）正月條、《宋本册府》卷一四五《帝王部·弭災門三》。《舊五代史考異》載："《歐陽史》作癸亥，供奉官七人帥奉國軍捕蝗于京畿，與《薛史》異。"又，對《舊五代史考異》所引《新五代史》之"帥奉國軍捕蝗于京畿"，中華書局本有校勘記："原作'分往開封府界及京畿'，據殿本、劉本、《歐陽史》卷九《晋本紀》改。"但《舊五代史考異》並未誤引《新五代史》卷九《晋出帝紀》。

[2]潞州：州名。治所在今山西長治市。

[3]宿州：州名。治所在今安徽宿州市。

[4]丁巳：中華書局本沿《輯本舊史》闕，據《宋本册府》卷一四五補。天福八年六月丁未朔，此條前之丙辰爲十日，後之戊午爲十二日，丁巳爲十一日。

[5]供奉官：官名。泛指侍奉皇帝左右的臣僚，亦爲東、西頭供奉官通稱。 投龍：我國古代一種有巫術色彩的祈雨儀式。詳見張澤洪《唐代道教的投龍儀式》，《陝西師範大學學報》2007年第1期；謝一峰《唐宋間國家投龍儀之變遷》，《宋史研究論叢》2015年第1期。

[6]馬從斌：人名。籍貫不詳。五代後晋官員。事見本書本卷及卷七七。 左監門衛上將軍：官名。唐置，掌宫禁宿衛。唐代十

六衛之一。從二品。

[7]裴坦：人名。籍貫不詳。五代後晋官員。事見本書本卷。

[8]“辛未”至“分往諸道州府率借粟麥”：據《舊五代史考異》：“案《通鑑》：七月己丑，詔以年饑，國用不足，遣使者六十餘人于諸道括民穀。與《薛史》異。”見《通鑑》卷二八三。又，《新五代史》載此事於六月，卷九作：“辛未，括借民粟，殺藏粟者。”

[9]《大典》卷一五六四九“晋”字韻“五代後晋出帝（一）”事目。

舊五代史　卷八二

晉書八

少帝紀第二

天福八年秋七月丁丑朔，京師雨水深三尺。[1]辛巳，許州節度使李從温來朝，進封楚國公。[2]壬午，以前河陽節度使皇甫遇爲右龍武統軍。[3]丁亥，以宣徽南院使李承福爲同州節度使。[4]癸巳，改陝州甘棠驛爲通津驛，避廟諱也。[5]甲午，正衙命册皇太后，以宰臣李崧充使，右散騎常侍李慎儀爲副。[6]丁酉，幸南莊，召從駕臣僚習射，路左農人各賜布衫麻屨。[7]

[1]天福：五代後晋高祖石敬瑭年號（936—942）。出帝石重貴沿用至九年（944）。後漢高祖劉知遠繼位後沿用一年，稱天福十二年（947）。

[2]許州：州名。治所在今河南許昌市。　節度使：官名。唐時在重要地區所設掌握一州或數州軍、民、財政的長官。　李從温：人名。代州崞縣（今山西原平市）人。五代後唐、後晋大臣。

好財利。傳見本書卷八八。　進封楚國公：中華書局本有校勘記："'楚國公'，本書卷八八《李從温傳》作'趙國公'。按本書卷九〇《趙在禮傳》記天福八年四月進封楚國公。"

［3］河陽：縣名。治所在今河南孟州市。　皇甫遇：人名。常山（今河北正定縣）人。五代後唐、後晋將領。傳見本書卷九五、《新五代史》卷四七。　右龍武統軍：官名。唐代右龍武軍統兵官。至德二載（757）唐肅宗置禁軍，也叫神武天騎，分爲左、右神武天騎，左、右羽林軍，左、右龍武軍，稱"北衙六軍"。從二品。

［4］宣徽南院使：官名。唐始置。宣徽南院的長官。初用宦官，五代以後改用士人。與宣徽北院使通掌内諸司及三班内侍之名籍，郊祀、朝會、宴享供帳之儀，檢視内外進奉名物。參見王永平《論唐代宣徽使》，《中國史研究》1995 年第 1 期；王孫盈政《再論唐代的宣徽使》，《中華文史論叢》2018 年第 3 期。　李承福：人名。漢陽（今湖北武漢市漢陽區）人。五代後晋官員。傳見本書卷九〇。　同州：州名。治所在今陝西大荔縣。

［5］陝州：州名。治所在今河南三門峽市陝州區。　甘棠驛：地名。位於今河南三門峽市陝州區。　癸巳，改陝州甘棠驛爲通津驛，避廟諱也：據《舊五代史考異》載："案《東都事略·陶穀傳》：穀本姓唐，避晋祖諱改姓陶，蓋當時避諱及偏旁字及同音字也。"見《東都事略》卷三〇《陶穀傳》。

［6］李崧：人名。深州饒陽（今河北饒陽縣）人。後晋宰相，歷仕後唐至後漢。傳見本書卷一〇八、《新五代史》卷五七。　右散騎常侍：官名。中書省屬官。掌侍奉規諷、備顧問應對。正三品下。　李慎儀：人名。籍貫不詳。五代後唐、後晋官員。事見本書本卷及卷八四。

［7］南莊：地名。其地不詳，疑位於開封城外。

八月戊申，左衛上將軍楊思權卒，贈太傅。[1]辛亥，分命朝臣一十三人分檢諸州旱苗。涇、青、磁、鄴都共奏逃户凡五千八百九十。[2]諸縣令佐以天災民餓，攜牌印納者五。癸酉，以前昭義節度使李從敏爲左龍武統軍。[3]

[1]左衛上將軍：官名。唐置，掌宫禁宿衛。唐代置十六衛，即左右衛、左右驍衛、左右武衛、左右威衛、左右領軍衛、左右金吾衛、左右監門衛、左右千牛衛，各置上將軍，從二品；大將軍，正三品；將軍，從三品。中華書局本有校勘記："'左'，原作'右'，據本書卷七六《晋高祖紀二》、卷八八《楊思權傳》、《新五代史》卷四八《楊思權傳》改。"見《輯本舊史》卷七六《晋高祖紀二》天福二年（937）三月甲戌條。　楊思權：人名。邠州新平（今陝西彬縣）人。五代、後梁、後唐、後晋將領。傳見本書卷八八、《新五代史》卷四八。　太傅：官名。與太師、太保合稱三師，唐後期、五代多爲大臣、勳貴加官。正一品。

[2]涇：州名。治所在今甘肅涇川縣。　青：州名。治所在今山東青州市。　磁：州名。治所在今河北磁縣。　鄴都：地名。治所在今河北大名縣。五代後唐同光元年（923），改魏州爲興唐府，建號東京。三年，改東京爲鄴都。

[3]昭義：方鎮名。治所在潞州（今山西長治市）。　李從敏：人名。後唐明宗之侄。傳見本書卷一二三、《新五代史》卷一五。　左龍武統軍：官名。唐代左龍武軍統兵官。職掌左右厢飛騎儀仗，階陛禁衛，馳道内仗，並負責飛騎番上宿衛。從二品。

九月戊寅，尊秦國夫人安氏爲皇太妃，帝所生母也。丁亥，追册故魏國夫人張氏爲皇后，帝之元妃也。是日，[1]以金部郎中、知制誥馮玉爲檢校尚書右僕射，充潁州團練使。[2]戊子，前潁州團練使田令方追奪在身官爵，勒歸私第，坐前任耀州日，額外配民麴錢納歸私室故也。[3]延州奏，綏州刺史李彝敏抛棄郡城，與弟彝俊等五人將骨肉二百七十口來投，當州押送赴闕，稱與兄夏州節度使彝殷偶起猜嫌，互相攻伐故也。[4]辛卯，夏州奏，差宥州刺史李仁立權知綏州。[5]癸巳，故絳州刺史張從訓贈太尉，追册皇后之父也。[6]甲午，夏州李彝殷奏："衙内都指揮使拓拔崇斌等五人作亂，當時收擒處斬訖。[7]相次綏州刺史李彝敏擅將兵士，直抵城門，尋差人掩殺，彝敏知事不濟，與弟五人將家南走。"詔："李彝敏潛結凶黨，顯恣逆謀，骨肉之間，尚興屠害，照臨之内，難以含容，送夏州處斬。"丙申，幸大年莊，遂幸侍衛使景延廣第，延廣進金玉器玩，賜延廣玉帶名馬，母妻、賓佐、部曲、僮僕錫賚咸及之。[8]庚子，以右諫議大夫邊光範爲給事中，以吏部郎中劉知新爲右諫議大夫。[9]是月，諸州郡括借到軍食，以籍來上，吏民有隱落者，並處極法。州郡二十七蝗，餓死者數十萬。

[1]是日：殿本、劉本作"丙子"。天福八年（943）九月丙子朔，戊寅爲初三，上條丁亥爲十一日，下條之戊子爲十二日，故此"是日"應蒙上爲丁亥而非丙子。殿本、劉本誤。

[2]金部郎中：官名。魏晋始設，唐代爲户部金部司主官。掌庫藏、金寶、貨物、權衡、度量諸事。從五品上。　知制誥：官名。掌起草皇帝的詔、誥之事，原爲中書舍人之職。唐開元末置學士院，翰林學士入院一年，則加知制誥銜，專掌任免宰相、册立太子、宣布征伐等特殊詔令，稱爲内制。而中書舍人所撰擬的詔敕稱

爲外制。兩種官員總稱兩制官。　馮玉：人名。定州（今河北定州市）人。五代後晋外戚、宰相。傳見本書卷八九、《新五代史》卷五六。　檢校尚書右僕射：官名。爲散官或加官，以示恩寵，無實際執掌。　潁州：州名。治所在今安徽阜陽市。　團練使：官名，唐代中期以後，於不設節度使的地區設團練使，掌本區各州軍事。

[3]田令方：人名。籍貫不詳。五代後唐官員。事見本書本卷、《新五代史》卷二四。　耀州：州名。治所在今陝西銅川市耀州區。

[4]延州：州名。治所在今陝西延安市。　綏州：州名。治所在今陝西綏德縣。　刺史：官名。漢武帝時始置。州一級行政長官，總掌考覈官吏、勸課農桑、地方教化等事。唐中期以後，節度使、觀察使轄州而設，刺史爲其屬官，職任漸輕。從三品至正四品下。　李彝敏：人名。党項人。五代時定難軍節度使李仁福子。後因參與内部政争而死。事見本書本卷及卷一三二。　彝俊：人名。李彝敏弟。事見本書本卷。　夏州：州名。治所在今陝西靖邊縣。　彝殷：党項人。又名李彝興。五代時定難軍節度使李彝超弟。傳見本書卷一三二、《宋史》卷四八五。

[5]宥州：州名。治所在今内蒙古鄂托克旗。　李仁立：人名。籍貫不詳。五代藩鎮軍閥。事見本書本卷。

[6]絳州：州名。治所在今山西新絳縣。《輯本舊史》之影庫本粘籤："原本作'鋒州'；刺史，原本脱'史'字，今從《册府元龜》增改。"《宋本册府》卷三〇三《外戚部·褒寵門》、《宋本册府》卷八二五《總録部·名字門》均無此記載，據《輯本舊史》卷九一《張從訓傳》改補。五代亦無"鋒州"。　張從訓：人名。回鶻人。五代藩鎮軍閥。傳見本書卷九一。　太尉：官名。與司徒、司空並爲三公，唐後期、五代多爲大臣、勳貴加官。正一品。

[7]衙内都指揮使：官名。唐、五代時期衙内指揮使爲節度使府衙内之牙將，統最親近衛兵，高一級的稱衙内都指揮使。　拓拔崇斌：人名。籍貫不詳。五代藩鎮將領。事見本書本卷。

[8]大年莊：地名。其地不詳，疑位於開封城外。　侍衛使：

官名。五代時禁軍統兵將領。　景延廣：人名。陜州（今河南三門峽市陜州區）人。五代後晋將領。傳見本書卷八八、《新五代史》卷二九。

［9］右諫議大夫：官名。隸中書省。唐代置左、右諫議大夫各四人，分隸門下省、中書省。掌諫諭得失、侍從贊相。正四品下。　邊光範：人名。并州陽曲（今山西太原市）人。歷仕五代後唐、後晋至宋代。傳見《宋史》卷二六二。　給事中：官名。秦始置。隋唐以來，爲門下省屬官。掌讀署奏抄、駁正違失。正五品上。　吏部郎中：官名。尚書省吏部頭司吏部司長官。掌文官階品、朝集、録賜，給其告身、假使以及選補流外官等事。《新唐書》記正五品上。　劉知新：人名。籍貫不詳。五代官員。事見本書本卷及卷七七。

冬十月戊申，制以吴國夫人馮氏爲皇后，仍令所司擇日備禮册命。庚戌，封皇第十一妹爲嘉興長公主，第十二妹爲永泰長公主。是夕五更，有彗見於東方，在角，旬日而滅。[1]壬子，以權知延州軍州事、前鳳州防禦使史威爲延州留後。[2]甲寅，以國子祭酒兼户部侍郎田敏充弘文館學士，判館事；以吏部侍郎張昭遠充史館修撰，判館事；以給事中司徒詡充集賢殿學士，判院事。[3]西京奏，百姓馬知饒殺男吴九不死，以其侵母食也，詔赦之。[4]甲子，以前延州節度使何建爲涇州節度使。[5]丙寅，以涇州節度使王周爲陜府節度使。[6]己巳，以左散騎常侍、權知開封府事邊蔚爲工部侍郎，依前知府事。[7]壬申，以前兵部侍郎李玘爲吏部侍郎。[8]癸酉，命使攝太尉、右僕射、平章事和凝，使副攝司徒、給事中邊光範追册故魏國夫人張氏爲皇后，奉寶册至西莊影殿行禮，鹵簿儀仗如式。[9]

[1]角：星宿名。二十八宿中東宫蒼龍七宿的首宿。共兩星。星次屬壽星，分野主鄭地兗州。

[2]鳳州：州名。治所在今陜西鳳縣。　防禦使：官名。唐代始置，設有都防禦使、州防禦使兩種。常由刺史或觀察使兼任，實際上爲唐代後期州或方鎮的軍政長官。　史威：中華書局本有校勘記："'史威'，原作'杜威'，據本書卷八三《晉少帝紀三》、卷一二四《史懿傳》改。按史威本名史匡威，避周太祖諱改爲史匡懿，宋人復諱作史懿。"《輯本舊史》卷八三開運元年（944）八月甲子條載："以延州節度使史威爲澶州節度使"；同年十一月壬午條載："以澶州節度使史威爲貝州節度使"。　留後：官名。唐、五代節度使多以子弟或親信爲留後，以代行節度使職務，亦有軍士、叛將自立爲留後者。掌一州或數州軍政。

[3]國子祭酒：官名。古代國子學或太學長官。晉武帝司馬炎始置，掌領太學、國子學及國子監所屬各學。從三品。　户部侍郎：官名。尚書省户部次官。協助户部尚書掌土地、人户、錢谷、貢賦之政。正四品下。　田敏：人名。淄州鄒平（今山東鄒平縣）人。五代、宋初大臣、學者。傳見《宋史》卷四三一。　弘文館學士：官名。弘文館爲唐代中央官學之一。設館主一人，總領館務；判館事一人，管理日常事務。學士無員限，掌校正圖籍，教授生徒，並參議政事。五品以上稱爲學士，六品以下稱爲直學士，又有文學直館學士，均以他官兼領。　吏部侍郎：官名。尚書省吏部次官。協助吏部尚書掌文選、勳封、考課之政。正四品上。　張昭遠：人名。即"張昭"。濮州范縣（今河南濮陽市）人。五代後唐至宋初官員。傳見《宋史》卷三六三〇。　史館修撰：官名。唐天寶以後，他官兼領史職者，稱史館修撰。　司徒詡：人名。清河郡（今河北清河縣）人。五代後唐官員。傳見本書卷一二八。　集賢

殿學士：官名。唐中葉置，位在集賢殿大學士之下。掌修書之事。

[4]馬知饒：人名。籍貫不詳。五代百姓。事見本書本卷。　吴九：人名。籍貫不詳。五代百姓。事見本書本卷。

[5]何建：人名。回鶻人。五代將領、藩鎮軍閥。後投於孟昶。傳見本書卷九四。

[6]王周：人名。魏州（今河北大名縣）人。五代後唐、後晋、後漢將領。傳見本書卷一〇六、《新五代史》卷四八。

[7]左散騎常侍：官名。門下省屬官。掌侍奉規諷、備顧問應對。正三品下。　邊蔚：人名。京兆長安（今陝西西安市）人。五代大臣。傳見本書卷一二八。　工部侍郎：官名。尚書省工部次官。協助尚書掌管百工、山澤、水土之政令，考其功以詔賞罰，總所同各司之事。正四品下。

[8]兵部侍郎：官名。尚書省兵部次官。協助兵部尚書掌武官銓選、勳階、考課之政。正四品下。　李玘：人名。籍貫不詳。五代官員。事見本書本卷。

[9]右僕射：官名。秦始置。隋、唐前期以左、右僕射佐尚書令總理六官，綱紀庶務，如不置尚書令，則總判省事，爲宰相之職。唐後期多爲大臣加銜。從二品。　平章事：官名。又稱“同平章事”。唐高宗以後，凡實際任宰相之職者，常在其本官後加同平章事的職銜。後成爲宰相專稱。後晋天福五年（940），升中書門下平章事爲正二品。　和凝：人名。鄆州須昌（今山東東平縣）人。後晋宰相。傳見本書卷一二七、《新五代史》卷五六。　司徒：官名。與太尉、司空並爲三公。唐後期、五代多爲大臣、勳貴加官。正一品。

十一月丁丑，以鄧州節度使宋彦筠爲晋州節度使，以涇州節度使何建爲鄧州節度使。[1]己卯，以前鄴都留守、廣晋尹李德珫爲涇州節度使。[2]丙申，所司奏議，故天下兵馬都元帥、吴越國王錢元瓘謚曰莊穆，詔改爲文穆。[3]戊戌，遣前復州防禦使吴巒權知貝州軍事，詔節度使王令温赴闕。[4]庚子，單州軍事判官趙岳奏："刺史楊承祚初夜開門出城，稱爲母病往青州寧親，於孔目官齊琪處留下牌印，臣已行用權知州事。"[5]辛丑，高麗遣使朝貢。[6]昭化軍節度使、瑞慎等州觀察等使杜建徽進封郎國公。[7]壬寅，遣侍衛步軍都指揮使郭謹領兵赴鄆州。[8]

[1]鄧州：州名。治所在今河南鄧州市。　宋彦筠：人名。雍丘（今河南杞縣）人。五代後唐、後周將領。傳見本書卷一二三。　晋州：州名。治所在今山西臨汾市。

[2]留守：官名。在都城、陪都或軍事重鎮所設留守，由地方行政長官兼任。　廣晋尹：官名。五代後晋天福二年（937）改興唐府（魏州、鄴都）置廣晋府，治元城、廣晋二縣（今河北大名縣）。府尹爲最高長官，總其政務。從三品。　李德琉：人名。應州金城（今山西應縣）人。後唐、後晋大臣。傳見本書卷九〇。

[3]天下兵馬都元帥：官名。唐代朝廷有重大軍事行動則置，統率天下軍隊。　錢元瓘：人名。祖籍臨安（今浙江杭州市臨安區）。錢鏐之子。五代十國吴越國國主，932 年至 941 年在位。傳見本書卷一三三、《新五代史》卷六七。

[4]復州：州名。治所在今湖北天門市。　吴巒：人名。汶陽盧縣（今山東濟南市長清區）人。五代藩鎮將領。後與契丹交戰而死。傳見本書卷九五。　貝州：州名。治所在今河北清河縣。　王令温：人名。瀛州河間（今河北河間市）人。五代後晋將領。傳見本書卷一二四。

[5]單州：州名。治所在今山東單縣。　軍事判官：官名。唐

中期節度使、觀察使及設團練使、防禦使之州皆置爲幕職，由各使自行辟舉。五代後唐明宗時設刺史之州亦改防禦判官而置，不得兼録事參軍。　趙岳：人名。籍貫不詳。五代藩鎮官員。事見本書本卷。　楊承祚：人名。籍貫不詳。五代後晋官員，後晋高祖石敬瑭女婿。事見本書卷七九。　孔目官：官名。五代藩鎮幕府僚佐。掌蕃漢兵馬、軍機要事。　齊琪：人名。籍貫不詳。五代藩鎮官員。事見本書本卷。　"庚子"至"臣已行用權知州事"：《通鑑》卷二八三載：天福八年十一月"戊戌，承祚稱母病，夜，開門奔青州。庚子，以左飛龍使金城何超權知單州。"《新五代史》卷九《晋出帝紀》：天福八年十一月"戊戌，齊州刺史楊承祚奔于青州。"誤單州爲齊州，天福八年十一月乙亥朔，戊戌二十四日，庚子二十六日。

[6]高麗：古國名。又稱高句麗。故地在今朝鮮半島北部。公元4世紀後强大，與新羅、百濟鼎足争雄。總章元年（668），爲唐所滅。公元918年，後三國（即朝鮮新羅、後百濟、泰封）之一泰封國武將王建推翻其統治者弓裔，稱王，改國號高麗，都開京（今朝鮮開城市），史稱"王氏高麗"。漸合并新羅、後百濟，重新統一朝鮮半島。參見［朝］鄭麟趾等著《高麗史》，西南師範大學出版社2014年版；楊軍《高句麗民族與國家的形成和演變》，中國社會科學出版社2006年版。

[7]昭化軍：方鎮名。治所在慎州（今北京房山區）。　瑞：州名。羈縻州（古代朝廷在邊遠少數民族地區所置之州）。唐貞觀十年（636）於營州界置，隸營州都督。處突厥烏突汗達幹部落。神龍初隸幽州都督。治所爲來遠縣，後移治於良鄉縣之廣陽城（今北京市房山區良鄉鎮東北廣陽城村）。　慎：州名。羈縻州。唐朝始置。隸於營州，領粟末靺鞨烏素固部落。萬歲通天年間，營州陷於契丹，因以南遷淄、青州之境，神龍初僑治良鄉之都鄉城（今北京市房山區西南）。後廢。　觀察：官名。即觀察使。唐代後期出現的地方軍政長官。唐玄宗開元二十一年（733）置十五道採訪使，

唐肅宗乾元元年（758）改爲觀察使。無旌節，故地位低於節度使。掌一道州縣官的考績及民政。　杜建徽：人名。新城（今浙江杭州市富陽區）人。五代藩鎮軍閥。事見本書本卷八、卷九、卷四四。

［8］壬寅：《輯本舊史》原闕，中華書局本未補，今據《通鑑》卷二八三補。　侍衛步軍都指揮使：官名。皇帝侍衛親軍步軍司最高長官。　郭謹：人名。晉陽（今山西太原市）人。五代後晉、後漢將領。傳見本書卷一〇六。　鄆州：州名。治所在今山東東平縣。

十二月乙巳朔，遣左領軍衛將軍蔡行遇押兵士屯於鄆州，仍遣供奉官殿直二十六人，自河陰至海口，分擘地分巡檢，以青州節度使楊光遠謀叛故也。[1]庚戌，前左御正齊國夫人吴氏已降二十一人，並進封郡國夫人，[2]太后宫、皇后宫知客夫人等亦如之。太子太保致仕梁文矩卒，贈太子太傅。[3]癸丑，詔河陽節度使符彦卿、宋州節度使高行周、貝州節度使王令温、同州節度使李承福、陳州梁漢璋、亳州李萼、懷州薛懷讓並赴闕，分命使臣諸州郡巡檢，以契丹入寇故也。[4]遣給事中邊光範、前登州刺史郭彦威使於契丹，行至恒州，敵已犯境，不能進，留於公館數月，不達其命而回。[5]甲寅，以單州刺史楊承祚爲登州刺史，從其便也。華州陝府奏，逃户凡一萬二千三百。[6]乙丑，臘，車駕不出。詔前陝州節度使石贇率諸節度使畋於近郊。太子賓客聶延祚卒。[7]丁卯，詔宣徽使劉繼勳就杜威園亭會節度使、統軍等習射。[8]淄州奏，青州節度使楊光遠反，遣兵士取淄州，劫刺史翟進宗入青州。[9]是冬大飢，河南諸州餓死者二萬六千餘口。

[1]左領軍衛將軍：官名。唐置，掌宫禁宿衛。唐代十六衛之一。從三品。　蔡行遇：人名。籍貫不詳。五代將領。事見本書本卷及卷八〇。　殿直：官名。五代後晋改殿前承旨爲殿直，爲皇帝的侍從官。　河陰：縣名。治所在今河南滎陽市。　青州：州名。治所在今山東青州市。　楊光遠：人名。沙陀部人。五代後唐、後晋將領。傳見本書卷九七、《新五代史》卷五一。

[2]前左御正齊國夫人吴氏已降二十一人，並進封郡國夫人：《輯本舊史》之影庫本粘籤："'前左御正'，原本脱'左'字，今從《五代會要》增入。"見《會要》卷一内職條，但其進封敕文記於天福八年（943）十一月。

[3]太子太保：官名。與太子太師、太子太傅統稱太子三師。隋唐以後多作加官或贈官。從一品。　梁文矩：人名。鄆州（今山東東平縣）人。五代官員。傳見本書卷九二。　太子太傅：官名。與太子太師、太子太保統稱太子三師。隋唐以後多作加官或贈官。從一品。

[4]河陽：縣名。治所在今河南孟州市。　符彦卿：人名。陳州宛丘（今河南淮陽縣）人。後周、宋初將領。周世宗宣懿皇后、宋太宗懿德皇后，皆符彦卿女。傳見《宋史》卷二五一。　宋州：州名。治所在今河南商丘市睢陽區。　高行周：人名。嬀州懷戎（今河北懷來縣）人。五代後唐至後周將領。傳見本書卷一二三、《新五代史》卷四八。　陳州：州名。治所在今河南淮陽縣。　梁漢璋：人名。應州（今山西應縣）人。五代後唐、後晋將領。傳見本書卷九五。　亳州：州名。治所在今安徽亳州市。　李萼：人名。籍貫不詳。五代藩鎮將領。傳見本書附録。　懷州：州名。治所在今河南沁陽市。　薛懷讓：人名。祖先爲戎人，徙居太原（今山西太原市）。五代將領。傳見《宋史》卷二五四。　契丹：古部

族、政權名。公元4世紀中葉宇文部爲前燕攻破，始分離而成單獨的部落，自號契丹。唐貞觀中，置松漠都督府，以其首領爲都督。唐末强盛，916年迭剌部耶律阿保機建立契丹國（遼）。先後與五代、北宋並立，保大五年（1125）爲金所滅。參見張正明《契丹史略》，中華書局1979年版。

［5］前登州刺史：據《舊五代史考異》："案：《歐陽史》作登州刺史。"見《新五代史》卷九《晋出帝紀》天福八年（943）十二月癸丑條。《宋本册府》卷六五四《奉使部·恩奬門》亦作"前登州刺史"。登州，州名。治所在今山東蓬萊市。　郭彦威：人名。籍貫不詳。五代後晋官員。事見本書本卷。　恒州：州名。即鎮州。治所在今河北正定縣。　"遣給事中邊光範"至"不達其命而回"：據《舊五代史考異》："案《遼史》：天福八年二月乙卯，晋遣使進先帝遺物。辛酉，晋遣使請居汴，從之。三月丁未，晋主至汴，遣使來謝。五月己亥，遣使如晋，致生辰禮。六月辛酉，晋遣使貢金。秋八月丁未朔。晋復貢金。己未，如奉聖州，晋遣其子延煦來朝。"見《遼史》卷四《太宗紀下》會同六年（943）二月乙卯、辛酉等條。

［6］華州：州名。治所在今陝西渭南市華州區。

［7］石贇：人名。沙陀部人。五代藩鎮軍閥。事見本書本卷。　太子賓客：官名。爲太子官屬。唐高宗顯慶元年（656）始置。掌侍從規諫、贊相禮儀。正三品。　聶延祚：人名。籍貫不詳。五代官員。事見本書本卷及卷八〇。

［8］宣徽使：官名。唐後期置。宣徽院的長官。初用宦官，五代以後改用士人。掌内諸司及三班内侍之名籍，郊祀、朝會、宴享供帳之儀，應内外進奉，悉檢視名物，用其印。　劉繼勳：人名。衛州（今河南衛輝市）人。五代後唐、後晋藩鎮軍閥。傳見本書卷九六。　杜威：人名。即杜重威，避後晋出帝石重貴諱稱杜威。其先朔州（今山西朔州市朔城區）人，後徙居太原。五代後晋、後漢將領。傳見本書卷一〇九、《新五代史》卷五二。

[9]淄州：州名。治所在今山東淄博市淄川區。　翟進宗：人名。籍貫不詳。歷仕後唐、後晋，爲淄州刺史。傳見《新五代史》卷三三。　“淄州奏”至“劫刺史翟進宗入青州”：據《舊五代史考異》載：“案：光遠叛，《五代春秋》作十一月，《歐陽史》作十二月。”見《五代春秋》卷下《晋少帝》、《新五代史》卷九。劫刺史翟進宗入青州：中華書局本有校勘記：“‘劫’字原闕，據孔本、《通鑑》卷二八三補。按《新五代史》卷三三《翟進宗傳》：‘進宗爲淄州刺史……楊光遠反，以騎兵數百脅取……至青州。’”《新五代史》並云“（張）萬迪聽命，而進宗獨不屈，光遠遂殺進宗”。《通鑑》卷二八三載楊光遠劫淄州刺史翟進宗入青州事於十二月乙巳日（初一）。

開運元年春正月甲戌朔，是夕陣雲掩北斗之魁星。[1]乙亥，滄、恒、貝、鄴馳告，契丹前鋒趙延壽、趙延昭引五萬騎入寇，將及甘陵，青州楊光遠召之也。[2]己卯，契丹陷貝州，知州吴巒死之。庚辰，以宋州節度使高行周爲北面行營都部署，以河陽節度使符彦卿爲馬軍左廂排陣使，以右神武統軍皇甫遇爲馬軍右廂排陣使，以陝州節度使王周爲步軍左廂排陣使，以左羽林統軍潘環爲步軍右廂排陣使。[3]太原奏，契丹入雁門，圍忻、代二州。[4]恒、滄、邢三州上言，契丹大至。是歲，天下餓死者數十萬人，詔逐處長吏瘞之。壬午，詔取此月十三日車駕北征，以前邠州節度使李周爲權東京留守。[5]乙酉，[6]車駕發東京。丁亥，敵騎至黎陽，[7]以侍衛馬軍都指揮使李守貞爲前軍都虞候。[8]河北危蹙，諸州求救者人使相望。戊子，車駕至澶州。[9]以貝州節度使王令温爲鄧州節度使。時令温弟令崇自契丹至，訴以舉族陷於甘陵，故有是命。辛卯，鄴都留守張從恩遣人夜縋城間行，奏契丹主以鐵騎三四萬建牙帳於元城，以趙延壽爲魏博節度使，改封魏王，延壽日率騎軍摩壘而退。[10]甲午，以北京留守劉知遠爲幽州道行營招討使，以恒州節度使杜威副之，定州節度使馬全節爲都虞候，其職員將校委招討使便宜署置。[11]乙未，大霧中有白虹相偶，占者曰："斯爲海淫，其下必將有戰。"詔率天下公私之馬以資騎軍。[12]丙申，契丹攻黎陽，遣右武衛上將軍張彥澤等率勁騎三千以禦之。[13]己亥，遣譯語官孟守忠致書於契丹主，求修舊好。[14]守忠自敵帳迴，契丹主復書曰："已成之勢，不可改也。"[15]辛丑，太原奏，與契丹偉王戰於秀容，[16]斬首三千級，生擒五百人，獲敵將一十七人，賊軍散入鵶鳴谷，已進軍追襲。[17]

[1]開運：後晋出帝石重貴年號（944—946）。

[2]滄：州名。治所在今河北滄縣舊州鎮。　趙延壽：人名。常山（今河北正定縣）人，本姓劉，爲後唐將領趙德鈞養子。仕至後唐樞密使，遼朝幽州節度使、燕王。傳見本書卷九八。　趙延昭：中華書局本有校勘記："《册府》卷一一八同，《通鑑》卷二八三，《五代會要》卷二九，《契丹國志》卷二、卷一六作'趙延照'。本卷下文同。"見明本《册府》卷一一八《帝王部·親征門三》，《會要》卷二九"契丹"條，《通鑑》卷二八三開運元年（944）正月乙亥條，《契丹國志》卷二《太宗皇帝上》會同八年（945）正月條、卷一六《韓延壽傳》會同八年記事。　甘陵：地名。指代貝州，治所在今河北清河縣。　"乙亥"至"青州楊光遠召之也"：據《舊五代史考異》載："案：《歐陽史》作甲戌朔，

契丹寇滄州。據《遼史》云：甲戌朔，趙延壽、延昭率前鋒五萬騎次任丘，與《歐陽史》合。"見《新五代史》卷九《晋出帝紀》開運元年正月甲戌條，但《遼史》卷四《太宗紀下》及卷七六《趙延壽傳》均不見此記事。《通鑑》卷二八三同《輯本舊史》，亦載乙亥日邊藩馳告契丹入寇。

[3]行營都部署：官名。凡行軍征討，挂帥率軍戰鬥，總管行營事務。　馬軍左厢排陣使：官名。唐節度使所屬武官中有排陣使，五代後梁以後設於諸軍，爲先鋒之職。參見王軼英《中國古代排陣使述論》，《西北大學學報》2010 年第 6 期。　右神武統軍：官名。唐代右神武軍統兵官。至德二年（757）唐肅宗置禁軍，也叫神武天騎，分爲左、右神武天騎，左、右羽林軍，左、右龍武軍，稱"北衙六軍"。從二品。　左羽林統軍：官名。唐代左羽林軍統兵官。北衙六軍之一。從二品。　潘環：人名。洛陽（今河南洛陽市）人。五代藩鎮軍閥。傳見本書卷九四。

[4]雁門：地名。位於今山西代縣西北。　忻：州名。治所在今山西忻州市。　代：州名。治所在今山西代縣。　太原奏，契丹入雁門，圍忻、代二州：據《舊五代史考異》載："案《通鑑》，契丹入雁門不書日，《遼史》作丙子，入雁門，圍忻、代。"《通鑑》卷二八三開運元年正月庚辰條載"太原奏契丹入雁門關"。《遼史》卷四會同七年正月甲戌、丙子諸條載遼軍圍忻、代州。又《新五代史》卷九作"契丹入雁門，寇代州"。繫於正月庚辰（七日），非不書日期。

[5]邠州：州名。治所在今陝西彬縣。　李周：人名。原名李敬周。邢州内丘（今河北内丘縣）人。後晋將領。傳見本書卷九一、《新五代史》卷四七。　權東京留守：明本《册府》卷一一八、《通鑑》卷二八三作"東京留守"，《新五代史》卷九作"留守東京"。

[6]乙酉：《輯本舊史》本卷、《新五代史》卷九、《通鑑》卷二八三均記載，乙酉（十二日）發東京，然據同月壬午條載詔書云

取此月十三日（丙戌）北征，似十三乃十二之誤。

［7］黎陽：縣名。治所在今河南浚縣。　丁亥，敵騎至黎陽：據《舊五代史考異》載："案：《歐陽史》作丙戌，契丹寇黎陽。"中華書局本引孔本："《通鑑》作丁亥，渭州奏，契丹至黎陽。"見《新五代史》卷九、《通鑑》卷二八三。然《通鑑》作"滑州"非"渭州"，孔本誤引。

［8］侍衛馬軍都指揮使：官名。五代時皇帝親軍侍衛馬軍司長官。　李守貞：人名。河陽（今河南孟州市）人。五代將領。傳見本書卷一〇九、《新五代史》卷五二。　都虞候：官名。爲唐末、五代時期前軍統兵官。

［9］澶州：州名。唐、五代初，治所在今河南清豐縣。後晋天福四年（939）移治於今河南濮陽縣。

［10］張從恩：人名。太原人。五代後晋外戚、將領。仕至宋初。傳見《宋史》卷二五四。　牙帳：將帥營帳。　元城：縣名。治所在今河北大名縣。　魏博：方鎮名。治所在魏州貴鄉縣（今河北大名縣）。　"辛卯"至"延壽日率騎軍摩壘而退"：據《舊五代史考異》載："案《遼史·太宗紀》：正月己丑，次元城，授延壽魏博等州節度使，封魏王，率所部屯南樂。蓋遼人封延壽自在己丑，晋人至辛卯始得奏聞也。《歐陽史》作辛卯，契丹屯于元城，趙延壽寇南樂，殊誤。"對《舊五代史考異》所引之"《歐陽史》作辛卯契丹屯于元城趙延壽寇南樂殊誤"，中華書局本有校勘記："'《歐陽史》作辛卯契丹屯于元城趙延壽寇南樂殊誤'，以上二十字原闕，據《舊五代史考異》卷三補。"見《新五代史》卷九、《遼史》卷四。

［11］劉知遠：人名。西突厥沙陀部人，後世居於太原。五代後唐、後晋將領，後漢高祖。紀見本書卷九九至卷一〇〇、《新五代史》卷一〇。　幽州：州名。治所在今北京市。　行營招討使：官名。唐始置。戰時任命，兵罷則省。常以大臣、將帥或地方軍政長官兼任。掌招撫討伐等事務。　定州：州名。治所在今河北定州

市。　馬全節：人名。魏郡元城（今河北大名縣）人。五代後唐、後晋將領。傳見本書卷九〇、《新五代史》卷四七。

[12]詔率天下公私之馬以資騎軍：《新五代史》卷九《晋少帝紀》載括馬於甲午條下，與本卷相差一日。

[13]右武衛上將軍：官名。掌宫禁宿衛。唐置十六衛之一。從二品。　張彦澤：人名。突厥人，徙居太原。五代後晋將領，投降於契丹。傳見本書卷九八、《新五代史》卷五二。

[14]孟守忠：人名。籍貫不詳。五代官員。事見本書本卷。

[15]“己亥”至“不可改也”：據《舊五代史考異》載：“案《遼史》云：辛丑，晋遣使來修舊好，詔割河北諸州及遣桑維翰、景延廣來議。與《薛史》微異。”見《遼史》卷四，己亥二十六日，辛丑二十八日，相差兩日。

[16]秀容：縣名。治所在今山西忻州市。　與契丹偉王戰於秀容：中華書局本有校勘記：“‘偉王’二字原闕，據《通曆》卷一四、《册府》卷一一八、《新五代史》卷九《晋本紀》補。‘秀容’，原作‘秀谷’，據劉本、孔本、《册府》卷一一八、《通鑑》卷二八三、《新五代史》卷九《晋本紀》改。”見《通曆》卷一四晋少帝天福九年（七月改爲開運）正月條、明本《册府》卷一一八《帝王部·親征門五》天福九年（944）正月辛丑條、《新五代史》卷九《晋出帝紀》開運元年（944）正月辛丑條、《通鑑》卷二八三開運元年正月辛丑條。

[17]鵶鳴谷：地名。位於今山西壽陽縣東南。

二月甲辰朔，遣石贇守麻家口，何建守楊劉鎮，白再榮守馬家渡，安彦威守河陽。[1]鄆州奏，博州刺史周儒以城降契丹，[2]又與楊光遠人使往返，引契丹於馬家渡濟河。[3]時郭謹在汶陽，遣左武衛將軍蔡行遇率數百騎赴之，遇伏兵於葭葦中，突然而出，轉鬬數合，部下皆遁，行遇爲賊所執，鋒鏑重傷，不能乘馬，坐畚中舁至幕帳。[4]乙巳，[5]遣李守貞等水陸進兵而下，以救汶陽。丙午，先鋒指揮使石公霸與契丹遇於戚城之北，爲契丹所圍。[6]高行周、符彦卿方息於林下，聞賊至，駭愕，督軍而進，契丹衆甚盛，被圍數重，遣人馳告景延廣，請益師。延廣遲留，候帝進止，行周等大譟，瞋目奮擊賊衆，傷死者甚多，帝自御親兵救之方解。[7]登戚城古臺，[8]置酒以勞三將，[9]咸咎延廣不遣兵赴難，相對泣下。戊申，契丹築壘於馬家渡東岸，以騎軍列於外，以禦王師，李守貞以師搏之，遂破其衆。賊騎散走，赴河溺死者數千，遂拔其壘。初，西岸敵軍數萬，鼓譟揚旗以助其勢，及見東岸兵敗，號哭而去。獲馬八百匹，生擒賊將七十八人、部衆五百人，送行在，餘衆數千，悉斬之。[10]辛亥，夏州節度使李彝殷合蕃漢之兵四萬抵麟州，濟河，侵契丹之境，以牽脅之。[11]壬子，以彝殷爲契丹西南面招討使。易州刺史安審約奏，戰契丹於北平，賊退保祁溝關，斷其橋梁而還。[12]癸丑，博州殘兵至自賊中。周儒之降也，賊執其軍士，將獻於幕帳，行次中途，守者夜寢，其中軍士一人自解桎梏，爲諸兵釋縛，取賊戈矛，盡殺援者二百餘人，南走而歸，至河無舟，浮水而過，溺死之餘，所存者六十七人。是日，日有黄白暈，二白虹夾日而行。己未，滄州奏，賊衆三千人援送所掠人口寶貨等，由長蘆入蕃，以輕騎邀之，斬獲千餘人，人口輜重悉委之而走。庚申，宰臣馮道等再上表請聽樂，皆不允。[13]時帝自期年之後，於宫中間舉細聲女樂，及親征以來，日於左右召淺蕃軍校，奏三絃胡琴，和以羌笛，擊節鳴鼓，更舞迭歌，以爲娱樂。常謂侍臣曰："此非音樂也。"故馮道等奏請舉樂，詔旨未允而止。壬戌，楊光遠率兵圍棣州，刺史李瓊以州兵擊之，棄營而遁。[14]冀州奏，敗賊軍於城下，見舁棺者，訊其降者，曰："戚城之戰，上將金頭王中流矢而死，此其櫬也。"癸亥，以鄧州節度使何建爲東南面馬步軍都部署，率師屯汶陽。[15]甲子，蜀人寇我階州。[16]

[1]麻家口：今地不詳。　何建：《通鑑》卷二八四開運元年（944）二月甲辰條作"何重建"。　楊劉鎮：地名。位於今山東東阿縣。　白再榮：人名。蕃部（北方少數民族）人。五代將領。傳見本書卷一〇六、《新五代史》卷四八。　馬家渡：地名。五代黄河渡口。位於今山東鄆城縣一帶。《新五代史》卷九《晋出帝紀》開運元年二月戊申條與本卷同，《通鑑》卷二八四、《遼史》卷四《太宗紀下》會同七年（944）二月記事均作"馬家口"。　安彦威：人名。崞縣（今山西原平市）人。五代後唐、後晋將領。傳見本書卷九一、《新五代史》卷四七。

[2]博州：州名。治所在今山東聊城市。　周儒：人名。籍貫不詳。五代後晋官員。事見本書本卷。　鄆州奏，博州刺史周儒以城降契丹：據《舊五代史考異》載："案《五代春秋》：正月，契丹陷博州。《歐陽史》作正月辛丑，《薛史》及《遼史》作二月。"中華書局本引殿本案語："案：博州刺史周儒降于契丹，《歐陽史》《通鑑》《契丹國志》俱作正月，是書及《遼史》作二月。"見《五代春秋》卷下《晋少帝》開運元年正月乙酉條、《新五代史》卷九《晋出帝紀》開運元年正月辛丑條、《通鑑》卷二八四、《契丹國志》卷二《太宗上》會同八年正月條、《遼史》卷四會同七年二月

甲辰條。

［3］又與楊光遠人使往返，引契丹於馬家渡濟河：中華書局本有校勘記："'人使往返'，原作'潛約光遠'，據孔本、《册府》卷四四四改。按《新五代史》卷五一《楊光遠傳》：'（周）儒果引契丹自馬家渡濟河。'"見《宋本册府》卷四四四《將帥部·陷没門》。《通鑑》卷二八三開運元年正月條作"又與楊光遠通使往還，引契丹自馬家口濟河"。

［4］汶陽：縣名。治所在今山東泰安市。　左武衛將軍：官名。唐置，掌宫禁宿衛。唐代十六衛之一。從三品。

［5］乙巳：二字原闕，據《通鑑》卷二八四開運元年二月條補。中華書局本未補。

［6］先鋒指揮使：官名。先鋒，即先鋒部隊。指揮使，爲所部統兵將領。　石公霸：人名。籍貫不詳。後晋將領，時任先鋒指揮使。事見本書本卷。　戚城：地名。位於今河南濮陽市。

［7］"丙午"至"傷死者甚多"：據《舊五代史考異》載："案《宋史·符彦卿傳》：契丹騎兵數萬，圍高行周于鐵邱，諸將莫敢當其鋒，彦卿獨引數百騎擊之，遼人遁去，行周得免。《高懷德傳》：至戚城，被圍數重，援兵不至，危甚，懷德左右射，縱横馳突，衆皆披靡，挾父而出。"見《宋史》卷二五一《符彦卿傳》、卷二五〇《高懷德傳》。

［8］登戚城古臺：中華書局本有校勘記："'戚城'，《册府》卷一三六作'戚城南'。"見《宋本册府》卷一三六《帝王部·慰勞門》。

［9］置酒以勞三將：中華書局本有校勘記："'二'，《册府》卷一三六作'二'。""二將"指高行周、符彦卿，"三將"則包括遲留之景延廣。

［10］送行在，餘衆數千，悉斬之：《輯本舊史》原無"餘衆數千"四字，中華書局本沿之，據明本《册府》卷一一八《帝王部·親征門三》補。

［11］麟州：州名。治所在今陝西神木縣。

［12］易州：州名。治所在今河北易縣。　安審約：人名。籍貫不詳。五代藩鎮將領。事見本書本卷及卷八三、卷八四。　北平：封國名。此處代指方鎮義武軍。治所在定州（今河北定州市）。五代後梁、後唐時，王處直受封爲義武節度使、北平王。王處直養子王都殺王處直，繼位爲義武節度使。天成四年（929），後唐攻破定州城，王都自焚死。　祁溝關：關隘名。又名岐溝關。位於今河北涿州市西南。

［13］長蘆：縣名。治所在今河北滄州市。　馮道：人名。瀛州景城（今河北滄縣）人。五代時官拜宰相，歷仕後唐、後晋、後漢、後周，亦曾臣事契丹。傳見本書卷一二六、《新五代史》卷五四。

［14］棣州：州名。治所在今山東惠民縣。中華書局本有校勘記："'棣州'，原作'冀州'，據殿本、劉本、孔本、《通鑑》卷二八四改。按本書卷九四《李瓊傳》：'俄遷棣州刺史。遇楊光遠以青州叛，自統本部兵攻其城。'"見《通鑑》卷二八四開運元年二月壬戌條。　李瓊：人名。籍貫不詳。五代十國藩鎮將領。事見本書本卷、《新五代史》卷六六。

［15］以鄧州節度使何健爲東南面馬步軍都部署：中華書局本有校勘記："'東南面'，《通鑑》卷二八四作'東面'。"

［16］階州：州名。治所在今甘肅隴南市武都區。

三月癸酉朔，契丹主領兵十餘萬來戰。時契丹僞棄元城寨已旬日矣，伏精騎於頓丘故城，以待王師。[1]設伏累日，人馬饑頓，趙延壽謀曰："晋軍悉在河上，畏我鋒鋭，不敢前進，不如徑造城下，四面而進，攻奪其橋梁，天下定矣。"契丹主然之。是日，前軍高行周在戚城之南，賊將趙延壽、趙延昭以數萬騎出王師之西，契丹主自擁精騎出王師之東，兩軍接戰，交相勝負。至晡時，契丹主以勁兵中央出而來，帝御親軍列爲後陣，東西濟河，爲偃月之勢，旗幟鮮盛，士馬嚴整。契丹主望之，謂左右曰："楊光遠言晋朝兵馬半已餓死，今日觀之，何其壯耶！"敵騎往來馳突，王師植立不動，萬弩齊彀，飛矢蔽空，賊軍稍却。會有亡者告契丹主曰："南軍東面人少，沿河城栅不固，可以攻之。"契丹乃率精騎以攻東邊，王師敗走，敵騎追之。時有夾馬軍士千餘人在堤間治水寨，旗幟之末出於堰埭，敵望見之，以爲伏兵所起，追騎乃止。久之復戰，王師又退，李守超以數百騎短兵直進擊之，[2]敵稍却。戰場之地，人馬死者無算，斷箭殘鏃交横，[3]厚數寸。遇夜，賊擊鉦抽軍而退，夜行三十里而舍焉。[4]護聖指揮使協霸亡入賊中，[5]夷其族。護聖第二軍都指揮使安重懷、指揮使烏韓七、監軍何彦超等臨陣畏怯，手失兵仗，悉斬之。[6]乙亥，契丹主帳内小校竊其主所乘馬來奔，云："契丹已傳木書，收軍北去。"[7]齊州奏，青州賊軍寇明水鎮。[8]壬午，禮部尚書盧詹卒，贈太子少保。[9]甲申，契丹車帳已過貝州，以趙延昭守貝州。[10]辛卯，定州馬全節攻泰州，拔之，俘其兵士二千人，雜畜戎仗稱是。[11]癸巳，[12]北京留守、兼中書令劉知遠封太原王，餘如故。[13]是日，詔天下抽點鄉兵，凡七户出一士，六户資之，仍自具兵仗，以"武定"爲軍號。[14]太常丞王緒棄市。[15]緒家於青州，常致書於楊光遠，緒有妾之兄慊緒不爲賙給，遂告與光遠連謀，密書述朝廷機事，遂收捕斬之。

［1］元城寨：地名。或位於今河北大名縣附近。　頓丘：縣名。治所在今河南清豐縣。　“三月癸酉朔”至“以待王師”：據《舊五代史考異》載：“案《通鑑》：鄴都留守張從恩屢奏敵已遁去，大軍欲進追之，會霖雨而止。”見《通鑑》卷二八四。

［2］李守超以數百騎短兵直進擊之：中華書局本有校勘記：“‘李守超’，《册府》卷一一八作‘李守貞’。按《册府》卷四四八，李守超係守貞之弟。”見明本《册府》卷一一八《帝王部·親征門三》開運二年（945）三月甲辰條、明本《册府》卷四四八《將帥部·殘酷門·李守超》條。

［3］斷箭殘鏃交横：中華書局本有校勘記：“‘交’字原闕，據《册府》卷一一八補。”

［4］遇夜，賊擊鉦抽軍而退，夜行三十里而舍焉：中華書局本引孔本案語：“《歐陽史》作癸酉，及契丹戰於戚城，契丹去。蓋戚城之戰，兩軍互有勝負，《歐陽史》以《薛史》爲據也。《五代春秋》作三月，及契丹戰於戚城，王師敗績。疑未詳考。”見《新五代史》卷九《晋出帝紀》、《五代春秋》卷下《晋少帝》，《通鑑》卷二八四載此事亦在癸酉。

［5］護聖指揮使：官名。所部統兵將領。護聖爲部隊番號。護聖指揮使協霸亡入賊中：《輯本舊史》之案語：“‘協霸’二字上疑有脱文。”從“協霸”之官職“護聖指揮使”及隨契丹北歸的經歷來看，與白再榮的情況頗吻合。《輯本舊史》卷一〇六《白再榮傳》：“本蕃部人也。少从軍，累遷護圣左廂都指揮使。晋末，契丹犯闕，明年，契丹主北去，再榮从部帳至真定。”《新五代史》卷四八《白再榮傳》：“唐、晋之間爲護聖指揮使。契丹犯京師，再榮從契丹北歸，至鎮州，契丹留麻答守鎮州而去，晋人從者多留焉。”協霸是否是白再榮，待考。

[6]安重懷：人名。籍貫不詳。五代將領。事見本書本卷。 烏韓七：人名。籍貫不詳。五代將領。事見本書本卷。 監軍：官名。爲臨時差遣，代表朝廷協理軍務、督察將帥。五代時常以宦官爲監軍。 何彦超：人名。籍貫不詳。五代官員。事見本書本卷。

[7]“乙亥”至“收軍北去”：據《舊五代史考異》載：“案《契丹國志》云：景延廣疑有詐，閉壁不敢追。遼帝北歸，所過焚掠民物殆盡。”見《契丹國志》卷三《太宗嗣聖皇帝下》會同九年（946）三月條。

[8]明水鎮：地名。位於今山東濟南市章丘區。

[9]禮部尚書：官名。尚書省禮部主官。掌禮儀、祭享、貢舉之政。正三品。 盧詹：人名。京兆長安（今陝西西安市）人。五代官員，性情剛直。傳見本書卷九三。 太子少保：官名。與太子少傅、太子少師合稱“三少”，唐後期、五代多爲大臣、勳貴加官。從二品。

[10]“甲申”至“以趙延昭守貝州”：據《舊五代史考異》載：“案《遼史》：三月壬午，留趙延昭守貝州，徙所俘户於内地。四月癸丑，還次南京。”對《舊五代史考異》所引之“留趙延昭守貝州”，中華書局本有校勘記：“‘趙延昭’，原作‘趙德昭’，據殿本、《遼史》卷四《太宗紀下》改。”見《遼史》卷四《太宗紀下》會同六年十二月丁未條、會同七年三月壬午條。

[11]泰州：州名。治所在今江蘇泰州市。

[12]癸巳：中華書局本有校勘記：“原作‘己亥’，據殿本、孔本改。影庫本批校：‘“癸巳”訛“己亥”。’”《新五代史》卷九《晋出帝紀》：開運元年三月，“癸巳，籍民爲武定軍”。而劉知遠封王事與“籍民爲武定軍”同日，故從中華書局本有校勘記改。

[13]中書令：官名。漢代始置，隋、唐前期爲中書省長官，屬宰相之職；唐後期多爲授予元勳大臣的虚銜。正二品。

[14]以“武定”爲軍號：中華書局本有校勘記：“‘定’字原闕，據殿本、劉本、《通曆》卷一四、《通鑑》卷二八四、《五代會

要》卷一二補。‘軍’字原闕，據殿本、孔本補。”《輯本舊史》卷八三《晋少帝紀三》開運二年正月，“改諸道武定軍爲天威軍”。又，《會要》卷一二軍雜録條：“開運元年三月，命諸道州府縣點集鄉兵，率以税户七家共出一卒，兵杖器械共力營之。至五月，敕諸道新點鄉兵，宜以武定爲名。”《通鑑》卷二八四開運元年五月：“丙戌，詔諸州所籍鄉兵，號武定軍，凡得七萬餘人。”故據改爲“武定軍”。然，《會要》《通鑑》均載五月方定武定軍名號，非三月。

[15]太常丞：官名。西漢始設，歷代沿置，太常之副官。掌本部日常事務。從五品下。　王緒：人名。青州（今山東青州市）人。五代後晋官員。事見本書本卷、卷八八。

夏四月，車駕在澶州。滄州奏，契丹陷德州，刺史尹居璠爲敵所執。[1]甲辰，鄴都留守張從恩來朝。丁未，加從恩平章事，還鄴。己酉，詔取今月八日車駕還京，令高行周、王周留鎮澶淵，近地兵馬委便宜制置。甲寅，至自澶州，曲赦京城大辟以下罪人。丁巳，升冀州爲防禦使額。[2]同、華奏，人民相食。己未，以右武衛上將軍張彦澤爲右神武統軍。辛酉，以鄆州節度使、侍衛親軍都指揮使景延廣爲西京留守；以宋州節度使高行周爲侍衛親軍都指揮使；以侍衛親軍都虞候、義成軍節度使李守貞爲兖州節度使，典軍如故。[3]是日，分命文武臣僚三十六人往諸道州府括率錢帛，以資軍用。[4]癸亥，以西京留守安彦威爲晋昌軍節度使，以晋昌軍節度使趙瑩爲華州節度使，以左龍武統軍皇甫遇爲滑州節度使。[5]是日，置酒宫中，召景延廣謂之曰：“卿有佐命之功，命保釐伊洛，非酬勳之地也。”因解御衣、寶帶以賜之。丙寅，隴州奏，餓死者五萬六千口。[6]

[1]尹居璠：人名。籍貫不詳。五代地方官員。事見本書本卷及《遼史》卷四。　滄州奏，契丹陷德州，刺史尹居璠爲敵所執：《遼史》卷四《太宗紀下》繫契丹陷德州並擒刺史事於五月癸酉。

[2]澶州：地名。位於今河南濮陽市西北。　冀州：州名。治所在今河北衡水市冀州區。

[3]侍衛親軍都指揮使：官名。五代時侍衛親軍長官。多爲皇帝親信。　侍衛親軍都虞候：武官名。五代時期侍衛親軍的高級統率官，判六軍諸衛事。　義成軍：方鎮名。治所在滑州（今河南滑縣）。　兗州：州名。治所在今山東濟寧市兗州區。

[4]以資軍用：中華書局本有校勘記："原作'以次軍用'，據殿本、劉本、《册府》卷一五八改。"見《宋本册府》卷一五八《帝王部·誡勵門三》。

[5]晋昌軍：方鎮名。治所在雍州、京兆府（今陝西西安市）。　趙瑩：人名。華州華陰（今陝西華陰市）人。五代後晋宰相。傳見本書卷八九、《新五代史》卷五六。　滑州：州名。治所在今河南滑縣。

[6]隴州：州名。治所在今陝西隴縣。

五月壬申朔，太原劉知遠奏，邊境未寧，軍用甚廣，所封王爵，乞未行册命。戊寅，遣侍衛親軍都虞候李守貞率步騎二萬，討楊光遠於青州。丁亥，以鄴都留守張從恩爲貝州行營都部署，[1]以滑州節度使皇甫遇爲行營都虞候，以左神武統軍潘環掌騎兵，右神武統軍張彦澤掌步兵。辛卯，張從恩奏，貝州賊將趙延昭縱火大掠，棄城而遁。[2]以李守貞爲青州行營都部署，以河陽節度使符彦卿副之。戊戌，以前鄧州節度使何建爲貝州永清軍節度使。[3] 是月，澤潞上言，餓死者凡五千餘人。[4]

[1]以鄴都留守張從恩爲貝州行營都部署：據《舊五代史考異》載："案《通鑑》：張從恩上言：'趙延昭雖據貝州，麾下將士久客思歸，宜速進軍攻之。'詔以從恩爲貝州行營都部署。"對《舊五代史考異》所引"宜速進軍攻之"，中華書局本有校勘記："'之'字原闕，據《通鑑》卷二八四補。"

[2]"辛卯"至"棄城而遁"：據《舊五代史考異》載："案《通鑑》：延昭屯于瀛莫，阻水自固。"見《通鑑》卷二八四。

[3]前鄧州節度使：中華書局本作"鄧州節度使"，並有校勘記："按本卷上文記何建事作'前鄧州節度使'，又云：'（開運元年正月）以貝州節度使王令温爲鄧州節度使。'則何建時已受代，'鄧州'上疑脱'前'字。"但未改。輯本本卷開運元年（944）二月癸亥載何建時作"前鄧州節度使"，據改。

[4]澤潞：方鎮名。治所在潞州（今山西長治市）。

六月辛丑朔，王師拔淄州，斬楊光遠僞署刺史劉翰。[1] 癸卯，[2] 以太尉、兼侍中馮道爲檢校太師、兼侍中，充同州節度使。[3] 丙午，詔復置樞密院。[4] 丁未，以侍中桑維翰爲中書令，充樞密使。[5] 權開封府尹李周卒，輟朝，贈太師。[6] 辛亥，以邢州節度使安叔千爲晋州節度使，加同平章事；以晋州節度使宋彦筠爲陝州節度使；以吏部郎中李穀充樞密直學士。[7] 丙辰，滑州河決，漂注曹、單、濮、鄆等州之境，[8] 環梁山合於汶、濟。[9] 戊午，升府州爲團練使額。庚申，襄州獻白鵲。[10] 甲子，復置翰林學士。[11]乙丑，宰臣等三上表請聽樂，詔允之。戊辰，以門下侍郎王松爲左丞；以右丞王易簡爲吏部侍郎；以右散騎常侍蕭愿爲祕書監；[12]以右諫議大夫王仁裕爲給事中；[13]以給事中李式爲左散騎常侍；以金部郎中、知制誥徐台符爲翰林學士；以禮部郎中李澣本官知制誥，充翰林學士；以刑部郎中劉温叟改都官郎中，充翰林學士；以主客員外郎范質充翰林學士；御史張宜改倉部員外郎、知制誥。[14]庚午，以前晉州節度使周密爲右龍武統軍，[15]以同州節度使李懷忠爲右羽林統軍。[16]《永樂大典》卷一萬五千六百四十九。[17]

[1]劉翰：人名。籍貫不詳。五代地方官員。事見本書本卷。

[2]癸卯：中華書局本有校勘記："原作'辛卯'，據《通鑑》卷二八四改。按是月辛丑朔，無辛卯，癸卯爲初三。影庫本粘籤：'辛卯，以前後干支計之，當作"癸卯"，今無別本可校，姑仍其舊，附識于此。'"

[3]侍中：官名。秦始置。隋、唐前期爲門下省長官。唐後期多爲大臣加銜，不參與政務，實際職務由門下侍郎執行。正二品。檢校太師：官名。爲散官或加官，以示恩寵，無實際執掌。太師，與太傅、太保並爲三師。

[4]樞密院：官署名。唐代自天寶以後，宦官之權始大，領禁軍，典兵機文書。代宗時始定樞密使之名，但仍無公署，惟掌收受章奏、傳達皇帝旨意。昭宗藉朱温之力，盡誅宦官，始以士人任樞密使。後梁開平元年（907）改樞密院爲崇政院，樞密使爲崇政院使，改用士人，備皇帝顧問，其地位相當於宰相。後唐復樞密院之名。

[5]桑維翰：人名。洛陽（今河南洛陽市）人。初爲石敬瑭節

度掌書記，石敬瑭稱帝後出任翰林學士、知樞密院事等職。傳見本書卷八九、《新五代史》卷二九。　樞密使：官名。樞密院長官。五代時以士人爲之，備顧問，參謀議，出納詔奏，權侔宰相。參見李全德《唐宋變革期樞密院研究》，國家圖書館出版社 2009 年版。

［6］開封府尹：官名。五代除後唐外均定都開封，因置開封府尹。執掌京師政務。從三品。　李周：人名。原名李敬周。邢州内丘（今河北内丘縣）人。後晉將領。傳見本書卷九一、《新五代史》卷四七。　太師：官名。與太傅、太保並爲三師，唐後期、五代多爲大臣、勳貴加官。正一品。

［7］邢州：州名。治所在今河北邢臺市。　安叔千：人名。沙陀部人。五代後唐至後周將領。傳見本書卷一二三、《新五代史》卷四八。　李穀：人名。潁州汝陰（今安徽阜陽市）人。後周宰相。傳見《宋史》卷二六二。　樞密直學士：官名。五代後唐莊宗同光元年（923），改直崇政院置，選有政術、文學者充任。備顧問應對。

［8］丙辰，滑州河決，漂注曹、單、濮、鄆等州之境：《輯本舊史》之影庫本粘籤："曹、單，原本作'曹鄆'，今從《五代會要》改正。"《會要》不見記載，見《通鑑》卷二八四。《舊五代史考異》："案《宋史·楊昭儉傳》：河決數郡，大發丁夫，以本部帥董其役，既而塞之。晉少帝喜，詔立碑紀其事。昭儉表諫曰：'陛下刻石紀功，不若降哀痛之詔；摛華頌美，不若頒罪己之文。'言甚切至，少主嗟賞之，卒罷其事。"見《宋史》卷二六九《楊昭儉傳》。

［9］梁山：山名。位於今山東梁山縣東南。　汶：河流名。即今山東大汶河。　濟：河流名。發源於今河南境内，經山東入渤海。今黄河下游河道即濟水故道。

［10］府州：州名。治所在今陝西府谷縣。　襄州：州名。治所在今湖北襄陽市。

［11］翰林學士：官名。由南北朝始設之學士發展而來，唐玄宗

改翰林供奉爲翰林學士，備顧問，代王言，掌拜免將相、號令征伐等詔令的起草。

[12]門下侍郎：官名。門下省次官，常加“同中書門下平章事”銜爲宰相。正二品。　王松：人名。京兆（今陝西西安市）人。唐僖宗宰相王徽之子。五代後唐至後漢官員。傳見本書附録、《新五代史》卷五七。　左丞：官名。尚書省佐貳官。唐中期以後，與尚書右丞實際主持尚書省日常政務，權任甚重。正四品上。後梁開平二年（908）改爲左司侍郎，後唐同光元年（923）復舊爲左丞。正四品。　右丞：官名。尚書省佐貳官。唐中期以後，與尚書左丞實際主持尚書省日常政務，權任甚重。正四品上。後梁開平二年（908）改爲右司侍郎，後唐同光元年（923）復舊爲右丞。唐時爲正四品下，後唐長興元年（930）升爲正四品。　王易簡：人名。京兆（今陝西西安市）人。五代後梁進士，五代、宋初大臣。傳見《宋史》卷二六二。　蕭愿：人名。籍貫不詳。五代官員。傳見本書卷一二八。　祕書監：官名。秘書省長官，掌圖書秘記等。從三品。

[13]王仁裕：人名。天水（今甘肅天水市）人。五代後唐、後晋藩鎮軍閥。傳見本書卷一二八、《新五代史》卷五七。　以右諫議大夫王仁裕爲給事中：中華書局本有校勘記：“‘右’，王仁裕神道碑（拓片刊《玉堂閒話評註》）作‘左’。”

[14]李式：人名。籍貫不詳。五代後晋官員。事見本書本卷及卷七七。　左散騎常侍：官名。門下省屬官。掌侍奉規諷，備顧問應對。正三品下。　徐台符：人名。鎮州獲鹿（今河北石家莊市鹿泉區）人。五代時期大臣。傳見本書附録。　禮部郎中：官名。尚書省禮部頭司禮部司長官。掌禮樂、學校、衣冠、符印、表疏、圖書、册命、祥瑞、鋪設，及百官、宫人喪葬贈賻之數。從五品上。　李澣：人名。京兆萬年（今陝西西安市長安區）人。歷仕後唐、後晋，後與徐台符被契丹挾而北行，在遼任宣政殿學士、禮部尚書等。傳見《遼史》卷一〇三、《宋史》卷二六二。　刑部郎中：官

名。刑部頭司長官，掌司法覆審及州府刑獄。從五品上。　劉温叟：人名。洛陽（今河南洛陽市）人。五代、宋初官員。傳見《宋史》卷二六二。　都官郎中：官名。尚書省刑部都官司長官。掌徒刑流放配隸等事。從五品上。　主客員外郎：官名。禮部主客司長官主客郎中的副職。佐長官郎中掌接待外國使臣等事。從六品上。　范質：人名。大名宗城（今河北威縣）人。後周、宋初宰相。傳見《宋史》卷二四九。　御史：御史臺執掌監察官員的泛稱。　張宜：人名。籍貫不詳。五代官員。事見本書本卷。　倉部員外郎：官名。户部倉部司次官。隋代始設，司本曹籍帳，侍郎缺則代理曹事。唐代復置。從六品上。

[15]以前晉州節度使周密爲右龍武統軍：中華書局本有校勘記："'右'，原作'左'，據本書卷八四《晉少帝紀四》、卷一二四《周密傳》改。"見《輯本舊史》卷八四《晉少帝紀四》開運三年（946）八月辛未條。

[16]李懷忠：人名。太原晉陽（今山西太原市）人。五代後唐至後周將領。傳見本書卷一二四。　以同州節度使李懷忠爲右羽林統軍：中華書局本有校勘記："'右'，原作'左'，據本書卷八四《晉少帝紀四》、卷一二四《李懷忠傳》改。"見《輯本舊史》卷八四《晉少帝紀四》開運二年八月戊寅條。

[17]《大典》卷一五六四九"晉"字韻"五代後晉出帝（一）"事目。

舊五代史　卷八三

晉書九

少帝紀第三

開運元年秋七月辛未朔，帝御崇元殿，大赦天下，改天福九年爲開運元年。[1]河北諸州，曾經虜騎剽攘，與免今年秋税。諸軍將士等第各賜優給。諸州率借錢帛，赦書到日，畫時罷徵，出一千貫已上者與免科徭，一萬貫已上者與授本州上佐云。[2]是日宣赦未畢，會大雷雨，匆遽而罷。時都下震死者數百人，明德門内震落石龍之首，識者以爲“石”乃國姓，蓋不祥之甚也。癸酉，以定州節度使馬全節爲鄴都留守，加兼侍中；以昭義節度使安審暉爲邢州節度使，加檢校太師。[3]乙亥，前陝州節度使王周加檢校太尉，改定州節度使；鄴都留守張從恩改鄆州節度使。[4]禮官奏：“天子三年喪畢，祫享於太廟，高祖聖文章武明德孝皇帝今年八月喪終畢，[5]合以十月行大祫之禮，冬季祠祭，改薦爲祫。”從之。丁丑，虞部員外郎、知制誥陶穀改倉部郎中、知制誥，大理卿吴德謙改祕書監致仕。[6]辛巳，以左龍武統軍李從敏爲潞州節度使，天策府都護軍、桂州節度使、知朗州軍事馬希杲加檢校太師。[7]壬午，降金州爲防禦州，降萊州爲刺史州。[8]户部侍郎田敏改兵部侍郎；刑部侍郎李詳改尚書右丞；[9]以潁州團練使馮玉爲户部侍郎，充端明殿學士；中書舍人趙上交改刑部侍郎。[10]己丑，以樞密使、中書令桑維翰充弘文館大學士，太子太傅、譙國公劉昫爲守司空、兼門下侍郎、平章事、監修國史、判三司。[11]宰臣李崧、和凝進封爵邑。[12]庚寅，宣徽北院使劉繼勳改宣徽南院使，三司使董遇改宣徽北院使。[13]辛卯，以前陝州節度使石贇爲鄧州節度使。同州節度使李承福卒，贈太傅。[14]

[1]天福：五代後晋高祖石敬瑭年號（936—942）。出帝石重貴沿用至九年（944）。後漢高祖劉知遠繼位後沿用一年，稱天福十二年（947）。　開運：後晋出帝石重貴年號（944—946）。

[2]河北諸州：明本《册府》卷九四《帝王部·赦宥門一三》開運元年（944）七月辛未作“魏、博、貝、冀、滄、景、德等州”。　虜騎剽擴：中華書局本沿《輯本舊史》作“契丹蹂踐處”，係四庫館臣忌清諱竄改，今據明本《册府》卷九四回改。　諸軍將士：明本《册府》卷九四作“將校兵士”。　一萬貫已上者與授本州上佐云：明本《册府》卷九四作“一萬貫已上者咸授官秩，無資給者，與本處上佐”。上佐，官名。州郡、軍府高級佐官的通稱。

[3]定州：州名。治所在今河北定州市。　節度使：官名。唐時在重要地區所設掌握一州或數州軍、民、財政的長官。　馬全節：人名。魏郡元城（今河北大名縣）人。五代後唐、後晋將領。傳見本書卷九〇、《新五代史》卷四七。　鄴都：地名。治所在今

河北大名縣。五代後唐同光元年（923），改魏州爲興唐府，建號東京。三年，改東京爲鄴都。　留守：官名。唐、五代在都城、陪都或軍事重鎮所設留守，由地方行政長官兼任。　侍中：官名。秦始置。隋、唐前期爲門下省長官。唐後期多爲大臣加銜，不參與政務，實際職務由門下侍郎執行。正二品。　昭義：方鎮名。治所在潞州（今山西長治市）。　安審暉：人名。沙陀部人。安審琦之兄。五代十國時期高級將領。傳見本書卷一二三。　邢州：州名。治所在今河北邢臺市。　檢校太師：官名。爲散官或加官，以示恩寵，無實際執掌。太師，與太傅、太保並爲三師。

［4］陝州：州名。治所在今河南三門峽市陝州區。　王周：人名。魏州（今河北大名縣）人。五代後唐、後晉、後漢將領。傳見本書卷一〇六、《新五代史》卷四八。　檢校太尉：官名。爲散官或加官，以示恩寵，無實際執掌。　張從恩：人名。太原人。五代後晉外戚、將領。仕至宋初。傳見《宋史》卷二五四。　鄆州：州名。治所在今山東東平縣。

［5］祫享：中國古代舉行的皇室合祭儀式。詳見朱溢《唐至北宋時期的太廟禘祫禮儀》，《復旦學報》2012年第1期。　高祖聖文章武明德孝皇帝今年八月喪終畢：《輯本舊史》之影庫本粘籤："明德，原本缺'德'字，今從《歐陽史》增入。"見《新五代史》卷八《晉高祖紀》。《輯本舊史》卷七五《晉高祖紀一》、卷八〇《晉高祖紀六》天福七年八月條同。

［6］虞部員外郎：官名。唐、宋工部設虞部，其長官稱郎中，副長官稱員外郎，掌山澤苑囿、場冶薪炭等事。從五品上。　知制誥：官名。掌起草皇帝的詔、誥之事，原爲中書舍人之職。唐開元末置學士院，翰林學士入院一年，則加知制誥銜，專掌任免宰相、册立太子、宣布征伐等特殊詔令，稱爲内制。而中書舍人所撰擬的詔敕稱爲外制。兩種官員總稱兩制官。　陶穀：人名。邠州新平（今陝西彬縣）人。五代、宋初大臣。傳見《宋史》卷二六九。　倉部郎中：官名。尚書省户部倉部司長官。掌天下庫儲，出納租

税、禄糧、倉廪之事。以木契百，合諸司出給之數，以義倉、常平倉備凶年，平穀價。從五品上。　大理卿：官名。爲大理寺長官。負責大理寺的具體事務，掌邦國折獄詳刑之事。從三品。　吴德謙：人名。籍貫不詳。五代官員。事見本書本卷。　祕書監：官名。漢代設秘書監，晋代初置秘書寺，後改秘書省。隋唐沿置。以秘書監、秘書少監爲正、副長官。掌古今經籍圖書、國史實録、天文曆數之事。

[7]左龍武統軍：官名。唐代左龍武軍統兵官。職掌左右厢飛騎儀仗，階陛禁衛、馳道内仗，並負責飛騎番上宿衛。從二品。　李從敏：人名。後唐明宗之侄。傳見本書卷一二三、《新五代史》卷一五。　潞州：州名。治所在今山西長治市。　天策府：唐高祖以李世民功高，遂封天策上將，開府稱天策府。五代時後梁授馬殷爲天策上將軍，亦稱開府。　都護軍：部隊番號。　桂州：州名。治所在今廣西桂林市。　朗州：州名。治所在今湖南常德市。　馬希杲：人名。南楚武穆王馬殷之子。五代十國藩鎮軍閥。傳見《十國春秋》卷七一。

[8]金州：州名。治所在今陝西安康市。　萊州：州名。治所在今山東萊州市。

[9]户部侍郎：官名。尚書省户部次官。協助户部尚書掌土地、人户、錢谷、貢賦之政。正四品下。　田敏：人名。淄州鄒平（今山東鄒平縣）人。五代、宋初大臣、學者。傳見《宋史》卷四三一。　兵部侍郎：官名。尚書省兵部次官。協助兵部尚書掌武官銓選、勳階、考課之政。正四品下。　刑部侍郎：官名。尚書省刑部次官。協助刑部尚書掌天下刑法及徒隸、勾覆、關禁之政令。正四品下。　李詳：人名。籍貫不詳。五代後唐至後周官員，歷任左補闕、中書舍人、尚書右丞、吏部侍郎。事見本書本卷及卷四二、卷七七、卷八四、卷一一一。中華書局本有校勘記："原作'李祥'，據本書卷八一《晋少帝紀一》、卷八四《晋少帝紀四》改。"《輯本舊史》卷七七《晋高祖紀三》天福三年（938）四月丁亥條、卷七

八《晋高祖紀四》天福四年九月丙申條、卷八一《晋少帝紀一》天福八年五月辛卯條、卷八四《晋少帝紀四》開運三年七月壬辰條皆作“李詳”。　尚書右丞：官名。尚書省佐貳官。唐中期以後，與尚書左丞實際主持尚書省日常政務，權任甚重。後梁開平二年（908）改爲右司侍郎，後唐同光元年（923）復舊爲右丞。唐時爲正四品下，後唐長興元年（930）升爲正四品。

[10]潁州：州名。治所在今安徽阜陽市。　團練使：官名，唐代中期以後，於不設節度使的地區設團練使，掌本區各州軍事。　馮玉：人名。定州（今河北定州市）人。五代後晋外戚、宰相。傳見本書卷八九、《新五代史》卷五六。　端明殿學士：官名。五代後唐天成元年（926）明宗初即位，每有四方書奏，多令樞密使安重誨進讀，不曉文義。於是孔循獻議，設端明殿學士，命馮道等爲之，位在翰林學士之上。此後沿置。　中書舍人：官名。中書省屬官。掌起草文書、呈遞奏章、傳宣詔命等。正五品上。　趙上交：人名。本名遠，字上交，避漢祖諱，遂以字稱。涿州范陽（今河北涿州市）人。五代官員。傳見《宋史》卷二六二。

[11]樞密使：官名。樞密院長官。五代時以士人爲之，備顧問、參謀議，出納詔奏，權侔宰相。參見李全德《唐宋變革期樞密院研究》，國家圖書館出版社2009年版。　中書令：官名。漢代始置，隋、唐前期爲中書省長官，屬宰相之職，唐後期多爲授予元勳大臣的虛銜。正二品。　桑維翰：人名。洛陽（今河南洛陽市）人。五代後唐進士，後晋宰相、樞密使。傳見本書卷八九、《新五代史》卷二九。　弘文館：官署名。唐設此館，屬門下省。掌詳正圖籍，教授生徒等。　太子太傅：官名。與太子太師、太子太保統稱太子三師。隋唐以後多作加官或贈官。從一品。　劉昫：人名。涿州歸義縣（今河北容城縣）人。五代大臣，曾任宰相、監修國史，領銜撰進《舊唐書》。傳見本書卷八九、《新五代史》卷五五。　司空：官名。與司徒、太尉並爲三公，唐後期、五代多爲大臣、勳貴加官。正一品。　門下侍郎：官名。門下省次官，常加“同中

書門下平章事”銜爲宰相。正二品。　平章事：官名。又稱“同平章事”。唐高宗以後，凡實際任宰相之職者，常在其本官後加同平章事的職銜。後成爲宰相專稱。後晋天福五年（940），升中書門下平章事爲正二品。　監修國史：官名。北齊始置史館，以宰相爲之。唐史館沿置，爲宰相兼職。　判三司：官名。通掌鹽鐵、度支、户部三個部門事務。爲三司使之起始。

［12］李崧：人名。深州饒陽（今河北饒陽縣）人。後晋宰相，歷仕後唐至後漢。傳見本書卷一〇八、《新五代史》卷五七。　和凝：人名。鄆州須昌（今山東東平縣）人。後晋宰相。傳見本書卷一二七、《新五代史》卷五六。

［13］宣徽北院使：官名。唐始置。宣徽北院的長官。初用宦官，五代以後改用士人。與宣徽南院使通掌内諸司及三班内侍之名籍，郊祀、朝會、宴享供帳之儀，檢視内外進奉名物。參見王永平《論唐代宣徽使》，《中國史研究》1995年第1期；王孫盈政《再論唐代的宣徽使》，《中華文史論叢》2018年第3期。　劉繼勳：人名。衛州（今河南衛輝市）人。五代後唐、後晋藩鎮軍閥。傳見本書卷九六。《輯本舊史》之影庫本粘籤：“劉繼勳，原本作‘斷勳’，今從《通鑑》改正。”見《通鑑》卷二八一天福三年十一月辛亥條。《輯本舊史》卷八一《晋少帝紀一》天福八年三月庚寅條、卷八二《晋少帝紀二》天福八年十二月丁卯條、卷八四《晋少帝紀四》開運二年五月甲寅條皆作“劉繼勳”，卷九六有《劉繼勳傳》。　宣徽南院使：官名。唐始置。宣徽南院長官。初用宦官，五代以後改用士人。與宣徽北院使通掌内諸司及三班内侍之名籍，郊祀、朝會、宴享供帳之儀，檢視内外進奉名物。參見王永平《論唐代宣徽使》、王孫盈政《再論唐代的宣徽使》。　三司使：官名。五代後唐明宗天成元年（926）將晚唐以來的户部、度支、鹽鐵三部合爲一職，設三司使統之。主管國家財政。　董遇：人名。籍貫不詳。五代後晋官員。事見本書本卷及卷八一。

［14］石贇：人名。沙陀部人。五代藩鎮軍閥。事見本書本卷。

鄧州：州名。治所在今河南鄧州市。　同州：州名。治所在今陝西大荔縣。　李承福：人名。漢陽（今湖北武漢市漢陽區）人。五代後晋官員。傳見本書卷九〇。　太傅：官名。與太師、太保並爲三師。唐後期、五代多爲大臣、勳貴加官。正一品。

八月辛丑朔，[1]命十五將以禦契丹，[2]北京留守劉知遠充北面行營都統，[3]鎮州節度使杜威充北面行營都招討使，[4]鄆州節度使張從恩充馬步軍都監，[5]西京留守景延廣充馬步軍都排陣使，[6]徐州節度使趙在禮充馬步軍都虞候，[7]晋州節度使安叔千充馬步軍左廂排陣使，[8]前兖州節度使安審信充馬步軍右廂排陣使，[9]河中節度使安審琦充馬步軍都指揮使，[10]河陽節度使符彦卿充馬軍左廂都指揮使，[11]滑州節度使皇甫遇充馬軍右廂都指揮使，[12]右神武統軍張彦澤充馬軍排陣使，[13]滄州節度使王廷胤充步軍左廂都指揮使，[14]陝州節度使宋彦筠充步軍右廂都指揮使，[15]前金州節度使田武充步軍左廂排陣使，[16]左神武統軍潘環充步軍右廂排陣使。[17]壬寅，閩王王延羲爲其下連重遇、朱文進所害，衆推文進知留後事，稱天福年號，間道以聞。[18]甲辰，太子少傅盧文紀改太子太傅，太子少保李鏻改太子太保，刑部尚書李懌改户部尚書，給事中司徒詡改右散騎常侍，以府州刺史折從阮爲安北都護，充振武節度使。[19]是夜，熒惑入南斗。[20]乙巳，詔復置明經、童子二科。[21]己酉，以鄧州節度使王令温爲延州節度使。[22]癸丑，以威武軍兵馬留後、權知閩國事朱文進爲檢校太傅、福州威武軍節度使、知閩國事。[23]癸亥，升澶州爲節鎮，以鎮寧爲軍額，割濮州爲屬郡。[24]甲子，以延州節度使史威爲澶州節度使。[25]

［1］八月辛丑朔：中華書局本有校勘記："'朔'字原闕，據《新五代史》卷九《晉本紀》、《通鑑》卷二八四補。按是月辛丑朔，本書卷九〇《趙在禮傳》：'開運元年……八月朔，降制命一十五將。'"正文本紀記時規則，凡每月朔日有記事，均需在該日干支下加"朔"字。

［2］契丹：古部族、政權名。公元4世紀中葉宇文部爲前燕所攻破，始分離而成單獨的部落，自號契丹。唐貞觀中，置松漠都督府，以其首領爲都督。唐末强盛，916年迭剌部耶律阿保機建立契丹國（遼）。先後與五代、北宋並立，保大五年（1125）爲金所滅。參見張正明《契丹史略》，中華書局1979年版。　命十五將以禦契丹：《舊五代史考異》："案《東都事略·范質傳》：晉出帝命十五將出征。是夕，質宿直，出帝命諸學士分草制，質曰：'宫城已閉，慮泄機事。'遂獨爲之。《歐陽史》云：劉知遠爲北面行營都統，杜威爲都招討使，蓋略之也。"見《新五代史》卷九《晉出帝紀》、《東都事略》卷一八《范質傳》。

［3］劉知遠：人名。西突厥沙陀部人，後世居於太原。五代後唐、後晋將領，後漢高祖。紀見本書卷九九至卷一〇〇、《新五代史》卷一〇。　行營都統：官名。唐末設諸道行營都統，作爲各道出征兵士的統帥。

［4］鎮州：州名。治所在今河北正定縣。　杜威：人名。即杜重威，避後晋出帝石重貴諱稱杜威。其先朔州（今山西朔州市朔城區）人，後徙居太原。五代後晋、後漢將領。傳見本書卷一〇九、《新五代史》卷五二。　行營都招討使：官名。五代時掌一方招撫討伐等事務。戰時任命，兵罷則省。常以大臣、將帥或地方軍政長官兼任。

[5]都監：官名。唐代中葉命將出征，常以宦官爲監軍、都監。後爲臨時委任的統兵官，稱都監、兵馬都監。掌屯戍、邊防、訓練之政令。

[6]景延廣：人名。陝州（今河南三門峽市陝州區）人。五代後晋將領。傳見本書卷八八、《新五代史》卷二九。　都排陣使：官名。多以任節度使的武臣出任，或由軍事指揮官兼任，多側重監督軍隊。參見王軼英《中國古代排陣使述論》，《西北大學學報》2010年第6期。

[7]徐州：州名。治所在今江蘇徐州市。　趙在禮：人名。涿州（今河北涿州市）人。五代後唐、後晋將領。傳見本書卷九〇、《新五代史》卷四六。　馬步軍都虞候：官名。五代、北宋侍衛親軍馬步軍統兵官，僅次於馬步軍都指揮使、副都指揮使。

[8]晋州：州名。治所在今山西臨汾市。　安叔千：人名。沙陀部人。五代後唐至後周將領。傳見本書卷一二三、《新五代史》卷四八。

[9]兖州：州名。治所在今山東濟寧市兖州區。　安審信：人名。沙陀部人。五代將領安審琦從兄。五代後唐至後周將領。傳見本書卷一二三。

[10]河中：府名。治所在今山西永濟市。　安審琦：人名。沙陀部人。五代將領。歷仕後唐、後晋、後漢、後周。傳見本書卷一二三。　馬步軍都指揮使：官名。五代時侍衛親軍之長官。多爲皇帝親信。

[11]河陽：縣名。治所在今河南孟州市。　符彦卿：人名。陳州宛丘（今河南淮陽縣）人。後周、宋初將領。周世宗宣懿皇后、宋太宗懿德皇后，皆符彦卿女。傳見《宋史》卷二五一。

[12]皇甫遇：人名。常山（今河北正定縣）人。五代後唐、後晋將領。傳見本書卷九五、《新五代史》卷四七。　馬軍右廂都指揮使：中華書局本有校勘記："'馬軍'，原作'馬步軍'，據殿本、孔本、《通鑑》卷二八四胡注引《薛史》、《册府》卷一二〇

改。”見明本《册府》卷一二〇《帝王部·選將門二》開運元年（944）八月制，《通鑑》卷二八四開運元年八月辛丑條胡注引《薛史》。又，《新五代史》卷四七《皇甫遇傳》作“馬軍都指揮使”。

［13］右神武統軍：官名。唐代右神武軍統兵官。至德二載（757）唐肅宗置禁軍，也叫神武天騎，分爲左、右神武天騎，左、右羽林軍，左、右龍武軍，稱“北衙六軍”。從二品。　張彦澤：人名。突厥人，徙居太原。五代後晋將領，投降於契丹。傳見本書卷九八、《新五代史》卷五二。

［14］滄州：州名。治所在今河北滄縣舊州鎮。　王廷胤：人名。籍貫不詳。五代藩鎮軍閥。事見本書本卷。

［15］陝州節度使宋彦筠充步軍右厢都指揮使：中華書局本有校勘記：“‘步軍’，原作‘馬軍’，據殿本、孔本、《通鑑》卷二八四胡注引《薛史》、《册府》卷一二〇改。”

［16］金州：州名。治所在今陝西安康市。　田武：人名。元城（今河北大名縣）人。五代後唐、後晋將領。傳見本書卷九〇。

［17］左神武統軍潘環充步軍右厢排陣使：《輯本舊史》之孔本：“案《遼史》：七月辛卯，晋遣張暉奉表乞和，留暉不遣。蓋其時桑維翰爲相，乞和于契丹，既不見許，遂分命十五將以禦之也。”見《遼史》卷四《太宗紀下》會同七年（944）七月辛卯條。

［18］王延羲：人名。五代十國閩國景宗，性嗜酒殘暴，後爲部將連重遇、朱文進所殺。傳見本書卷一三四、《新五代史》卷六八。　連重遇：人名。籍貫不詳。五代十國閩國將領。與朱文進先後殺閩康宗王繼鵬、閩景宗王延羲，繼而擁立朱文進，後爲部將林仁翰所殺。事見本書本卷，《新五代史》卷六七、卷六八。　朱文進：人名。五代十國閩國將領。與連重遇先後殺閩康宗王繼鵬、閩景宗王延羲而自立，曾爲後晋出帝册爲閩國王，後爲部將林仁翰所殺。事見本書本卷及《新五代史》卷六七、卷六八。

［19］太子少傅：官名。與太子少保、太子少師合稱“三少”，唐後期、五代多爲大臣、勳貴加官。從二品。　盧文紀：人名。京

兆萬年（今陝西西安市長安區）人。唐末進士，五代宰相。傳見本書卷一二七、《新五代史》卷五五。　太子少保：官名。與太子少傅、太子少師合稱“三少”，唐後期、五代多爲大臣、勳貴加官。從二品。　李鏻：中華書局本有校勘記：“原作‘李麟’，據劉本，本書卷七六《晋高祖紀二》、卷一〇〇《漢高祖紀下》、卷一〇八《李鏻傳》改。”見《輯本舊史》卷七六《晋高祖紀二》天福二年（937）三月戊寅條、卷一〇〇《漢高祖紀下》天福十二年十月癸未條。　太子太保：官名。與太子太師、太子太傅統稱太子三師。隋唐以後多作加官或贈官。從一品。據中華書局本有校勘記，本書卷九〇《華温琪傳》，《册府》卷三八七、卷八八三作“太子少保”。　刑部尚書：官名。尚書省刑部主官。掌天下刑法及徒隸、勾覆、關禁之政令。正三品。　李懌：人名。京兆（今陝西西安市）人。五代官員。傳見本書卷九二、《新五代史》卷五五。　户部尚書：官名。唐代始置，户部最高長官。掌土地、人民、錢穀之政。正三品。　給事中：官名。秦始置。隋唐以來，爲門下省屬官。掌讀署奏抄、駁正違失。正五品上。　司徒詡：人名。清河郡（今河北清河縣）人。五代後唐官員。傳見本書卷一二八。　右散騎常侍：官名。中書省屬官。掌侍奉規諷，備顧問應對。正三品下。　府州：州名。治所在今陝西府谷縣。　刺史：官名。漢武帝始置。州一級行政長官，總掌考覈官吏、勸課農桑、地方教化等事。唐中期以後，節度使、觀察使轄州而設，刺史爲其屬官，職任漸輕。從三品至正四品下。　折從阮：人名。雲中（今山西大同）人，羌族折掘氏。五代後唐、後晋、後漢、後周將領。傳見本書卷一二五、《新五代史》卷五〇。　安北都護：官名。安北都護府長官。據《通鑑》卷二六九胡三省注，唐中葉以後，振武節度使皆帶安北都護。參見李大龍《都護制度研究》，黑龍江教育出版社 2003 年版。　振武：方鎮名。後梁貞明二年（916）以前，治所位於單于都護府城（今内蒙古和林格爾縣）。貞明二年單于都護府城爲契丹所占據。此後至後唐清泰三年（936），治所位於朔州（今山西朔州市朔城區)。後晋隨燕雲十六州割予契丹，改名順義軍。

[20]熒惑：天文學名詞。即火星。熒惑意爲眩惑，因火星位置隱現不定，令人迷惑，故名。　南斗：星名。即斗宿。有六顆星，形似古代酒器，位於南天，稱南斗以區别北斗。　是夜，熒惑入南斗：亦見《輯本舊史》卷一三九《天文志》五星凌犯條。

[21]明經：科舉考試科目之一。主要考察士人對經文的熟悉程度，也考時務策。　童子：選舉制度。即童子科。唐始設。十歲以下能通一經及《孝經》《論語》，全通者授官。

[22]王令温：人名。瀛州河間（今河北河間市）人。五代後晋將領。傳見本書卷一二四。　延州：州名。治所在今陝西延安市。

[23]威武軍：方鎮名。治所在福州（今福建福州市)。　兵馬留後：官名。唐五代時，代行方鎮長官之職者稱留後。代行州兵馬使之職者，即爲兵馬留後。掌本州兵馬。　檢校太傅：官名。爲散官或加官，以示恩寵，無實際執掌。

[24]澶州：州名。唐、五代初，治所在河南清豐縣。後晋天福四年（939)，移治於今河南濮陽縣。　鎮寧：方鎮名。治所在澶州(今河南濮陽市)。　濮州：州名。治所在今山東鄄城縣。

[25]史威：人名。籍貫不詳。五代藩鎮軍閥。事見本書本卷及卷八四。

九月庚午朔，日有蝕之。乙酉，以户部侍郎韋勳爲太子賓客，[1]以前棣州刺史段希堯爲户部侍郎，[2]以光禄卿張仁愿爲大理卿。[3]己丑，禮部侍郎符蒙卒。[4]壬辰，太原奏，代州刺史白文珂破契丹於七里烽，斬首千餘級，生擒將校七十餘人。[5]癸巳，以前隴州防禦使翟光鄴爲宣徽北院使。[6]己亥，以滄州節度使王廷胤卒輟朝，贈中書令。

［1］韋勳：人名。籍貫不詳。五代後唐、後晋官員。事見本書本卷、《遼史》卷四。　太子賓客：官名。爲太子官屬。唐高宗顯慶元年（656）始置。掌侍從規諫、贊相禮儀。正三品。　以户部侍郎韋勳爲太子賓客：中華書局本有校勘記："'以'字原闕，據殿本補。"

［2］棣州：州名。治所在今山東惠民縣。　段希堯：人名。河内（今河南沁陽市）人。五代大臣。傳見本書卷一二八、《新五代史》卷五七。　以前棣州刺史段希堯爲户部侍郎：原作"以前州刺史段希堯爲户部侍郎"，在"前"字後，《輯本舊史》之案語作"原本闕一字"，中華書局本有校勘記："'州'上殿本、劉本有'棣'字。《宋史》卷二七〇《段思恭傳》記其父希堯天福中爲棣州刺史，疑《永樂大典》避明成祖諱闕'棣'字。"但未補。《輯本舊史》卷一二八《段希堯傳》："（天福）六年秋，移棣州刺史、兼榷鹽礬制置使。少帝嗣位，加檢校司空。開運中，歷户部、兵部侍郎。"據補"棣"字。

［3］光禄卿：官名。漢代始置，隋唐沿置。掌宿衛宫殿門户諸事。正三品。　張仁愿：人名。開封陳留（今河南開封）人。五代後梁、後唐、後晋官員。傳見本書卷九三。　大理卿：官名。大理寺長官。負責大理寺的具體事務，掌邦國折獄詳刑之事。從三品。

［4］禮部侍郎：官名。尚書省禮部次官。協助禮部尚書掌禮儀、祭享、貢舉之政。正四品下。　符蒙：人名。籍貫不詳。五代官員。事見本書本卷及卷三二、卷七七、卷一二三。

［5］代州：州名。治所在今山西代縣。　白文珂：人名。太原（今山西太原市）人。王章岳父，後漢隱帝時宰相。傳見本書卷一二四。　七里烽：地名。位於今河北獻縣。　"壬辰"至"生擒將校七十餘人"：據《舊五代史考異》："案：《通鑑》作丙子，契丹寇遂城、樂壽，深州刺史康彦進擊却之，與《薛史》異。《歐陽史》《契丹國志》並與《薛史》同。"見《新五代史》卷九《晋出帝紀》、《通鑑》卷二八四、《契丹國志》卷二《太宗上》。"七里

熢”“七十餘人”，明本《册府》卷四三五《將帥部·獻捷門二》分作“七里峯”“七千餘人”。《新五代史》卷九同《輯本舊史》作“七里熢”。

［6］隴州：州名。治所在今陝西隴縣。　防禦使：官名。唐代始置，設有都防禦使、州防禦使兩種。常由刺史或觀察使兼任，實際上爲唐代後期州或方鎮的軍政長官。　翟光鄴：人名。濮州鄄城（今山東鄄城縣）人，五代將領。傳見本書卷一二九、《新五代史》卷四九。

冬十月壬寅，兩浙節度使、吴越國王錢弘佐加守太尉。[1]庚戌，以徐州節度使、北面行營馬步都虞候趙在禮爲北面行營副都統，鄴都留守馬全節爲北面行營副招討使。[2]甲寅，以起居郎、知制誥賈緯爲户部郎中、知制誥。[3]戊午，詔曰：“朕虔承顧命，獲嗣丕基，常懼顛危，不克負荷，宵分日昃，罔敢怠寧，夕惕晨興，每懷祇畏。但以恩信未著，德教未敷，理道不明，咎徵斯至。向者，頻年災沴，稼穡不登，萬姓飢荒，道殣相望，上天垂譴，涼德所招。仍屬干戈尚興，邊陲多事。倉廩不足，則輟人之餱食；帑藏不足，則率人之資財；兵士不足，則取人之丁中；戰騎不足，則假人之乘馬。雖事不獲已，而理將若何！訪聞差去使臣，殊乖體認，不能敦於勉諭，而乃臨以威刑，自有所聞，益深愧悼。旋屬守臣叛命，戎虜犯邊，[4]致使甲兵不暇休息，軍旅有征戰之苦，人民有飛輓之勞，疲瘵未蘇，科徭尚急，言念於兹，寢食何安！得不省過興懷，側身罪己，載深減損，思召和平？所宜去無用之資，罷不急之務，棄華取實，惜費省功，一則符先帝慈儉之規，一則慕前王朴素之德。[5]向者，造作軍器，破用稍多，但取堅剛，不須華楚，今後作坊製造器械，[6]不得更用金銀裝飾。比於遊畋，素非所好，凡諸服御，尤欲去奢，應天下府州不得以珍寶玩好及鷹犬爲貢。在昔聖帝明君，無非惡衣菲食，況予薄德，[7]所合恭行，今後太官尚膳，[8]減去多品，衣服帷帳，務去華飾，在禦寒温而已。峻宇雕牆，昔人所誡，玉杯象箸，前代攸非，今後凡有營繕之處，丹堊雕鏤，不得過度，宫闈之内，有非理費用，一切禁止。於戲！繼聖承祧，握樞臨極，昧於至道，若履春冰。屬以天災流行，國步多梗，因時致懼，引咎推誠，期於將來，庶幾有補。更賴王公將相、貴戚豪宗，各啓乃心，率由兹道，共臻富庶，以致康寧。凡百臣僚，宜體朕意。”

［1］吴越國王：《輯本舊史》之影庫本粘籤：“吴越國王，原本脱‘吴’字，今據《歐陽史》增入。”見《新五代史》卷六七《吴越世家》。 錢弘佐：人名。五代十國吴越君主。傳見本書卷一三三、《新五代史》卷六七。

［2］北面行營馬步都虞候：官名。五代時期出征軍隊高級統兵官。 北面行營副都統：官名。唐末設諸道行營都統、副都統，作爲各道出征兵士的正、副統帥。 北面行營副招討使：官名。不常置，爲一路或數路地區統兵官。掌招撫討伐等事務。兵罷則省。位於招討使下。

［3］起居郎：官名。唐代始置，屬門下省。與中書省起居舍人同掌起居注，記皇帝言行。從六品上。 賈緯：人名。鎮州獲鹿（今河北石家莊市鹿泉區）人。五代官員。多任史籍編纂之責。傳

見本書卷一三一、《新五代史》卷五七。　户部郎中：官名。唐代始置。户部下設四司，其中“户部司”由郎中二人分掌，故稱。掌天下户口、土地庶政。從五品上。

［4］戎虜犯邊：《輯本舊史》作“敵騎入邊”，中華書局本沿之，有校勘記：“《册府》卷一四五作‘戎虜犯邊’。”但未改。此爲《輯本舊史》忌清諱竄改，今回改。今據《宋本册府》卷一四五《帝王部·弭災門三》回改，但《册府》記此事於開運元年九月，誤，應爲十月記事。下同。

［5］一則慕前王朴素之德：中華書局本有校勘記：“‘一則’二字原闕，據《册府》卷一四五補。”

［6］今後作坊製造器械：中華書局本有校勘記：“‘造’字原闕，據《册府》卷一四五補。”

［7］況予薄德：中華書局本有校勘記：“‘予’，原作‘于’，據《册府》卷一四五改。”

［8］今後太官常膳：中華書局本有校勘記：“‘太官常膳’，原作‘大官尚膳’，據《册府》卷一四五改。”

十一月壬申，詔曰：“蕃寇未平，邊陲多事，即日雖無侵軼，亦須廣設隄防。朕將親率虎貔，躬擐甲胄，候聞南牧，即便北征，不須先定日辰，别行告諭。所有供億，宜令三司預行計度，合隨從諸司職員，並宜常備行計”云。己卯，以陳州刺史梁漢璋充侍衛馬軍都指揮使。[1]壬午，以貝州節度使何建爲澶州節度使兼北面行營馬軍右廂排陣使，以澶州節度使史威爲貝州節度使。[2]丙戌，以前金州節度使田武爲滄州節度使兼北面行營步軍右廂都指揮使，以前相州節度使郭謹爲鄜州節度使。[3]

［1］陳州：州名。治所在今河南淮陽縣。　梁漢璋：人名。應州（今山西應縣）人。五代後唐、後晋將領。傳見本書卷九五。　侍衛馬軍都指揮使：官名。爲侍衛親軍馬軍司長官。後梁始置侍衛親軍，爲禁軍的一支，後唐沿置並成爲禁軍主力，下設馬、步軍。

［2］貝州：州名。治所在今河北清河縣。　何建：人名。回鶻人。五代將領、藩鎮軍閥。後投於孟昶。傳見本書卷九四。

［3］以前金州節度使田武爲滄州節度使兼北面行營步軍右厢都指揮使：中華書局本有校勘記："'金州'，原作'金吾'，據殿本、劉本、邵本校改。按本卷上文：'（開運元年八月）前金州節度使田武充步軍左厢排陣使。'"又，《輯本舊史》卷七九《晋高祖紀五》天福五年（940）八月："庚子，以前金州防禦使田武爲金州懷德軍節度使。"　相州：州名。治所在今河南安陽市。　郭謹：人名。晋陽（今山西太原市）人。五代後晋、後漢將領。傳見本書卷一〇六。　鄜州：州名。治所在今陝西富縣。

十二月己亥朔，幸皋門，射中白兔。[1]癸丑，福州節度使朱文進加同平章事，封閩國王。丁巳，青州楊光遠降。[2]光遠子承勳等斬觀察判官丘濤，牙將白延祚、楊贍、杜延壽等首級，[3]送於招討使李守貞，乃縱火大譟，劫其父，處於私第，以城納款，遣即墨縣令王德柔貢表待罪。[4]楊光遠亦遣節度判官楊麟奉表請死。詔釋之。[5]

［1］射中白兔：中華書局本有校勘記："'白兔'，《册府》卷一一五作'白鹿'。"見明本《册府》卷一一五《帝王部・蒐狩門》開運元年（944）十二月己亥條，《新五代史》卷九《晋出帝紀》同《輯本舊史》。

[2]青州：州名。治所在今山東青州市。　楊光遠：人名。沙陀部人。五代後唐、後晋將領。傳見本書卷九七、《新五代史》卷五一。

[3]觀察判官：官名。唐肅宗以後置，五代沿置。觀察使屬官，參理田賦事，用觀察使印、署狀。　丘濤：人名。籍貫不詳。五代後晋將領，楊光遠屬官。事見本書本卷、卷九七。　牙將：官名。古代軍隊中的中低級軍官。　白延祚：人名。籍貫不詳。五代後晋將領，楊光遠屬官。事見本書本卷及卷九七。　楊贍：人名。籍貫不詳。五代後晋將領，楊光遠屬官。事見本書本卷及卷九七。中華書局本有校勘記："'楊贍'，《册府》卷一二六同，殿本、劉本、《新五代史》卷五一《楊光遠傳》作'楊瞻'。"見明本《册府》卷一二六《帝王部·納降門》開運元年十二月條。　杜延壽：人名。籍貫不詳。五代後晋將領，楊光遠屬官。事見本書本卷及卷九七。

[4]李守貞：人名。河陽（今河南孟州市）人。五代後晋、後漢將領。傳見本書卷一〇九、《新五代史》卷五二。　即墨縣：縣名。治所在今山東青島市即墨區。　王德柔：人名。籍貫不詳。五代地方官員。事見本書本卷。

[5]節度判官：官名。唐、五代方鎮僚屬，位在行軍司馬下。分掌使衙内各曹事，並協助使職官員通判衙事。　楊麟：人名。籍貫不詳。五代地方官員。事見本書本卷。

閏月庚午，以楊承信爲右羽林將軍，承祚爲右驍衛將軍，[1]皆光遠之子，先詣闕請罪，故特授是官。癸酉，李守貞奏，楊光遠卒。初，光遠既上表送降，帝以光遠頃歲太原歸命，欲曲全之，議者曰："豈有反狀滔天而赦之也！"乃命守貞便宜處置，守貞遣人拉殺之，以病卒聞。乙酉，前登州刺史張萬迪削奪官爵處斬，青州節度判官楊麟配流威州，掌書記任邈配流原州，支使徐晏配流武州，縱逢恩赦，不在放還之限，並以楊光遠叛故也。[2]工部尚書、權知貢舉竇貞固奏："試進士諸科舉人入策，舊例夜試，以三條燭盡爲限，天成二年改令晝試，今欲依舊夜試。"[3]從之。曲赦青州管内罪人，立功將士各賜優給，青州吏民爲楊光遠詿誤者，一切不問。青州行營招討使、兖州節度使兼侍衛都虞候李守貞加同平章事，副招討使、河陽節度使符彦卿改許州節度使。[4]丙戌，降青州爲防禦使額，以萊州刺史楊承勳爲汝州防禦使。[5]己丑，以工部尚書竇貞固爲禮部尚書，太常卿王延爲工部尚書，左丞王松爲太常卿，以前尚書右丞龍敏爲尚書左丞。[6]癸巳，以前安州防禦使李建崇爲河陽兵馬留後，以宣徽使翟光鄴爲青州防禦使，以内客省使李彦韜爲宣徽北院使。[7]甲午，以給事中邊光範爲左散騎常侍，以樞密直學士、吏部郎中李穀爲給事中，依前充職。[8]是月，契丹耶律德光與趙延壽領全軍入寇，圍恒州，分兵陷鼓城、槀城、元氏、高邑、昭慶、寧晋、蒲澤、欒城、柏鄉等縣，前鋒至邢州，河北諸州告急。[9]詔張從恩、馬全節、安審琦率師屯邢州，趙在禮屯鄴都。

[1]楊承信：人名。沙陀部人。楊光遠子。五代、宋初藩鎮軍閥、朝廷大臣。傳見《宋史》卷二五二。　右羽林將軍：官名。唐代右羽林軍統兵官。從二品。右羽林軍爲"北衙六軍"之一。　承祚：人名。即楊承祚。沙陀部人。楊光遠子。後晋高祖石敬瑭女婿。事見本書本卷、卷八二。　右驍衛將軍：官名。唐置，掌宫禁

宿衛。唐代置十六衛，即左右衛、左右驍衛、左右武衛、左右威衛、左右領軍衛、左右金吾衛、左右監門衛、左右千牛衛。各置上將軍，從二品；大將軍，正三品；將軍，從三品。中華書局本有校勘記："'右驍衛將軍'，原作'右驍騎衛將軍'，據本書卷九七《楊光遠傳》、《宋史》卷二五一《楊承信傳》改。"

[2]登州：州名。治所在今山東蓬萊市。　張萬迪：人名。籍貫不詳。五代後唐、後晋將領。傳見《新五代史》卷三三。　威州：州名。後晋天福四年（939）置，治所在今甘肅環縣。　掌書記：官名。唐、五代方鎮僚屬，位在判官下。掌表奏書檄、文辭之事。　任邈：人名。籍貫不詳。五代藩鎮官員。事見本書本卷。　原州：州名。治所在今甘肅鎮原縣。　支使：官名。唐代節度使、觀察使等屬官，位在副使、判官之下，職與掌書記同，有出身者稱書記，無出身者稱支使，掌表奏書檄諸事，　徐晏：人名。籍貫不詳。五代藩鎮官員。事見本書本卷。　武州：州名。治所在文德縣（今河北張家口市宣化區）。

[3]工部尚書：官名。尚書省工部主官。掌百工、屯田、山澤之政令。正三品。　權知貢舉：官名。唐始置，爲主持禮部會試的考官。　竇貞固：人名。同州白水（今陝西白水縣）人。五代後唐至宋初大臣，後唐進士，後漢宰相。傳見《宋史》卷二六二。

[4]河陽：縣名。治所在今河南孟州市。　許州：州名。治所在今河南許昌市。

[5]楊承勳：人名。沙陀部人。平盧軍節度使楊光遠之子。歷任後晋萊州刺史、汝州防禦使、鄭州防禦使。事見本書本卷及卷八五。　汝州：州名。治所在今河南汝州市。

[6]禮部尚書：官名。尚書省禮部主官。掌禮儀、祭享、貢舉之政。正三品。　王延：人名。鄭州長豐（今河北文安縣）人。五代大臣，歷仕五代各朝。傳見本書卷一三一、《新五代史》卷五七。　左丞：官名。即尚書左丞。尚書省佐貳官。唐中期以後，與尚書右丞實際主持尚書省日常政務，權任甚重。正四品上。後梁開平二

年（908）改爲左司侍郎，後唐同光元年（923）復舊爲左丞。正四品。　王松：人名。京兆（今陝西西安市）人。唐僖宗宰相王徽之子。五代後唐至後漢官員。傳見本書附録、《新五代史》卷五七。　尚書右丞：中華書局本有校勘記："'右'，本書卷七八《晋高祖紀四》作'左'。按本書卷一〇八《龍敏傳》：'遷尚書左丞。丁父憂，服闋，復本官。'"見《輯本舊史》卷七八《晋高祖紀四》天福四年（939）十一月己卯條。　龍敏：人名。幽州永清（今河北永清縣）人。五代大臣。傳見本書卷一〇八、《新五代史》卷五六。

［7］安州：州名。治所在今湖北安陸市。　李建崇：人名。潞州（今山西長治市）人。五代後唐至後周將領。傳見本書卷一二九。中華書局本有校勘記："原作'李建業'，據本書卷一二九《李建崇傳》及本卷下文改。"見本卷開運二年（945）正月甲寅條。　内客省使：官名。中書省内客省長官。　李彦韜：人名。太原（今山西太原市）人。後晋出帝寵臣，與宦官近臣相勾結，排擠文臣。傳見本書卷八八。

［8］邊光範：人名。并州陽曲（今山西太原市）人。歷仕五代後唐、後晋至宋代。傳見《宋史》卷二六二。　左散騎常侍：官名。門下省屬官。掌侍奉規諷，備顧問應對。正三品下。　樞密直學士：官名。五代後唐莊宗同光元年（923），改直崇政院置，選有政術、文學者充任。備顧問應對。　吏部郎中：官名。尚書省吏部頭司吏部司長官。掌文官階品、朝集、録賜，給其告身、假使以及選補流外官等事。《新唐書》記正五品上。　李穀：人名。潁州汝陰（今安徽阜陽市）人。五代後周宰相。傳見《宋史》卷二六二。

［9］耶律德光：人名。遼朝皇帝，契丹族，遼太祖耶律阿保機次子。謚號太宗。紀見《遼史》卷三至卷四。　趙延壽：人名。本姓劉，恒山（今河北正定縣）人。後唐明宗李嗣源女婿，後降契丹，引導契丹攻滅後晋。傳見《遼史》卷七六。　恒州：州名。即鎮州。治所在今河北正定縣。　鼓城：地名。位於今河北晋州市西。　槀城：縣名。治所在今河北石家莊市槀城區。　元氏：縣

名。治所在今河北元氏縣。　高邑：縣名。治所在今河北石家莊市高邑縣。　昭慶：縣名。治所在今河北隆堯縣。　寧晋：縣名。治所在今河北寧晋縣。　蒲澤：縣名。治所在今河北新河縣。　欒城：縣名。治所在今河北石家莊市欒城區。　柏鄉：縣名。治所在今河北柏鄉縣。　“是月”至“柏鄉等縣”：據《舊五代史考異》載：“案《遼史》：己卯，圍恒州，下其九縣。《歐陽史》繫於乙酉之後，疑誤。”見《新五代史》卷九《晋出帝紀》、《遼史》卷四《太宗紀下》會同七年（944）閏十二月己卯條。

開運二年春正月戊戌朔，帝不受朝賀，不豫故也。己亥，張從恩部領兵士自邢州退至相州，人情震恐。趙在禮還屯澶州，馬全節歸鄴都，遣右神武統軍張彦澤屯黎陽，詔西京留守景延廣將兵守胡梁渡。[1]契丹寇邢州。侍衛馬軍都指揮使梁漢璋改鄭州防禦使，典軍如故。以齊州防禦使劉在明爲相州留後。[2]癸卯，以客省使孟承誨爲内客省使。[3]滑州奏，今月二日至四日，相州路烽火不至。甲辰，以前汝州防禦使宋光鄴爲左驍衛大將軍。[4]詔青州行營將校，自副兵馬使以上，各賜功臣名號。乙巳，帝復常膳。以左威衛上將軍袁羲爲客省使，上將軍如故。[5]詔滑州節度使皇甫遇率兵赴邢州，馬全節赴相州。契丹寇洺、磁，犯鄴都西北界，所在告急。壬子，王師與契丹相拒於相州北安陽河上，皇甫遇、慕容彦超率前鋒與敵騎戰於榆林店，遇馬中流矢，僅而獲免。[6]是夜，張從恩引軍退保黎陽，唯留五百人守安陽河橋。既而知州符彦倫與軍校謀曰：“此夜紛紜，人無固志，五百疲兵，安能守橋！”即抽入相州，嬰城爲備。

至曙，賊軍萬餘騎已陣於安陽河北，彦倫令城上揚旗鼓譟，賊不之測。至辰時，渡河而南，悉陳甲騎於城下，如攻城之狀。彦倫曰："此虜將走矣。"[7]乃出甲士五百於城北，張弓弩以待之，虜果引去。[8]當皇甫遇榆林戰時，至晚敵衆自相驚曰："晋軍悉至矣。"戎王在邯鄲聞之，即時北遁，官軍亦南保黎陽。甲寅，以河陽留後李建崇爲邢州留後，以鳳州防禦使方太爲河陽留後。[9]詔李守貞領兵屯滑州，以宣徽北院使李彦韜權侍衛馬步都虞候。改諸道武定軍爲天威軍。[10]己未，以前許州節度使李從温爲北面行營都招撫使，以鄆州節度使張從恩權東京留守。[11]辛酉，相州奏，契丹抽退，其鄉村避寇百姓，已發遣各歸本家營種。初，帝以不豫初平，未任親御軍旅，既而張從恩、馬全節相次奏賊軍充斥，恒州杜威告事勢危急，帝曰："此賊未平，[12]固難安寢，當悉衆一戰，以救朔方生靈，若晏安遲疑，則大河以北，淪爲寇壤矣。"即日命諸將點閲，以定行計。壬戌，[13]下詔親征。誅楊光遠部下指揮使張迴等五人，以戎事方興，慮其扇揺故也。[14]癸亥，以樞密直學士李穀爲三司副使，判留司三司公事。[15]乙丑，車駕發離京師。是月，京城北壕春冰之上有文，若大樹花葉，凡數十株，宛若圖畫，觀者如堵。

[1]胡梁渡：地名。即胡良渡。位於今河南滑縣東北。　黎陽：縣名。治所在今河南浚縣。

[2]齊州：州名。治所在今山東濟南市歷城區。　劉在明：人名。幽州（今北京市）人。五代將領，能征慣戰。傳見本書

卷一〇六。

[3]客省使：官名。唐代宗時始置，五代沿置。客省長官，掌接待四方奏計及外族使者。 孟承誨：人名。大名（今河北大名縣）人。後晉官員。傳見本書卷九六。 内客省使：官名。唐置，爲中書省四方館内客省長官。五代沿置。

[4]滑州：州名。治所在今河南滑縣。 宋光鄴：人名。籍貫不詳。五代藩鎮將領。事見本書本卷及卷八〇。 左驍衛大將軍：官名。唐置，掌宫禁宿衛。唐代十六衛之一。正三品。

[5]左威衛上將軍：官名。唐置，掌宫禁宿衛。唐代十六衛之一。從二品。 袁㬳：人名。籍貫不詳。五代藩鎮將領。事見本書本卷。

[6]洺：州名。即洺州。治所在今河北邯鄲市永年區。 磁：州名。即磁州。治所在今河北磁縣。 安陽河：水名。即洹水。位於今河南安陽市北。 慕容彦超：人名。沙陀部人（一説"吐谷渾部人"）。五代後漢將領，後漢高祖劉知遠同母弟。傳見本書卷一三〇、《新五代史》卷五三。 榆林店：地名。位於今河北臨漳縣西南。 "壬子"至"僅而獲免"：據《舊五代史考異》："案《遼史》云：皇甫遇與濮州刺史慕容彦超將兵千騎，來覘遼軍。至鄴都，遇遼軍數萬，且戰且却，至榆林店，遼軍繼至，遇與彦超力戰百餘合，遇馬斃步戰，安審琦引騎兵踰水以救，遼軍乃還。與《薛史》所載，互有詳略。"見《遼史》卷四《太宗紀下》會同八年（945）正月條。

[7]符彦倫：人名。陳州宛丘（今河南淮陽縣）人。五代藩鎮官員。事見本書本卷。 此虜將走矣："虜"，《輯本舊史》作"敵"，中華書局本沿之未改，此乃《輯本舊史》忌清諱竄改，今據明本《册府》卷四二八《將帥部·料敵門》晋符彦倫條改。

[8]虜果引去："虜"，《輯本舊史》作"契丹"，中華書局本沿之未改，據明本《册府》卷四二八改。

[9]鳳州：州名。治所在今陝西鳳縣。 方太：人名。青州千

乘（今山東高青縣）人。五代藩鎮將領。傳見本書卷九四。　以鳳州防禦使方太爲河陽留後：原作“以鳳州防禦使爲河陽留後”，在“鳳州防禦使”後，有《輯本舊史》之案語：“原本下有闕文。”中華書局本有校勘記：“按本書卷九四《方太傳》：‘改鳳州防禦使，行至中途，遷河陽留後。’卷八四《晋少帝紀四》：‘以前河陽留後方太爲邢州留後。’‘鳳州防禦使’下疑脱‘方太’二字。”但未補。見《輯本舊史》卷八四《晋少帝紀四》開運二年（945）十月庚寅條。又，《輯本舊史》卷九四《方太傳》載：“從少帝幸澶州，與契丹戰于戚城，中數創，改鳳州防禦使，行至中途，遷河陽留後，移邢州留後。”故此處之闕文當爲“方太”，據補。

[10]武定軍：方鎮名。治所在洋州（今陝西洋縣）。

[11]李從温：人名。代州崞縣（今山西原平市）人。五代後唐、後晋大臣。好財利。傳見本書卷八八。

[12]此賊未平：中華書局本有校勘記：“‘此’，殿本、劉本作‘北’。”

[13]壬戌：《輯本舊史》作“辛酉”，中華書局本沿之，並有校勘記：“按本卷上文是月已有辛酉，此處不當復見。《通鑑》卷二八四繫其事於‘壬戌’。按是月戊戌朔，辛酉爲二十四日，壬戌爲二十五日。”“辛酉”，本月兩次出現，誤，據《通鑑》卷二八四開運二年正月壬戌條改。

[14]張迴：人名。籍貫不詳。五代藩鎮將領。事見本書本卷。

[15]三司副使：官名。三司副長官，輔佐三司使。

二月戊辰朔，車駕次滑州。己巳，渡浮橋，幸黎陽勞軍，至晚還滑州。以滄州節度使田武充東北面行營都部署。甲戌，幸澶州，以景延廣爲隨駕馬步軍都鈐轄。[1]丙子，大閲諸軍于戚城東，帝親臨之。[2]戊寅，北面行營副招討使馬全節、行營都監李守貞、右神武統軍張彦澤等以前軍先發。[3]己卯，以許州節度使符彦卿爲北面行營馬軍都指揮使，以左神武統軍潘環爲北面行營步軍都指揮使。辛巳，幸楊村故壘。[4]符彦卿、皇甫遇、李殷率諸軍進發。以左散騎常侍邊光範爲樞密直學士。乙酉，[5]詔："河北諸州，應蕃寇經由之地，吏民遭殺害者，委所在收瘞，量事祭奠。"丙戌，[6]詔恒州杜威與馬全節等會合進軍。幸鐵丘閲馬，因幸趙在禮、李從温軍。[7]是日大雪。戊子，安審琦、梁漢璋領兵北征。府州防禦使折從阮奏，部領兵士攻圍契丹勝州，降之，見進兵趨朔州。[8]甲午，以河中節度使安審琦爲北面行營馬步軍都虞候，許州節度使符彦卿充馬步軍左廂都指揮使，滑州節度使皇甫遇充馬步軍右廂都指揮使，侍衛馬軍都指揮使梁漢璋充馬軍左右廂都指揮使，侍衛步軍都指揮使李殷充步軍左右廂都指揮使，右神武統軍張彦澤充馬軍左右廂都排陣使，[9]左神武統軍潘環充步軍左右廂排陣使。[10]丙申，以端明殿學士、尚書户部侍郎馮玉爲户部尚書，充樞密使。

[1]都鈐轄：官名。即都部署。　甲戌，幸澶州：《通鑑》卷二八四作："甲戌，帝發滑州。乙亥，至澶州。"相差一日。

[2]大閲諸軍于戚城東："東"字原闕，據明本《册府》卷一一八《帝王部・親征門三》開運二年（945）二月丙子條補。

[3]"戊寅"至"張彦澤等以前軍先發"：《通鑑》卷二八四作："己卯，馬全節等諸軍以次北上。"

[4]潘環：人名。洛陽人。五代後梁至後漢將領。傳見本書卷九四。　楊村：地名。位於今河南濮陽市西南。

［5］李殷：人名。薊州（天津薊州區）。五代後唐、後晋、後漢官員。傳見本書卷一〇六。　乙酉：《輯本舊史》闕，中華書局本沿之未補，今據《宋本册府》卷一三五《帝王部·愍征役門》開運二年二月乙酉敕補。

［6］丙戌：原載於"幸鐵丘閲馬"前，今據《通鑑》卷二八四移至此處。

［7］鐵丘：地名。位於今河南濮陽市。

［8］勝州：州名。治所在今内蒙古准格爾旗。　朔州：州名。治所在今山西朔州市朔城區。

［9］右神武統軍張彦澤充馬軍左右廂都排陣使：中華書局本有校勘記："'右'，原作'左'，據本書卷八二《晋少帝紀二》、《册府》卷一二〇、《通鑑》卷二八四及本卷上文改。"見《輯本舊史》卷八二《晋少帝紀二》開運元年五月丁亥條、明本《册府》卷一二〇《帝王部·選將門二》、《新五代史》卷五二《張彦澤傳》、《通鑑》卷二八四開運二年正月條。

［10］左神武統軍潘環充步軍左右廂排陣使：中華書局本有校勘記："'左神武統軍'，原作'右神武統軍'，據本書卷八二《晋少帝紀二》、卷八四《晋少帝紀四》、卷九四《潘環傳》，《册府》卷一二〇及本卷上文改。'都'字原闕，據殿本及本卷上文補。"見《輯本舊史》卷八二《晋少帝紀二》開運元年五月丁亥條、卷八四《晋少帝紀四》開運二年五月戊戌條。

三月戊戌，契丹陷祁州，刺史沈斌死之。[1]甲辰，杜威奏，與李守貞、馬全節、安審琦、皇甫遇部領大軍赴定州。易州刺史安審約奏，二月三日夜，差壯丁斫敵營，殺賊千餘人。[2]是日，以符彦卿爲北面行營馬步軍左右廂都排陣使，以皇甫遇爲北面行營馬步軍左廂排陣使，以王周爲馬步軍右廂排陣使。[3]乙巳，左補闕袁範先陷契丹，自賊中逃歸。[4]丁未，畋於戚城，還幸景延廣、安審信軍。[5]庚戌，王師攻泰州，刺史晋廷謙以城降。[6]辛亥，易州奏，郎山寨將孫方簡破契丹千餘人，斬蕃將諧里相公，擄其妻以獻。[7]甲寅，杜威奏，收復滿城，獲契丹首領没刺相公，并蕃漢兵士二千人。[8]以前户部尚書李懌爲兵部尚書。乙卯，杜威奏，收復遂城。[9]丙辰，奏大軍自遂城却退至滿城。時賊將趙延壽部曲來降，言："契丹主昨至古北口、幽州走報漢軍大下，收却泰州。尋下令諸部，令輜重入塞，輕騎却迴。戎王率五萬餘騎，來勢極盛，明日前鋒必至，請爲之備。"[10]杜威、李守貞謀曰："我師糧運不繼，深入賊疆，而逢大敵，亡之道也。不如退還泰州，觀其兵勢强弱而禦之。"軍士皆以爲然。是日，還滿城。丁巳，至泰州。[11]戊午，契丹前鋒已至。己未，大軍發泰州而南，契丹踵其後。是日，次陽城。庚申，賊騎如牆而來，我步軍爲方陣以禦之，選勁騎擊賊，鬬二十餘合，南行十餘里，賊勢稍却，渡白溝而去。[12]辛酉，杜威召諸將議曰："戎首自來，實爲勍敵，若不血戰，吾輩何以求免。"諸將然之。是日，敵騎還遶官軍，相去數里。明日，我軍成列而行，蕃漢轉鬬，殺聲震地，纔行十餘里，軍中人馬飢乏。癸亥，大軍至白團衛村下營，[13]人馬俱渴，營中掘井，及水輒壞，兵士取其泥，絞汁而飲，敵衆圍繞，漸束其營。[14]是日，東北風猛，揚塵折樹，契丹主坐奚車中謂衆曰：[15]"漢軍盡來，祇有此耳，今日並可生擒，然後平定天下。"令下馬拔鹿角，飛矢雨集。軍士大呼曰："都招討使何不用軍，而令士卒虚死！"[16]諸將咸請擊之，杜威曰："俟風勢稍慢，觀其進退。"守貞曰："此風助我也，彼衆我寡，黑風之内，莫測多少，若俟風止，我輩無噍類矣。"即呼諸軍齊力擊賊，張彦澤、符彦卿、皇甫遇等率騎奮擊，風勢尤猛，沙塵如夜，敵遂大敗。時步騎齊進，追襲二十餘里，至陽城東，賊軍稍稍成列，我騎復擊之，乃渡河而去。[17]守貞曰："今日危急極矣，幸諸君奮命，吾事獲濟。兩日以來，人馬渴乏，今喫水之後，脚重難行，速宜收軍定州，保全而還，上策也。"由是諸將整衆而還。是時，契丹主坐奚車中，[18]及敗走，車行十餘里，追兵既急，獲一橐駞，乘之而走。乙丑，杜威等大軍自定州班師入恒州。

[1]祁州：州名。治所在今河北無極縣。　沈斌：人名。一作"沈贇"。徐州下邳（今江蘇睢寧縣）人。五代後梁、後唐、後晋將領。傳見本書卷九五、《新五代史》卷三三。　契丹陷祁州：《輯本舊史》之影庫本粘籤："祁州，原本作'祈'，今從《五代春秋》改正。"見《五代春秋》卷下《晋少帝》。又，明本《册府》卷一一八《帝王部·親征門三》、《通鑑》卷二八四記契丹陷祁州於二月，《新五代史》卷九《晋出帝紀》與本卷同。

[2]易州：州名。治所在今河北易縣。　安審約：人名。籍貫不詳。五代藩鎮將領。事見本書本卷及卷八二、卷八四。

[3]"杜威奏"至"以王周爲馬步軍右厢排陣使"：中華書局本置於乙巳條袁範先自賊中逃歸後，且無記日。據明本《册府》卷一一八《帝王部·親征門三》，知此段内容當屬甲辰日。又，《通鑑》卷二八四載"乙巳，杜威等諸軍會於定州"，則有關軍隊將領

的任命當在乙巳日前，據改。“二月三日夜”，中華書局本有校勘記：“‘日’字原闕，據殿本，《册府》卷一一八、卷四三五補。”見明本《册府》卷四三五《將帥部·獻捷門二》開運二年（945）三月條。

［4］左補闕：官名。唐代諫官。武則天時始置。分爲左右，左補闕隸於門下省，右補闕隸於中書省。掌規諫諷諭，大事可以廷議，小事則上封奏。從七品上。　袁範：人名。籍貫不詳。五代官員。事見本書本卷。

［5］戚城：地名。位於今河南濮陽市區。

［6］泰州：州名。治所在今河北保定市。　晋廷謙：人名。五代後晋官員。事見本書本卷、《新五代史》卷四七。　刺史晋廷謙以城降：中華書局本有校勘記：“原作‘晋庭謙’，據《册府》卷一一八、卷一六六（宋本）、卷四三五，《通鑑》卷二八四，《新五代史》卷四七《馬全節傳》改。”見《宋本册府》卷一六六《帝王部·招懷門四》開運二年三月條、《通鑑》卷二八四開運二年三月庚戌條。

［7］辛亥：《輯本舊史》闕，中華書局本亦未補，今據明本《册府》卷一一八、《新五代史》卷九《晋出帝紀》開運二年三月辛亥條補。　郎山寨將孫方簡破契丹千餘人：中華書局本有校勘記：“‘郎山寨’，原作‘郎山塞’，據劉本、邵本校、《册府》卷一一八、卷四三五改。”“孫方簡”，《舊五代史考異》：“案：《歐陽史》作孫方諫。”見《新五代史》卷九《晋出帝紀》。然，據《輯本舊史》卷一二五《孫方諫傳》載：“本名方簡，廣順初以犯廟諱故改焉。”故，晋少帝時，仍作“孫方簡”。又，“郎山”，《輯本舊史》之影庫本粘籤：“郎山，《宋史》作狼山，《東都事略》仍作郎山，蓋地名多用對音字，今仍其舊。”又，明本《册府》卷五二《帝王部·崇釋氏門二》、明本《册府》卷四三五均作“郎山”，明本《册府》卷一一八、《新五代史》卷九則作“狼山”。　斬蕃將諧里相公：“諧里”，中華書局本有校勘記：“原作‘轄里’，注云：

‘舊作“諧里”，今改正。’按此係輯録《舊五代史》時所改，今恢復原文。”明本《册府》卷一一八、明本《册府》卷四三五均作“諧里”。

[8]滿城：縣名。治所在今河北保定市滿城區。　獲契丹首領没剌相公：“没剌”，中華書局本有校勘記：“原作‘默埒’，注云：‘舊作“没剌”，今改正。’按此係輯録《舊五代史》時所改，今恢復原文。”見明本《册府》卷一一八。

[9]兵部尚書：官名。尚書省兵部主官。掌兵衛、武選、車輦、甲械、厩牧之政令。正三品。　遂城：縣名。治所在今河北保定市徐水區。

[10]古北口：關隘名。又稱“虎北口”。位於今北京密雲區東北。地勢險要，兵家要地。　幽州：州名。治所在今北京市。

[11]丁巳，至泰州：《通鑑》卷二八四作：“丙辰，退保泰州。”

[12]陽城：縣名。治所在今山西陽城縣。　白溝：水名。拒馬河自河北淶水縣南流而入，至定興縣南爲白溝。後遼宋時以此爲界河。　“庚申”至“渡白溝而去”：《舊五代史考異》：“案《通鑑》：庚申，契丹大至，晋軍與戰，逐北十餘里，契丹踰白溝而去。《歐陽史》：庚申，杜威及契丹戰于陽城，敗之。俱與《薛史》同。惟《遼史》云：己未，重威、守貞引兵南遁，追至陽城，大敗之。復以步卒爲方陣來拒，與戰二十餘合。是遼師未嘗言敗也。蓋當時南北軍俱有掩飾，故紀載不同如此。”見《通鑑》卷二八四開運二年三月庚申條、《新五代史》卷九《晋出帝紀》開運二年三月庚申條、《遼史》卷四《太宗紀下》會同八年（945）二月己未條。

[13]癸亥，大軍至白團衛村下營：據《舊五代史考異》：“《歐陽史》作衛村，《通鑑考異》引《漢高祖實録》作白檀，《遼史》從《薛史》。”見《新五代史》卷九《晋出帝紀》開運二年三月庚申條。《通鑑》卷二八四《考異》作：“《漢高祖實録》作‘白檀’。今從《晋少帝實録》。”《通鑑》卷二八四開運二年三月癸亥條仍作

“白團衛村”，又見《遼史》卷四《太宗紀下》會同八年三月癸亥條。

［14］“人馬俱渴”至“漸束其營”：據《舊五代史考異》：“《宋史·藥元福傳》：晋師列方陣，設拒馬爲行砦，契丹以奇兵出陣後，斷糧道。”見《宋史》卷二五四《藥元福傳》。

［15］契丹主坐奚車中謂衆曰：中華書局本作“契丹主坐車中謂衆曰”，並有校勘記：“‘車’，孔本、《通鑑》卷二八四、《新五代史》卷七二《四夷附録》、《契丹國志》卷三作‘奚車’。”“奚”字，據孔本、《通鑑》、《新五代史》、《契丹國志》補。

［16］都招討使何不用軍：中華書局本沿《輯本舊史》作“招討使何不用軍”，並有校勘記：“‘招討使’，《通鑑》卷二八四作‘都招討使’，《遼史》卷四《太宗紀下》作‘都招討’。按本卷上文：‘（開運元年八月）鎮州節度使杜威充北面行營都招討使。’”“都”字，據《通鑑》《遼史》及本卷上文補。

［17］即呼諸軍齊力擊賊：中華書局本有校勘記：“‘諸軍’，劉本、邵本作‘諸將’。”　“張彦澤”至“敵遂大敗”：據《舊五代史考異》：“《宋史·符彦卿傳》：時晋師居下風，將戰，弓弩莫施。彦卿謂張彦澤、皇甫遇曰：‘與其束手就擒，曷若死戰，然未必死。’彦澤然之，遂潛兵尾其後，順風擊之，契丹大敗。又《藥元福傳》：守貞與元福謀曰：‘軍中饑渴已甚，若候風反出戰，吾屬爲虜矣。彼謂我不能逆風以戰，宜出其不意以擊之，此兵家之奇也。’元福乃率麾下開拒馬出戰，諸將繼至，契丹大敗。”見《宋史》卷二五一《符彦卿傳》、卷二五四《藥元福傳》。　“時步騎齊進”至“乃渡河而去”：《舊五代史考異》：“按：晋師敗契丹於陽城在三月癸亥，《遼史》與《薛史》同，《歐陽史》作庚申，誤。”見《新五代史》卷九《晋出帝紀》開運二年三月庚申條、《遼史》卷四《太宗紀下》會同八年三月癸亥條。

［18］契丹主坐奚車中：中華書局本作“契丹主坐車中”，並有校勘記：“‘車’，孔本、《册府》卷一一八、《通鑑》卷二八四作

‘奚車’。”今從孔本、明本《册府》、《通鑑》。

夏四月丙子，以車駕將還京，差官往西京告天地宗廟社稷。辛巳，駕發澶州。甲申，至京師，曲赦在京禁囚。己丑，[1]詔鄴都依舊爲天雄軍。庚寅，河東節度使劉知遠封北平王；恒州節度使杜威加守太傅；徐州趙在禮移鎮兗州；宋州節度使兼侍衛親軍馬步都指揮使高行周移鎮鄆州，侍衛如故；鄴都留守馬全節改天雄軍節度使；兗州節度使兼侍衛都虞候李守貞移鎮宋州，加檢校太師、兼侍衛親軍副都指揮使；[2]河中節度使安審琦加兼侍中，移鎮許州；許州節度使符彦卿加同平章事，移鎮徐州；滑州節度使皇甫遇加同平章事。壬辰，西京留守景延廣加邑封，改功臣。秦州節度使侯益移鎮河中。定州節度使王周加檢校太師。[3]《永樂大典》卷一萬五千六百四十九。[4]

[1]己丑：中華書局本有校勘記：“原作‘己亥’，據《通鑑》卷二八四改。按是月丙寅朔，無己亥，己丑爲二十四日。影庫本粘籤：‘己亥，以前後干支推之，當作“丁亥”，今無别本可考，姑仍其舊。’”

[2]加檢校太師、兼侍衛親軍副都指揮使：中華書局本有校勘記：“‘都’字原闕，據本書卷八四《晋少帝紀四》補。”見《輯本舊史》卷八四《晋少帝紀四》開運三年（946）正月己酉條、《新五代史》卷五二《李守貞傳》。

[3]秦州：州名。治所在今甘肅天水市。　侯益：人名。汾州平遥（今山西平遥縣）人。五代後唐至宋初將領。傳見《宋史》卷二五四。

［4］《大典》卷一五六四九“晋”字韻“五代後晋出帝（一）”事目。

舊五代史　卷八四

晋書十

少帝紀第四

開運二年夏五月丙申朔，帝御崇元殿受朝，大赦天下。[1]丁酉，以右驍衛上將軍馬萬爲左金吾上將軍致仕。[2]戊戌，陝州節度使宋彦筠移鎮鄧州，澶州節度使何建移鎮河陽。[3]以左神武統軍潘環爲澶州節度使，以宣徽北院使李彦韜遥領壽州節度使兼侍衛馬軍都指揮使，以滄州節度使田武遥領夔州節度使兼侍衛步軍都指揮使。[4]辛亥，白虹貫日。壬子，宰臣桑維翰、劉昫、李崧、和凝並加階爵。[5]禮部尚書竇貞固改刑部尚書，太常寺卿王松改工部尚書。[6]以尚書左丞龍敏爲太常卿；以翰林學士承旨、兵部侍郎李慎儀爲尚書左丞；以御史中丞張允爲兵部侍郎、知制誥，充翰林學士承旨；以左諫議大夫顔衎爲御史中丞；[7]以兵部侍郎、弘文館學士、判館事田敏爲國子祭酒；以户部侍郎段希堯爲兵部侍郎；以工部侍郎邊蔚爲户部侍郎，依前權知開封府事；

以左散騎常侍李式爲工部侍郎；以給事中王仁裕爲左散騎常侍。[8]甲寅，以華州節度使趙瑩爲開封尹，以皇弟開封尹重睿爲秦州節度使，以宣徽南院使劉繼勳爲華州節度使，以前鄆州節度使張從恩爲晋州節度使。[9]丙辰，杜威來朝。定州奏，大風雹，北岳廟殿宇樹木悉摧拔之。[10]

[1]開運：後晋出帝石重貴年號（944—946）。

[2]右驍衛上將軍：官名。唐置，掌宫禁宿衛。唐代置十六衛，即左右衛、左右驍衛、左右武衛、左右威衛、左右領軍衛、左右金吾衛、左右監門衛、左右千牛衛，各置上將軍，從二品；大將軍，正三品；將軍，從三品。“驍”字中華書局本沿《輯本舊史》闕，《輯本舊史》卷八一《晋少帝紀一》天福七年十二月乙丑條“以前貝州節度使馬萬爲右驍衛上將軍”，據補。　馬萬：人名。澶州（今河南濮陽市）人。五代後唐、後晋、後漢將領。傳見本書卷一〇六。《輯本舊史》之影庫本粘籤：“馬萬，原本誤衍‘行’字，今從《通鑑》删去。”見《通鑑》卷二八一天福二年七月條。　左金吾上將軍：官名。唐代十六衛之一，掌宫禁宿衛。從二品。　致仕：官員告老辭官。

[3]陜州：州名。治所在今河南三門峽市陜州區。　節度使：官名。唐時在重要地區所設掌握一州或數州軍、民、財政的長官。　宋彦筠：人名。雍丘（今河南杞縣）人。五代後唐、後周將領。傳見本書卷一二三。　鄧州：州名。治所在今河南鄧州市。中華書局本有校勘記：“‘鄧州’，原作‘鄭州’，據本書卷一二三《宋彦筠傳》、《宋彦筠墓誌》（拓片刊北京圖書館藏《中國歷代石刻拓本匯編》第三十六册）及本卷下文改。”本卷下文八月丙子條載“西京留司御史臺奏：‘新授鄧州節度使宋彦筠’”云云。《輯本舊史》卷一二三《宋彦筠傳》載“晋少帝嗣位，再領鄧州”。　澶州：州

名。唐、五代初，治所在河南清豐縣。後晋天福四年（939），移治於今河南濮陽縣。　何建：人名。回鶻人。五代將領、藩鎮軍閥。後投於孟昶。傳見本書卷九四。　河陽：縣名。治所在今河南孟州市。

［4］左神武統軍：官名。唐代左神武軍統兵官。至德二載（757）唐肅宗置禁軍，也叫神武天騎，分爲左、右神武天騎，左、右羽林軍，左、右龍武軍，稱“北衙六軍”。從二品。　潘環：人名。洛陽（今河南洛陽市）人。五代藩鎮軍閥。傳見本書卷九四。　宣徽北院使：官名。唐始置。宣徽北院的長官。初用宦官，五代以後改用士人。與宣徽南院使通掌内諸司及三班内侍之名籍，郊祀、朝會、宴享供帳之儀，檢視内外進奉名物。参見王永平《論唐代宣徽使》，《中國史研究》1995 年第 1 期；王孫盈政《再論唐代的宣徽使》，《中華文史論叢》2018 年第 3 期。　李彦韜：人名。太原（今山西太原市）人。後晋出帝寵臣，與宦官近臣相勾結，排擠文臣。傳見本書卷八八。　壽州：州名。治所在今安徽壽縣。　侍衛馬軍都指揮使：官名。五代時皇帝親軍侍衛馬軍司最高長官。　滄州：州名。治所在今河北滄縣舊州鎮。　田武：人名。元城（今河北大名縣）人。五代後唐、後晋將領。傳見本書卷九〇。　夔州：州名。治所在今重慶奉節縣。　侍衛步軍都指揮使：官名。皇帝侍衛親軍步軍司最高長官。

［5］白虹：一種特殊的大氣光學現象。　桑維翰：人名。洛陽（今河南洛陽市）人。初爲石敬瑭節度掌書記，石敬瑭稱帝後出任翰林學士、知樞密院事等職。傳見本書卷八九、《新五代史》卷二九。　劉昫：人名。涿州歸義縣（今河北容城縣）人。五代大臣，曾任宰相、監修國史，領銜撰進《舊唐書》。傳見本書卷八九、《新五代史》卷五五。　李崧：人名。深州饒陽（今河北饒陽縣）人。後晋宰相，歷仕後唐至後漢。傳見本書卷一〇八、《新五代史》卷五七。　和凝：人名。鄆州須昌（今山東東平縣）人。後晋宰相。傳見本書卷一二七、《新五代史》卷五六。

［6］禮部尚書：官名。尚書省禮部主官。掌禮儀、祭享、貢舉之政。正三品。　竇貞固：人名。同州白水（今陝西白水縣）人。五代後唐至宋初大臣，後唐進士，後漢宰相。傳見《宋史》卷二六二。　刑部尚書：官名。尚書省刑部主官。掌天下刑法及徒隸、勾覆、關禁之政令。正三品。　太常寺卿：官名。西漢置太常，南朝梁始置太常卿。太常寺長官。掌宗廟祭祀禮樂及教育等。正三品。　王松：人名。京兆（今陝西西安市）人。唐僖宗宰相王徽之子。五代後唐至後漢官員。傳見本書附録、《新五代史》卷五七。　工部尚書：官名。尚書省工部主官。掌百工、屯田、山澤之政令。正三品。

［7］尚書左丞：官名。尚書省佐貳官。唐中期以後，與尚書右丞實際主持尚書省日常政務，權任甚重。正四品上。後梁開平二年（908）改爲左司侍郎，後唐同光元年（923）復舊爲左丞。正四品。　龍敏：人名。幽州永清（今河北永清縣）人。五代大臣。傳見本書卷一〇八、《新五代史》卷五六。　翰林學士承旨：官名。爲翰林學士之首。掌拜免將相、號令征伐等詔令的起草。　兵部侍郎：官名。尚書省兵部次官。協助兵部尚書掌武官銓選、勳階、考課之政。正四品下。　李愼儀：人名。籍貫不詳。五代後唐、後晋官員。事見本書本卷及卷七六。　御史中丞：官名。如不置御史大夫，則爲御史臺長官。掌司法監察。正四品下。　張允：人名。鎮州束鹿（今河北辛集市）人。五代後唐至後漢官員。傳見本書卷一〇八、《新五代史》卷五七。　知制誥：官名。掌起草皇帝的詔、誥之事，原爲中書舍人之職。唐開元末置學士院，翰林學士入院一年，則加知制誥銜，專掌任免宰相、册立太子、宣布征伐等特殊詔令，稱爲内制。而中書舍人所撰擬的詔敕稱爲外制。兩種官員總稱兩制。　左諫議大夫：官名。隸門下省。唐代置左、右諫議大夫各四人，分隸門下省、中書省。掌諫諭得失、侍從贊相。正四品下。　顔衎：人名。兖州曲阜（今山東曲阜市）人。五代、宋初地方官員、大臣。以行政才干聞名。傳見《宋史》卷二七〇。　以左諫議

大夫顔衎爲御史中丞：《舊五代史考異》："案《宋史·顔衎傳》：喪亂之後，朝綱不振，衎執憲頗有風采，嘗上言：'纔除御史者旋授外藩賓佐，復有以私故細事求假外拜，州郡無參謁之儀，出入失風憲之體，漸恐四方得以輕易，百辟無所準繩。請自今藩鎮幕僚，勿得任臺官，雖親王宰相出鎮，亦不得奏充賓佐；非奉制勘事，勿得出京；自餘不令釐雜務。'詔惟辟召入幕如故，餘從其請。"對《舊五代史考異》所引"詔惟辟召入幕如故"，中華書局本有校勘記："'如故'二字原闕，據《宋史》卷二七〇《顔衎傳》補。"《舊五代史考異》所引《宋史》卷二七〇《顔衎傳》前有："開運末，授左諫議大夫，權判河南府，召拜御史中丞。"

[8]弘文館學士：官名。弘文館爲唐代中央官學之一。設館主一人，總領館務；判館事一人，管理日常事務。學士無員限，掌校正圖籍，教授生徒，並參議政事。五品以上稱爲學士，六品以下稱爲直學士，又有文學直館學士，均以他官兼領。　田敏：人名。淄州鄒平（今山東鄒平縣）人。五代、宋初大臣、學者。傳見《宋史》卷四三一。　國子祭酒：官名。國子監的主管官。掌教授生徒。從三品。　户部侍郎：官名。尚書省户部次官。協助户部尚書掌土地、人户、錢穀、貢賦之政。正四品下。　段希堯：人名。河内（今河南沁陽市）人。五代大臣。傳見本書卷一二八、《新五代史》卷五七。　工部侍郎：官名。尚書省工部次官。協助尚書掌管百工、山澤、水土之政令，考其功以詔賞罰，總所同各司之事。正四品下。　邊蔚：人名。京兆長安（今陝西西安市）人。五代大臣。傳見本書卷一二八。　左散騎常侍：官名。門下省屬官。掌侍奉規諷，備顧問應對。正三品下。　李式：人名。籍貫不詳。五代後晋官員。事見本書卷七七。　給事中：官名。秦始置。隋唐以來，爲門下省屬官。掌讀署奏抄、駁正違失。正五品上。　王仁裕：人名。天水（今甘肅天水市）人。五代後唐、後晋藩鎮軍閥。傳見本書卷一二八、《新五代史》卷五七。

[9]華州：州名。治所在今陝西渭南市華州區。　趙瑩：人名。

華州華陰（今陝西華陰市）人。五代後晋宰相。傳見本書卷八九、《新五代史》卷五六。　開封尹：官名。五代除後唐外均定都開封，因置開封府尹。執掌京師政務。從三品。　重睿：人名。即石重睿。後晋高祖石敬瑭之子。傳見本書卷八七、《新五代史》卷一七。　秦州：州名。治所在今甘肅天水市。　宣徽南院使：官名。唐始置。宣徽南院的長官。初用宦官，五代以後改用士人。與宣徽北院使通掌内諸司及三班内侍之名籍，郊祀、朝會、宴享供帳之儀，檢視内外進奉名物。参見王永平《論唐代宣徽使》，《中國史研究》1995 年第 1 期；王孫盈政《再論唐代的宣徽使》，《中華文史論叢》2018 年第 3 期。　劉繼勳：人名。衛州（今河南衛輝市）人。五代後唐、後晋藩鎮軍閥。傳見本書卷九六。　鄆州：州名。治所在今山東東平縣。　張從恩：人名。太原人。五代後晋外戚、將領。仕至宋初。傳見《宋史》卷二五四。　晋州：州名。治所在今山西臨汾市。

[10]杜威：人名。即杜重威，避後晋出帝石重貴諱稱杜威。其先朔州（今山西朔州市朔城區）人，後徙居太原。五代後晋、後漢將領。傳見本書卷一〇九、《新五代史》卷五二。　定州：州名。治所在今河北定州市。　北岳廟：古代祭祀北岳恒山的廟宇。位於今河北曲陽縣。

六月乙丑朔，帝御崇元殿，百官入閤。監修國史劉昫、史官張昭遠等以新修《唐書紀》、《志》、《列傳》并《目録》凡二百三卷上之，賜器帛有差。[1]癸酉，以恒州節度使杜威爲天雄軍節度使，充鄴都留守；以鄴都留守馬全節爲恒州節度使。[2]以翰林學士、金部郎中、知制誥徐台符爲中書舍人；以翰林學士、禮部郎中、知制誥李澣爲中書舍人；翰林學士、都官郎中劉温叟加知制誥；翰林學士、主客員外郎范質改比部郎中、知制誥，並依舊充職。[3]祠部員外郎、知制誥張沆本官充學士，以太常少卿陶穀爲中書舍人。[4]乙亥，以邠州節度使劉景巖爲陝州節度使。[5]己卯，新授恒州節度使馬全節卒，輟朝，贈中書令。[6]壬午，大理卿張仁愿卒，贈祕書監。遣刑部尚書竇貞固等分詣寺觀禱雨。[7]己丑，以定州節度使王周爲恒州節度使，以前易州刺史安審約爲定州留後。[8]是月，兩京及州郡十五並奏旱。

[1]監修國史：官名。北齊始置史館，以宰相爲之。唐史館沿置，爲宰相兼職。　張昭遠：人名。范縣（今河南范縣）人。五代、宋初大臣。傳見《宋史》卷二六三。《輯本舊史》之影庫本粘籤："原本作'張昭'。考《宋史·張昭傳》：昭初名昭遠，漢避高祖諱去'遠'字。《薛史·晋紀》不宜預稱爲'張昭'，當傳寫脱落，今增入。"見《宋史》卷二六三《張昭傳》。　以新修唐書紀、志、列傳并目録凡二百三卷上之：《舊五代史考異》："案：《郡齋讀書志》《直齋書録解題》並作二百卷，《五代會要》作二百二卷，目録一卷。"見《會要》卷一八"前代史"條開運二年六月作"史館上新修前朝李氏書，紀、志、列傳共二百二十卷，並目録一卷，都計二十帙"。又見《郡齋讀書志》卷二上、《直齋書録解題》卷四《正史類》。

[2]恒州：州名。即鎮州。治所在今河北正定縣。　天雄軍：方镇名。治所在魏州（今河北大名縣）。　鄴都：地名。治所在今河北大名縣。五代後唐同光元年（923）改魏州爲興唐府，建號東京。三年，改東京爲鄴都。　留守：官名。在都城、陪都或軍事重鎮所設留守，由地方行政長官兼任。　馬全節：人名。魏郡元城（今河北大名縣）人。五代後唐、後晋將領。傳見本書卷九〇、

《新五代史》卷四七。

[3]翰林學士：官名。由南北朝始設之學士發展而來，唐玄宗改翰林供奉爲翰林學士，備顧問，代王言。掌拜免將相、號令征伐等詔令的起草。　金部郎中：官名。魏晋始設，唐代爲户部金部司主官。掌庫藏、金寶、貨物、權衡、度量諸事。從五品上。　徐台符：人名。鎮州獲鹿（今河北石家莊市鹿泉區）人。五代大臣。傳見本書附録。　中書舍人：官名。中書省屬官。掌起草文書、呈遞奏章、傳宣詔命等。正五品上。　禮部郎中：官名。尚書省禮部頭司禮部司長官。掌禮樂、學校、衣冠、符印、表疏、圖書、册命、祥瑞、鋪設，及百官、宫人喪葬贈賻之數。從五品上。　李澣：人名。京兆萬年（今陝西西安市長安區）人。歷仕後唐、後晋，後與徐台符被契丹挾而北行，在遼任宣政殿學士、禮部尚書等。傳見《宋史》卷二六二、《遼史》卷一〇三。中華書局本有校勘記："原作'李瀚'，據殿本、劉本、邵本校、本書卷八二《晋少帝紀二》、《宋史》卷二六二《李澣傳》改。"見《輯本舊史》卷八二《晋少帝紀二》開運元年六月戊辰條。　都官郎中：官名。尚書省刑部都官司長官。掌徒刑、流放、配隸等事。從五品上。　劉温叟：人名。洛陽（今河南洛陽市）人。五代後唐至宋初官員。傳見《宋史》卷二六二。　主客員外郎：官名。主客郎中的副職。佐長官郎中掌接待外國使臣等事。從六品上。　范質：人名。大名宗城（今河北威縣）人。後周、宋初宰相。傳見《宋史》卷二四九。　比部郎中：官名。唐、五代刑部比部司長官，掌管勾會内外賦斂、經費俸録等。從五品上。

[4]祠部員外郎：官名。隋唐時始置，與祠部郎中同掌祭祀、占卜、天文、漏刻、國忌、廟諱、醫藥、僧尼簿籍等事。從六品上。　張沆：人名。徐州（今江蘇徐州市）人。五代官員。傳見本書卷一三一。　太常少卿：官名。太常寺次官。佐太常卿掌宗廟祭祀禮樂及教育等。正四品上。　陶穀：人名。邠州新平（今陝西彬縣）人。五代、宋初大臣。傳見《宋史》卷二六九。　以太常少

卿陶穀爲中書舍人：《舊五代史考異》："案《宋史·陶穀傳》：穀性急率，嘗與兖帥安審信集會，杯酒相失，爲審信所奏，時方姑息武臣，穀坐責授太常少卿。嘗上言：'頃蒞西臺，每見臺司詳斷刑獄，少有即時決者。至于閭閻夫婦，小有争訟，淹滯即時；坊市死亡喪葬，必候臺司判狀；奴婢病亡，亦須檢驗。吏因緣爲姦，而邀求不已，經旬不獲埋瘞，望申條約，以革其弊。'從之。俄拜中書舍人。"見《宋史》卷二六九《陶穀傳》。

[5]邠州：州名。治所在今陝西彬縣。　劉景巖：人名。延州（今陝西延安市）人。高允權妻之祖父，家富於財，爲高允權所誣殺。傳見《新五代史》卷四七。　乙亥：中華書局本沿《輯本舊史》作"己亥"，並引《輯本舊史》之影庫本粘籤："己亥，以前後干支推之，當作'乙亥'，今無别本可校，姑仍其舊。"本月乙丑朔，癸酉（九日）、己卯（十五日），本條位於癸酉與己卯之間，確應爲乙亥（十一日），據改。

[6]輟朝：又稱廢朝。古代帝王遇親喪或文武大臣病故，停止視朝數日，以示哀悼。　中書令：官名。漢代始置，隋、唐前期爲中書省長官，屬宰相之職；唐後期多爲授予元勳大臣的虚銜。正二品。

[7]大理卿：官名。爲大理寺長官。負責大理寺的具體事務，掌邦國折獄詳刑之事。從三品。　張仁愿：人名。開封陳留（今河南開封市祥符區）人。五代官員。以司法才幹見長。傳見本書卷九三。　祕書監：官名。秘書省長官，掌圖書秘記等。從三品。

[8]王周：人名。魏州（今河北大名縣）人。五代後唐、後晋、後漢將領。傳見本書卷一〇六、《新五代史》卷四八。　易州：州名。治所在今河北易縣。　刺史：官名。漢武帝始置。州一級行政長官，總掌考覈官吏、勸課農桑、地方教化等事。唐中期以後，節度使、觀察使轄州而設，刺史爲其屬官，職任漸輕。從三品至正四品下。　安審約：人名。籍貫不詳。五代藩鎮將領。事見本書本卷及卷八二。　留後：官名。唐、五代節度使多以子弟或親信爲留

後，以代行節度使職務，亦有軍士、叛將自立爲留後者。掌一州或數州軍政。

秋七月乙未朔，以侍衛步軍都指揮使、領夔州節度使田武爲昭義軍節度使。[1]甲寅，左諫議大夫李元龜奏請禁止天下僧尼典買院舍，從之。[2]丙辰，前少府監李鍇貶坊州司户，坐冒請逃死吏人衣糧入己故也。[3]庚申，以前齊州防禦使薛可言爲延州兵馬留後。[4]

[1]昭義軍：方鎮名。治所在潞州（今山西長治市）。

[2]李元龜：人名。籍貫不詳。五代官員。事見本書本卷。

[3]少府監：官名。少府監長官，隋初置，唐初廢，太宗時復置。掌百工技巧之事。從三品。　李鍇：人名。籍貫不詳。五代官員。事見本書本卷、卷八〇、卷一二〇。　坊州：州名。治所在今陝西黄陵縣。　司户：官名。即司户參軍，唐代以降地方佐官。

[4]齊州：州名。治所在今山東濟南市。　防禦使：官名。唐代始置，設有都防禦使、州防禦使兩種。常由刺史或觀察使兼任，實際上爲唐代後期州或方鎮的軍政長官。　薛可言：人名。籍貫不詳。五代將領、地方軍閥。事見本書本卷一〇〇、卷一〇一、卷一一一。　延州：州名。治所在今陝西延安市。　"秋七月乙未朔"至"以前齊州防禦使薛可言爲延州兵馬留後"：據中華書局本引孔本："案《遼史》云：七月，晋遣孟守中奉表請和，《通鑑》作張暉，與《遼史》人名互異。今以《遼史》前後考之，則張暉請和在開運元年，至二年復遣孟守中也。《薛史》闕而不載，蓋當時《實録》爲之諱言。"《新五代史》卷二九《景延廣傳》、卷七二《契丹傳》均載張暉請和在開運二年（即遼會同八年，945），亦見《通鑑》卷二八四開運二年六月條。輯本卷八二《晋少帝紀二》開運元年正月己亥條、《通鑑》卷二八三開運元年正月戊戌條載遣譯

者孟守忠致書於契丹，求修舊好，契丹主復書曰："已成之勢不可改也。"《遼史》卷四《太宗紀下》會同七年（即晉開運元年）七月辛卯條則載"晉遣張暉奉表乞和，留暉不遣"。

八月甲子朔，日有蝕之。中書舍人陶穀奏，請權廢太常寺二舞郎，從之。[1]丙寅，宰臣和凝罷相，守右僕射。[2]以樞密使馮玉爲中書侍郎、平章事，使如故。[3]乙亥，詔："諸御史今後除準式請假外，不得以細故小事請假離京；除奉制命差推事及按察外，不得以諸雜細務差出。"丙子，以靈州節度使馮暉爲邠州節度使，加檢校太尉；以前鄜州節度使丁審琪爲左羽林統軍；以前鄜州節度使郭謹爲左神武統軍。[4]西京留司御史臺奏："新授鄧州節度使宋彦筠於銀沙灘斬廳頭鄭温。"[5]詔鞫之，款云："彦筠出身軍旅，不知事體，不合專擅行法。"詔釋其罪。以工部尚書王松權知貢舉。[6]丁丑，以前晉州節度使安叔千爲右金吾上將軍；以三司副使、給事中李穀爲磁州刺史，充北面水陸轉運使。[7]分遣使臣於諸道率馬。戊寅，以左金吾上將軍皇甫立爲左衛上將軍，以右羽林統軍李懷忠爲左武衛上將軍。[8]庚辰，新授潞州節度使田武卒，輟朝，贈太尉。[9]戊子，湖南奏，静江軍節度使馬希杲卒。[10]

[1]二舞郎：官名。唐宋時置。太常寺屬官，掌祭祀拜舞器物及禮儀。

[2]右僕射：官名。秦始置。隋、唐前期，以左、右僕射佐尚書令總理六官、綱紀庶務；如不置尚書令，則總判省事，爲宰相之

職。唐後期多爲大臣加銜。從二品。

［3］樞密使：官名。樞密院長官，五代時以士人爲之，備顧問，參謀議，出納詔奏，權侔宰相。參見李全德《唐宋變革期樞密院研究》，國家圖書館出版社 2009 年版。　馮玉：人名。定州（今河北定州市）人。五代後晋外戚、宰相。傳見本書卷八九、《新五代史》卷五六。　中書侍郎：官名。中書省副長官。唐後期三省長官漸爲榮銜，中書、門下侍郎却因參議朝政而職位漸重，常常用爲以"同三品"或"同平章事"任宰相者的本官。正三品。　平章事：官名。又稱"同平章事"。唐高宗以後，凡實際任宰相之職者，常在其本官後加同平章事的職銜。後成爲宰相專稱。後晋天福五年(940)，升中書門下平章事爲正二品。

［4］靈州：州名。治所在寧夏吴忠市。　馮暉：人名。魏州(今河北大名縣）人。五代後唐至後周將領。傳見本書卷一二五、《新五代史》卷四九。　鄜州：州名。治所在今陝西富縣。　左羽林統軍：官名。左羽林軍統兵官。從二品。左羽林軍爲"北衙六軍"之一。　郭謹：人名。晋陽（今山西太原市）人。五代後晋、後漢將領。傳見本書卷一〇六。　左神武統軍：官名。唐代左神武軍統兵官。從二品。左神武軍爲"北衙六軍"之一。

［5］銀沙灘：地名。今地不詳。　廳頭：官名。守衛廳堂的低級軍官。　鄭温：人名。籍貫不詳。五代後晋將領。事見本書本卷。

［6］知貢舉：官名。唐始置，爲主持禮部會試的考官。

［7］安叔千：人名。沙陀部人。五代後唐至後周將領。傳見本書卷一二三、《新五代史》卷四八。　右金吾上將軍：官名。唐置，掌宫禁宿衛。唐代十六衛之一。從二品。　三司副使：官名。三司副長官，輔佐三司使。　李穀：人名。潁州汝陰（今安徽阜陽市）。五代後周宰相。傳見《宋史》卷二六二。　磁州：州名。治所在今河北磁縣。　水陸轉運使：官名。掌一方水陸轉運、賦税諸事。爲差遣職事。

[8]皇甫立：人名。代北（今山西代縣）人。五代後唐、後晋藩鎮將領。傳見本書卷一〇六。　左衛上將軍：官名。唐置，掌宫禁宿衛。唐代十六衛之一。從二品。　李懷忠：人名。太原晋陽（今山西太原市）人。五代、後唐、後晋高級將領。傳見本書卷一二四。　左武衛上將軍：官名。唐置，掌宫禁宿衛。唐代十六衛之一。從二品。

[9]潞州：州名。治所在今山西長治市。　太尉：官名。與司徒、司空並爲三公，唐後期、五代多爲大臣、勳貴加官。正一品。

[10]戊子：中華書局本有校勘記："句下原有'朔'字，據殿本、孔本删。按是月甲子朔，戊子爲二十五日。影庫本粘籤：'戊子朔，疑衍"朔"字，或上下有脱文，今無别本可校，姑仍其舊。'"　静江軍：方鎮名。治所在桂州（今廣西桂林市）。　馬希杲：人名。南楚武穆王馬殷之子。五代十國藩鎮軍閥。傳見《十國春秋》卷七一。

九月丙申，以西京留守、北面馬步軍都排陣使景延廣爲北面行營副招討使。[1]丁酉，以刑部侍郎趙遠爲户部侍郎，以工部侍郎李式爲刑部侍郎，以中書舍人盧價爲工部侍郎。[2]價久次綸闈，舊例合轉禮部侍郎或御史中丞，宰臣馮玉擬此官，桑維翰以爲資望淺，不署狀。無何，維翰休沐數日，玉獨奏行之，維翰由是不樂，與玉有間矣。[3]己亥，幸繁臺觀馬，遂幸李守貞第。[4]庚子，以晋州節度使張從恩爲潞州節度使。吏部侍郎張昭遠加階爵，酬修唐史之勞也。[5]戊申，升曹州爲節鎮，以威信軍爲軍額。[6]詔李守貞率兵屯澶州。己酉，月掩昴宿。[7]以宣徽北院使焦繼勳爲宣徽南院使，以内客省使孟承誨爲宣徽北院使。[8]壬子，以前太子詹事王居敏爲鴻臚卿，李專美爲大理卿，以太子賓客致仕馬裔孫爲太子詹事。[9]甲寅，移泰州理所於滿城縣。[10]乙卯，詔相州節度使張彦澤率兵屯恒州。[11]

[1]馬步軍都排陣使：官名。多以任節度使的武臣出任，或由軍事指揮官兼任，多側重監督軍隊。參見王軼英《中國古代排陣使述論》，《西北大學學報》2010年第6期。　景延廣：人名。陝州（今河南三門峽市陝州區）人。五代後晋將領。傳見本書卷八八、《新五代史》卷二九。　副招討使：官名。招討使副職。戰時任命，兵罷則省。掌招撫討伐等事務。

[2]刑部侍郎：官名。尚書省刑部次官。協助刑部尚書掌天下刑法及徒隸、勾覆、關禁之政令。正四品下。　趙遠：人名。籍貫不詳。五代官員。事見本書本卷及卷八〇。　盧價：人名。祖籍范陽（今河北涿州市）人，世居懷州河内（今河南沁陽市）。五代大臣。事見羅火金《五代時期盧價墓志考》，《中國歷史文物》2009年第2期。

[3]綸闈：中書省的代稱。　禮部侍郎：官名。尚書省禮部次官。協助禮部尚書掌禮儀、祭享、貢舉之政。正四品下。　休沐：古代官員的例行休假。

[4]繁臺：地名。又稱禹王臺。位於今河南開封市。　李守貞：人名。河陽（今河南孟州市）人。五代將領。傳見本書卷一〇九、《新五代史》卷五二。　己亥，幸繁臺觀馬，遂幸李守貞第：《舊五代史考異》："案：《歐陽史》作閱馬于萬龍岡。"見《新五代史》卷九《晋出帝紀》開運二年（945）九月己亥條，云"閱馬于萬龍岡，幸李守貞第"。《新五代史》亦數見繁臺。

[5]吏部侍郎：官名。尚書省吏部次官。協助吏部尚書掌文選、勳封、考課之政。正四品上。　吏部侍郎張昭遠加階爵：《舊五代史考異》："案《宋史・張昭遠傳》：加金紫階，進爵邑。"見《宋

史》卷二六三《張昭傳》。

[6]曹州：州名。治所在今山東曹縣西北。　威信軍：方鎮名。治所在曹州（今山東曹縣西北）。

[7]昴宿：星官名。二十八宿之一，西方白虎七宿的第四宿，有七顆亮星。

[8]焦繼勳：人名。許州長社（今河南許昌市）人。五代、宋初將領。傳見《宋史》卷二六一。　内客省使：官名。中書省内客省長官。　孟承誨：人名。大名（今河北大名縣）人。後晋官員。傳見本書卷九六。

[9]太子詹事：官名。掌領太子之詹事府，爲太子官屬之長。正三品。　王居敏：人名。籍貫不詳。五代後唐官員。事見本書本卷、卷四四。　鴻臚卿：官名。秦稱典客，漢初改大行令，漢武帝時改大鴻臚，北齊置鴻臚寺，以鴻臚寺卿爲主官，後代沿置。掌四夷朝貢、宴飲賞賜、送迎外使等禮儀活動。從三品。　李專美：人名。京兆萬年（今陝西西安市長安區）人。五代後梁、後唐、後晋官員。傳見本書卷九三。　太子賓客：官名。爲太子官屬。唐高宗顯慶元年（656）始置。掌侍從規諫，贊相禮儀。正三品。　馬裔孫：人名。棣州商河（今山東商河縣）人。五代大臣。傳見本書卷一二七、《新五代史》卷五五。

[10]泰州：州名。治所在今江蘇泰州市。　滿城縣：縣名。治所在今河北保定市滿城區。

[11]相州：州名。治所在今河南安陽市。　張彦澤：人名。突厥人，徙居太原。五代後晋將領，後投降契丹。傳見本書卷九八、《新五代史》卷五二。

冬十月戊辰，[1]以河陽節度使何建爲涇州節度使，以許州節度使李從温爲河陽節度使，以前鄧州節度使石贇爲曹州節度使。[2]庚午，遣使太子賓客羅周岳、使副太子右庶子王延濟册兩浙節度使錢弘佐爲守太尉。[3]辛未，右金吾衛上將軍楊彦詢卒，贈太子太師。[4]丁丑，高麗遣使貢方物。[5]庚辰，以前延州節度使王令温爲靈州節度使。庚寅，以邢州兵馬留後劉在明爲晋州兵馬留後，以前河陽留後方太爲邢州留後。[6]癸巳，升陳州爲節鎮，以鎮安軍爲軍額。[7]

[1]冬十月戊辰：《輯本舊史》之影庫本粘籤："戊寅，以《長曆》推之，當作'戊辰'，今無别本可校，姑仍其舊。"開運二年(945）十月甲子朔，戊寅（十五日）、庚午（七日）、辛未（八日）、丁丑（十四）。故"戊寅"置於庚午、辛未、丁丑前必誤，應爲"丙寅"或"戊辰"，戊辰之可能性更大，故改。

[2]涇州：州名。治所在今甘肅涇川縣。　許州：州名。治所在今河南許昌市。　李從温：人名。代州崞縣（今山西原平市）人。五代後唐、後晋大臣。好財利。傳見本書卷八八。　鄧州：州名。治所在今河南鄧州市。中華書局本有校勘記："'鄧州'，原作'鄭州'，據本書卷八三《晋少帝紀三》改。按《新五代史》卷一七《晋家人傳》：'開運元年七月，復出爲威勝軍節度使。'威勝軍治鄧州。"見《輯本舊史》卷八三《晋少帝紀三》開運元年七月辛卯條、《新五代史》卷一七《晋家人傳·敬贇傳》。今據改。　石贇：人名。沙陀部人。五代藩鎮軍閥。事見本書本卷。

[3]羅周岳：人名。籍貫不詳。五代官員。事見本書本卷及卷七六、卷七八、卷八一。　太子右庶子：官名。隋唐時置，分左、右庶子，右庶子二人統典書坊，掌侍從、獻納、啓奏諸事。正四品下。　王延濟：人名。籍貫不詳。五代官員。事見本書本卷。　錢弘佐：人名。五代十國吴越君主。傳見本書卷一三三、《新五代史》卷六七。

[4]楊彦詢：人名。河中寶鼎（今山西萬榮縣西南）人。五代

後唐、後晋將領。傳見本書卷九〇、《新五代史》卷四七。　太子太師：官名。與太子太傅、太子太保統稱太子三師。隋唐以後多作加官或贈官。從一品。

［5］高麗：朝鮮半島古國。即王氏高麗。918 年，後三國之一的高句麗將領王建自立爲王，改國號爲高麗，935 年滅新羅，次年滅後百濟，再次統一朝鮮。參見［朝］鄭麟趾等《高麗史》，西南師範大學出版社 2014 年。　方物：古時指地方特産。

［6］王令温：人名。瀛州河間（今河北河間市）人。五代後晋將領。傳見本書卷一二四。　邢州：州名。治所在今河北邢臺市。　劉在明：人名。幽州（今北京市）人。五代將領，能征慣戰。傳見本書卷一〇六。　方太：人名。青州千乘（今山東高青縣）人。五代藩鎮將領。傳見本書卷九四。

［7］陳州：州名。治所在今河南淮陽縣。　鎮安軍：方鎮名。治所在陳州（今河南淮陽縣）。

十一月戊戌，以邠州節度使馮暉兼侍衛步軍都指揮使，充北面行營先鋒馬步軍都指揮使。[1]以權知高麗國事王武爲檢校太保、使持節玄菟州都督、充大義軍使，封高麗國王。[2]癸卯，日南至，帝御崇元殿受朝賀。戊申，兩浙奏，順化軍節度使錢鐸卒。[3]甲申，[4]以壽州節度使、侍衛馬軍都指揮使李彦韜爲陳州節度使，典軍如故。丙辰，前商州刺史李俊除名，坐受財枉法也。[5]

［1］馬步軍都指揮使：官名。五代時侍衛親軍長官。多爲皇帝親信。

［2］王武：人名。高麗太祖王建之子。高麗國王，廟號惠宗。參見［朝］鄭麟趾等《高麗史》卷二，西南師範大學出版社 2014

年版。　檢校太保：官名。爲散官或加官，以示恩寵加此官，無實際執掌。太保，與太師、太傅合稱三師。　玄菟州：唐渤海國置，屬新城州都督府。治所在玄菟城（今遼寧瀋陽市東上柏官屯）。　大義軍使：官名。掌領本軍軍務，兼理地方政務。

[3]順化軍：方鎮名。治所在楚州（今江蘇淮安市）。　錢鐸：人名。籍貫不詳。五代藩鎮官員。事見本書本卷及卷七九。

[4]甲寅：中華書局本有校勘記："原作'甲申'，據殿本、劉本、孔本改。按是月甲午朔，無甲申，甲寅爲二十一日。影庫本粘籤：'甲申，以《長曆》推之，當作"甲寅"，今無别本可校，姑仍其舊。'"開運二年十一月甲午朔，此日記事在戊申後丙辰前，戊申爲十五日，丙辰爲二十三日，當作"甲寅"。

[5]丙辰：中華書局本有校勘記："原作'丙申'，據殿本、劉本、孔本改。按是月甲午朔，丙申不當在戊申後，丙辰爲二十三日。影庫本粘籤：'又丙申，以《長曆》推之，當作丙辰，今亦仍其舊。'"　商州：州名。治所在今陝西商洛市商州區。　李俊：《輯本舊史》之影庫本粘籤："李俊，《歐陽史》作重俊，蓋少帝時避御名，故去'重'字，今仍其舊。"《輯本舊史》卷八八《李重璋傳》有重俊附傳。又附見《新五代史》卷一五《李從温傳》。

十二月乙丑，以兩浙節度使、吴越國王錢弘佐兼東南面兵馬都元帥。[1]丙寅，以吴越國金馬左廂都指揮使、湖州刺史胡進思遥領虔州昭信軍節度使，以吴越國金馬右廂都指揮使、明州刺史闞璠遥領宣州寧國軍節度使，並典軍如故。[2]左羽林統軍丁審琪卒，贈太尉。[3]辛未，以工部侍郎盧價爲禮部侍郎，以右散騎常侍、集賢殿學士、判院事司徒詡爲工部侍郎，依前充職。[4]以前中書舍人殷鵬爲給事中，充樞密直學士；以給事中劉知新爲右散騎常侍。[5]乙亥，陜府節度使劉景巖來朝。丁丑，狩於近郊，臘也。[6]己卯，光禄卿致仕陳玄卒於太原。[7]庚辰，命使册高麗國王王武。癸未，以前兖州節度使安審信爲華州節度使。[8]丁亥，以樞密使、中書令桑維翰爲開封尹；以司空、門下侍郎、平章事劉昫判三司；以左僕射、門下侍郎、平章事李崧爲守侍中，充樞密使；以開封尹趙瑩爲中書令、弘文館大學士；以宣徽南院使焦繼勳知陜州軍州事。[9]己丑，邠州節度使馮暉準詔來朝。

[1]兵馬都元帥：官名。唐代朝廷有重大軍事行動則置，統率天下軍隊。

[2]吴越：五代十國之吴越國。後梁開平元年（907），封鎮海節度使錢鏐爲吴越王，領有今浙江之地、江蘇南部及福建北部。北宋太平興國三年（978），錢弘俶向北宋納土，吴越亡。　湖州：州名。治所在今浙江湖州市。　胡進思：中華書局本有校勘記："原作'胡思進'，據本書卷一三三錢鏐傳、《册府》卷四三六、《新五代史》卷六七《吴越世家》、《通鑑》卷二八三、《吴越備史》卷三改。按《寶刻叢編》卷一四有《吴越胡進思造傅大士像塔記》。影庫本粘籤：'胡思進，《十國春秋》作進思，據《九國志》與《薛史》同，今仍其舊。'今檢《九國志》卷五作'胡進思'。"見明本《册府》卷四三六《將帥部·繼襲門》錢鏐條、《通鑑》卷二八三天福八年（943）七月乙巳條。　遥領：雖居此官職，然實際上並不赴任。　虔州：州名。治所在今江西贛州市。　昭信軍：方鎮名。治所在虔州（今江西贛州市）。　明州：州名。治所在今浙江寧波市。　闞璠：人名。籍貫不詳。五代十國藩鎮將領。本書僅此一見。　宣州：州名。治所在今安徽宣城市。　寧國軍：方鎮名。

治所在宣州（今安徽宣城市）。

[3]丁審琪：人名。籍貫不詳。五代十國藩鎮軍閥。事見本書本卷及卷七九、卷八一、卷九四。

[4]右散騎常侍：官名。中書省屬官。掌侍奉規諷，備顧問應對。正三品下。　集賢殿學士：官名。唐中葉置，位在集賢殿大學士之下。掌修書之事。　司徒詡：人名。清河郡（今河北清河縣）人。五代後唐官員。傳見本書卷一二八。

[5]殷鵬：人名。魏州大名（今河北大名縣）人。後晋大臣。傳見本書卷八九。　劉知新：人名。籍貫不詳。五代官員。事見本書本卷及卷七七。

[6]臘也：中華書局本有校勘記："'臘'，原作'獵'，影庫本批校：'"獵"應作"臘"。'據改。"又據《新五代史》卷九《晋出帝紀》作："開運二年十二月丁丑，臘，畋于郊。""臘"與"獵"既不同音，亦不同義。

[7]光禄卿：官名。漢代始置，隋唐沿置。掌宿衛宫殿門户諸事。正三品。　陳玄：人名。京兆府（今陕西西安市）人。五代官員。又以醫術聞名。傳見本書卷九六。

[8]兖州：州名。治所在今山東濟寧市兖州區。　安審信：人名。沙陀部人。五代將領安審琦從兄。五代後唐至後周將領。傳見本書卷一二三。

[9]開封尹：官名。五代除後唐外均定都開封，因置開封府尹。執掌京師政務。從三品。　司空：官名。與太尉、司徒並爲三公，唐後期、五代多爲大臣、勳貴加官。正一品。　門下侍郎：官名。門下省副長官。唐後期三省長官漸爲榮銜，中書、門下侍郎却因參議朝政而職位漸重，常常用爲以"同三品"或"同平章事"任宰相者的本官。正三品。　判三司：官名。通掌鹽鐵、度支、户部三個部門事務。地位高於三司使。　左僕射：官名。秦始置。隋唐前期，以左、右僕射佐尚書令總理六官、綱紀庶務；如不置尚書令，則總判省事，爲宰相之職。唐後期多爲大臣加銜。從二品。　侍

中：官名。秦始置。隋、唐前期爲門下省長官。唐後期多爲大臣加銜，不參與政務，實際職務由門下侍郎執行。正二品。　弘文館：官署名。弘文館爲唐代中央官學之一。設館主一人，總領館務；判館事一人，管理日常事務。學士無員限，掌校正圖籍，教授生徒，並參議政事。五品以上稱爲學士，六品以下稱爲直學士，又有文學直館學士，均以他官兼領。　以宣徽南院使焦繼勳知陝州軍州事：《舊五代史考異》："案《宋史·焦繼勳傳》：西人寇邊，朝議發師致討，繼勳抗疏請行，拜秦州觀察使兼諸蕃水陸轉運使。既至，推恩信，設方略，招誘諸部，相率奉玉帛牛酒乞盟，邊境以安。俄徙知陝州。"見《宋史》卷二六一《焦繼勳傳》，與《舊五代史考異》所引稍有不同，"招誘諸部"爲"招誘諸郡酋長"。

是歲，帝每遇四方進獻器皿，多以銀於外府易金而入，謂左右曰："金者貴而且輕，便於人力。"識者以爲北遷之兆也。[1]

[1]是歲，帝每遇四方進獻器皿，多以銀於外府易金而入：《舊五代史考異》："案《宋史·劉濤傳》：少帝奢侈，常以銀易金，廣其器皿。李崧判三司，令上庫金之數。及崧以原簿校之，少數千鎰。崧責曰：'帑庫通式，一日不受虚數，毫釐則有重典。'濤曰：'帑司常有報不盡數，以備宣索。'崧令有司劾濤，濤事迫，以情告樞密使桑維翰，乃止罰一月俸。"見《宋史》卷二六二《劉濤傳》，"一日不受虚數"，傳原作"一曰不受虚數"。

開運三年春正月癸巳朔，帝御崇元殿受朝賀，仗衛如式。詔改鑄天下合同印、書詔印、御前印，並以黄金爲之。[1]己亥，貝州梁漢璋奏，蕃寇屯聚，將謀入寇。

詔符彦卿屯荆州口。[2]癸卯，以前華州節度使劉繼勳爲同州節度使，以陝州節度使劉景巖爲鄧州節度使。[3]丙午，以宣徽南院使、知陝州事焦繼勳爲陝州留後。丁未，刑部員外郎王涓賜私家自盡，坐私用官錢經營求利故也。[4]右司郎中李知損貶均州司户，員外置，馳驛發遣，坐前任度支判官日與解縣榷鹽使王景遇交游借貸故也。[5]己酉，詔侍衛親軍副都指揮使李守貞率師巡撫北邊。辛亥，以皇弟秦州節度使重睿爲許州節度使，以許州節度使安審琦爲兖州節度使，以兖州節度使趙在禮爲晋昌軍節度使。[6]癸丑，以涇州節度使何建爲秦州節度使，以前貝州節度使史威爲涇州節度使。[7]乙卯，定州奏，契丹入寇。己未，二王後、守太僕少卿、襲酅國公楊延壽除名配流威州，終身勿齒。[8]延壽奉命於磁州檢苗，受贜二百餘匹，準律當絞，有司以二王後入議，故貸其死。

[1]御前印：中華書局本有校勘記："'印'字原闕，據《册府》卷六一補。"見明本《册府》卷六一《帝王部·立制度門二》開運三年正月條。

[2]貝州：州名。治所在今河北清河縣。　梁漢璋：人名。應州（今山西應縣）人。五代後唐、後晋將領。傳見本書卷九五。符彦卿：人名。陳州宛丘（今河南淮陽縣）人。後周、宋初將領。周世宗宣懿皇后、宋太宗懿德皇后，皆符彦卿女。傳見《宋史》卷二五一。　荆州：州名。治所在今湖北江陵縣。　詔符彦卿屯荆州口：《舊五代史考異》："案《宋史·符彦卿傳》：再出河朔，彦卿不與，易其行伍，配以羸師數千戍荆州口。"見《宋史》卷二五一《符彦卿傳》。

［3］同州：州名。治所在今陝西大荔縣。

［4］王涓：人名。籍貫不詳。五代官員。事見本書本卷。　刑部員外郎王涓賜私家自盡：中華書局本有校勘記："'郎'字原闕，據殿本補。'王涓'，殿本作'王洧'。"　坐私用官錢經營求利故也：中華書局本有校勘記："'故'字原闕，據殿本、劉本補。"

［5］右司郎中：官名。尚書右丞副貳，協掌尚書都省事務，監管兵、刑、工部諸司政務，舉稽違，署符目，知直宿，位在諸司郎中上。從五品上。　李知損：人名。大梁（今河南開封市北）人。五代十國官員。傳見本書卷一三一。　均州：州名。治所在今湖北丹江口市。　判官：官名。爲長官的佐吏，協理政事，或備差遣。　解縣：縣名。治所在今山西運城市解州鎮。　榷鹽使：官名。唐德宗時置，掌安邑、解縣兩鹽池事務。詳見齊濤《論唐代榷鹽制度》，《山東大學學報》1989 年第 4 期。　王景遇：人名。籍貫不詳。五代官員。事見本書本卷及卷一三一。

［6］安審琦：人名。沙陀部人。五代將領。歷仕後唐、後晋、後漢、後周。傳見本書卷一二三。　趙在禮：人名。涿州（今河北涿州市）人。五代後唐、後晋將領。傳見本書卷九〇、《新五代史》卷四六。　晋昌軍：方鎮名。治所在京兆府（今陝西西安市）。

［7］史威：人名。按史威本名史匡威，避周太祖諱改爲史匡懿，宋人復諱作史懿。事見本書本卷、卷一〇〇。

［8］太僕少卿：官名。北魏始置。太僕卿副貳，太僕寺次官。佐太僕卿掌車馬及牲畜之政令。從四品上。　楊延壽：人名。籍貫不詳。五代官員。事見本書本卷及卷七九。　威州：州名。後晋天福四年（939）置，治所在今甘肅環縣。

二月壬戌朔，日有蝕之。詔滑州皇甫遇率兵援糧入易、定等州。[1]甲子，以滄州留後王景爲本州節度使。[2]右僕射和凝逐月别給錢五萬、傔糧芻粟等，優舊相也。

辛未，魯國大長公主史氏薨，輟朝三日。丙子，光禄卿致仕王弘贇卒，贈太常卿。[3]迴鶻遣使貢方物。[4]升桂州全義縣爲溥州，仍隸桂州，其全義縣改爲德昌縣，從湖南馬希範所請也。[5]壬午，以前晋昌軍節度使安彦威充北面行營副都統，以宣徽北院使兼太府卿孟承誨爲右武衛大將軍充職。[6]是日，幸南莊，命臣僚泛舟飲酒，因幸杜威園，醉方歸内。甲申，河陽節度使李從温薨，輟朝，贈太師。[7]

[1]滑州：州名。治所在今河南滑縣。　皇甫遇：人名。常山（今河北正定縣）人。五代後唐、後晋將領。傳見本書卷九五、《新五代史》卷四七。　易州：州名。治所在今河北易縣。

[2]王景：人名。萊州掖縣（今山東萊州市）人。五代、宋初將領。傳見《宋史》卷二五二。

[3]王弘贇：人名。籍貫不詳。五代藩鎮軍閥。傳見本書附録、《新五代史》卷四八。　太常卿：官名。西漢置太常，南朝梁始置太常卿。太常寺長官。掌宗廟祭祀禮樂及教育等。正三品。

[4]迴鶻：古部族名。原係突厥鐵勒部的一支。唐天寶三載（744）建立回鶻汗國，9世紀中葉，回鶻汗國瓦解。其中一支爲甘州回鶻。11世紀初，甘州回鶻爲西夏所滅。參見楊蕤《回鶻時代——10—13世紀陸上絲綢之路貿易研究》，中國社會科學出版社2015年版。

[5]桂州：州名。治所在今廣西桂林市。　全義縣：縣名。治所在今廣西興安縣。　溥州：州名。治所在今廣西興安縣。　馬希範：人名。許州鄢陵（今河南鄢陵縣）人，一説扶溝（今河南扶溝縣）人。五代十國南楚國主馬殷子。後唐明宗長興三年（932）至後晋開運四年（947）在位。傳見本書卷一三三、《新五代史》卷六六。

［6］安彦威：人名。崞縣（今山西原平市）人。五代後唐、後晋將領。傳見本書卷九一、《新五代史》卷四七。　行營副都統：官名。唐末設諸道行營都統、副都統，作爲各道出征兵士的正、副統帥。　太府卿：官名。南朝梁始置。太府寺長官。掌國家財帛庫藏出納、關市税收等務。從三品。　右武衛大將軍：官名。唐置，掌宫禁宿衛。唐代十六衛之一。正三品。

［7］南莊：地名。其地不詳，疑位於開封城外。

三月壬辰朔，以權知河西節度事張遵古爲河西留後。[1]乙未，以御史中丞顔衎爲户部侍郎，以户部侍郎趙遠爲御史中丞。丙申，以邠州節度使兼侍衛步軍都指揮使馮暉爲河陽節度使，以前涇州節度使李德珫爲邠州節度使。[2]李守貞奏，大軍至衡水。[3]己亥，奏獲鄚州刺史趙思恭。[4]癸卯，奏大軍迴至冀州。[5]户部侍郎顔衎上表，以母老乞解官就養，從之。戊申，以皇子齊州防禦使延煦爲澶州節度使。[6]辛亥，密州上言，飢民殍者一千五百。庚申，以瓜州刺史曹元忠爲沙州留後。[7]

［1］河西：方鎮名。治所在凉州（今甘肅武威市）。　張遵古：人名。籍貫不詳。五代藩鎮軍閥。事見本書本卷。

［2］李德珫：人名。應州金城（今山西應縣）人。後唐、後晋大臣。傳見本書卷九〇。

［3］衡水：縣名。治所在今河北衡水市。

［4］鄚州：州名。治所在今河北任丘市鄚州鎮。中華書局本有校勘記：“‘鄚州’，原作‘鄭州’，據殿本、劉本、本書卷一〇九《李守貞傳》改。”《輯本舊史》卷一〇九《李守貞傳》，“思恭”作“思英”。　趙思恭：人名。籍貫不詳。五代地方官員。事見本

書本卷。

[5]冀州：州名。治所在今河北衡水市冀州區。

[6]延煦：人名。即石延煦。後晋出帝之子。傳見《新五代史》卷一七。

[7]密州：州名。治所在今山東諸城市。　瓜州：州名。治所在今甘肅瓜州縣。　曹元忠：人名。沙州（今甘肅敦煌市西）人。曹議金第三子，元德、元深之弟。五代時期歸義軍節度使。事見敦煌文書 P. 3388、S. 4398、S. 2687、P. 3879。參見榮新江《歸義軍史研究——唐宋時代敦煌歷史考索》，上海古籍出版社 2015 年版。　沙州：州名。治所在今甘肅敦煌市。

夏四月辛酉朔，李守貞自北班師到闕。[1]太原奏，吐渾白可久奔歸契丹，諸侯咸有異志。[2]乙亥，宰臣詣寺觀禱雨。[3]曹州奏，部民相次餓死凡三千人。時河南、河北大飢，殍殕甚衆，沂、密、兖、鄆寇盜羣起，所在屯聚，剽劫縣邑，吏不能禁。[4]兖州節度使安審琦出兵捕逐，爲賊所敗。戊寅，幸相國寺禱雨。皇子延煦與晋昌軍節度使趙在禮結婚，命宗正卿石光贊主之。[5]

[1]李守貞自北班師到闕：中華書局本有校勘記："'闕'原作'關'，據殿本、劉本、邵本校改。"

[2]吐渾：部族名。吐谷渾的省稱。源出鮮卑，後游牧於今甘肅、青海一帶。參見周偉洲《吐谷渾資料輯録》（修訂本），商務印書館 2017 年版。　白可久：人名。吐渾使者。事見《新五代史》卷七四。

[3]乙亥：中華書局本有校勘記："原作'乙未'，據殿本改。按是月辛酉朔，無乙未，乙亥爲十五日。影庫本粘籤：'乙未，以

《長曆》推之，當作“乙亥”，今無别本可校，姑仍其舊。’”《册府》卷一四五《帝王部·弭災門三》亦載此事，但宋本作“四月乙未”，明本作“四月己未”，均誤。

[4]沂：州名。治所在今山東臨沂市。

[5]宗正卿：官名。秦始置宗正，南朝梁始有宗正卿之官。由宗室充任。掌皇族外戚屬籍。正三品。　石光贊：人名。籍貫不詳。歷任滑州節度判官、宗正卿、太子賓客。事見本書卷七六及卷一一四。

皇子延煦與晋昌軍節度使趙在禮結婚：《舊五代史考異》：“案：皇子延煦娶趙在禮女，《通鑑》作三月庚申，與《薛史》作四月戊寅異。”見《通鑑》卷二八五，三月庚申爲二十九日。

五月庚寅朔，以兵部郎中劉皞爲太府卿。[1]戊戌，以前同州節度使馮道爲鄧州節度使。[2]定州奏，部民相次擄殺流移，約五千餘户。青州奏，全家殍死者一百一十二户。沂州奏，淮南遣海州刺史領兵一千五百人，應接賊頭常知及，詔兖州安審琦領兵捕逐。[3]甲辰，以前太子賓客韋勳爲太子賓客。[4]兖州安審琦奏，淮賊抽退，賊頭常知及與其次首領武約等並乞歸命。[5]丁未，幸大年莊，游船習射。[6]帝醉甚，賜羣官器帛有差，夜分方歸内。[7]戊申，以鄜州留後李殷爲定州節度使。[8]辛亥，詔皇甫遇爲北面行營都部署，張彦澤爲副，李殷爲都監，領兵赴易、定等州，尋止其行。[9]甲寅，以貝州留後梁漢璋爲貝州節度使，以左神武統軍郭謹爲鄜州節度使。

[1]兵部郎中：官名。唐高祖改兵曹郎置，員二人，一掌武官階品、衛府名數、校考、給告身之事；一掌軍籍、軍隊調遣名數、

朝集、録賜、告假等事。高宗、武則天、玄宗時，一度隨本部改名司戎大夫、夏官郎中、武部郎中。五代因之。從五品上。　劉皡：人名。籍貫不詳。五代官員。事見本書本卷。

［2］馮道：人名。瀛州景城（今河北滄縣）人。五代時官拜宰相，歷仕後唐、後晋、後漢、後周，亦曾臣服於契丹。傳見本書卷一二六、《新五代史》卷五四。

［3］海州：州名。治所在今江蘇連雲港市海州區。　常知及：人名。籍貫不詳。五代地方武裝頭領。事見本書本卷。

［4］韋勳：人名。籍貫不詳。五代後唐、後晋官員。事見本書本卷、《遼史》卷四。

［5］武約：人名。籍貫不詳。五代地方武裝頭領。事見本書本卷。

［6］丁未：中華書局本有校勘記："原作'辛未'，據殿本、孔本、《册府》卷一一四改。按是月庚寅朔，無辛未，丁未爲十八日。影庫本粘籤：'辛未，以《長曆》推之，當作"丁未"，今無别本可校，姑仍其舊。'"又，明本《册府》卷一一一《帝王部·宴享門》記作"五年辛未"，明本《册府》卷一一四《帝王部·巡幸門三》記作"四月丁未"，一誤年，一誤月。　大年莊：地名。今地不詳，疑位於開封城外。

［7］賜羣官器帛有差：中華書局本有校勘記："'有'，原作'過'，據殿本、劉本、《册府》卷一一四改。"

［8］李殷：人名。薊州（治今天津薊州區）人。後唐、後晋將領。傳見本書卷一〇六。

［9］行營都部署：官名。凡行軍征討，掛帥率軍戰鬥，總管行營事務。　都監：官名。唐代中葉命將出征，常以宦官爲監軍、都監。後爲臨時委任的統兵官，稱都監、兵馬都監。掌屯戍、邊防、訓練之政令。

六月庚申朔，登州奏，文登縣部内有銅佛像四、瓷佛像十，自地踴出。[1]狼山招收指揮使孫方簡叛，據狼山歸契丹。[2]乙丑，詔諸道不得横薦官僚，如本處幕府有闕，即得奏薦。丙寅，以前昭義軍節度使李從敏爲河陽節度使，以河陽節度使兼侍衛步軍都指揮使馮暉爲靈州節度使。[3]壬午，以鄆州節度使兼侍衛親軍都指揮使高行周爲宋州節度使，加兼中書令，充北面行營副都統；以宋州節度使、侍衛親軍副都指揮使李守貞爲鄆州節度使充侍衛親軍都指揮使。[4]定州奏，蕃寇壓境。詔李守貞爲北面行營都部署，滑州皇甫遇爲副，相州張彦澤充馬軍都指揮使，定州李殷充步軍都指揮使。

[1]登州：州名。治所在今山東蓬萊市。　文登縣：縣名。治所在今山東威海市文登區。

[2]狼山：地名。位於今河北易縣。　孫方簡：人名。籍貫不詳。五代藩鎮官員。事見本書本卷及卷八三、卷一〇一。　狼山招收指揮使孫方簡叛，據狼山歸契丹：《舊五代史考異》："案《遼史》：五月庚戌，晋易州戍將孫方簡請内附。蓋方簡歸契丹自在五月，至六月晋人始奏聞也。《歐陽史》從《薛史》作六月。"見《新五代史》卷九《晋出帝紀》開運三年（946）六月條、《遼史》卷四《太宗紀下》會同九年（946）五月庚戌條。

[3]李從敏：人名。後唐明宗之侄。傳見本書卷一二三、《新五代史》卷一五。

[4]高行周：人名。嬀州懷戎（今河北懷來縣）人。五代後唐至後周將領。傳見本書卷一二三、《新五代史》卷四八。　宋州：州名。治所在今河南商丘市睢陽區。　以宋州節度使、侍衛親軍副都指揮使李守貞爲鄆州節度使充侍衛親軍都指揮使：中華書局本沿

《輯本舊史》無“李守貞”以下十八字，其下有《輯本舊史》之案語：“以下原本有闕文。”中華書局本有校勘記：“‘副’字原闕，據本書卷八三《晉少帝紀三》及本卷上文補。按本書卷八三《晉少帝紀三》：‘（開運二年四月）兗州節度使兼侍衛都虞候李守貞移鎮宋州，加檢校太師、兼侍衛親軍副都指揮使。’本卷下文：‘秋九月壬辰，鄆州節度使、侍衛親軍都指揮使李守貞加兼侍中。’張其凡《五代禁軍初探》謂此處疑闕‘李守貞爲鄆州節度使充侍衛親軍都指揮使’十八字。”但未補，今補。

秋七月壬辰，[1]以禮部尚書王延爲刑部尚書，以工部尚書王松爲禮部尚書，以太常卿龍敏爲工部尚書，以左丞李愼儀爲太常卿，以吏部侍郎張昭遠爲左丞，以右丞李詳爲吏部侍郎，以前義州刺史李玘爲右丞。[2]前晋昌軍節度使安彦威薨，輟朝，贈太師。[3]丙申，兩浙節度使、吴越國王錢弘佐加守太師，北京留守、河東節度使、北平王劉知遠加守太尉。[4]滄州奏，蕃寇攻饒安縣。楊劉口河決西岸，水闊四十里。[5]以前鄧州節度使劉景巖爲太子太師致仕。辛亥，宋州穀熟縣河水雨水一概東流，漂没秋稼。[6]丁巳，大理卿李專美卒。戊午，詔僞清泰朝經削奪官爵朱弘昭、馮贇、康義誠、王思同、藥彦稠等，並復其官爵。[7]自夏初至是，河南、河北諸州郡餓死者數萬人，羣盜蜂起，剽略縣鎮，霖雨不止，川澤泛漲，損害秋稼。

[1]秋七月壬辰：《輯本舊史》中“秋”字原在下文“九月壬辰”之上，中華書局本沿之，今據正史本紀四時記載之規則移於此處。

[2]王延：人名。鄚州長豐（今河北文安縣南）人。五代大臣，歷仕五代各朝。傳見本書卷一三一、《新五代史》卷五七。　李詳：人名。籍貫不詳。五代後唐至後周官員，歷任左補闕、中書舍人、尚書右丞、吏部侍郎。事見本書本卷、卷四二、卷五五、卷七七、卷一一一。　義州：州名。治所在今河南信陽市。　李玘：人名。籍貫不詳。五代官員。事見本書本卷。

[3]太師：官名。與太傅、太保並爲三師。唐後期、五代多爲大臣、勳貴加官。正一品。

[4]劉知遠：人名。沙陀部人，後世居於太原。五代後唐、後晉將領，後漢高祖。紀見本書卷九九至卷一〇〇、《新五代史》卷一〇。

[5]饒安縣：縣名。治所在今河北孟村回族自治縣。　楊劉口：地名。位於今山東菏澤市。

[6]穀熟縣：縣名。治所在今河南虞城縣。

[7]清泰：五代後唐廢帝李從珂年號（934—936）。　朱弘昭：人名。太原（今山西太原市）人。後唐明宗朝樞密使、宰相。傳見本書卷六六、《新五代史》卷二七。　馮贇：人名。太原（今山西太原市）人。五代後唐明宗朝宰相、三司使。傳見本書附録、《新五代史》卷二七。　康義誠：人名。沙陀部人。五代後唐將領。傳見本書卷六六、《新五代史》卷二七。　王思同：人名。幽州（今北京市）人。後唐將領。傳見本書卷六五、《新五代史》卷三三。　藥彦稠：人名。沙陀部人。五代後唐將領。傳見本書卷六六、《新五代史》卷二七。

八月己未朔，以左諫議大夫裴羽爲給事中。[1]庚申，李守貞、皇甫遇駐軍定州。辛酉，幸南莊，召從臣宴樂，至暮還宮。詔潞州運糧十三萬赴恒州。癸亥，以右散騎常侍張煦爲青州刺史。[2]李守貞奏，大軍至望都縣，相次至長城北，遇虜寇千餘騎，[3]轉鬭四十里，斬蕃將解里相公。[4]丁卯，詔班師。庚午，以前亳州防禦使邊蔚爲户部侍郎；以刑部侍郎李式爲户部侍郎，充三司副使；以禮部侍郎盧價爲刑部侍郎；以樞密直學士、左散騎常侍邊光範爲禮部侍郎充職。[5]辛未，以右龍武統軍周密爲延州節度使。[6]癸酉，河東節度使劉知遠奏，誅吐渾大首領白承福、白鐵匱、赫連海龍等，并夷其族凡四百口，蓋利其孳畜財寶也，人皆冤之。[7]甲戌，以大理少卿劇可久爲大理卿。[8]棣州刺史慕容彦超削奪在身官爵，房州安置，坐前任濮州擅出省倉麥及私賣官麴，準法處死，太原節度使劉知遠上表救之，故貸其死。[9]丙戌，靈州馮暉奏，與威州刺史藥元福於威州土橋西一百里遇吐蕃七千餘人，大破之，斬首千餘級。[10]是月，秦州雨，兩旬不止；鄴都雨水一丈；洛京、鄭州、貝州大水。鄴都夏津臨清兩縣，餓死民凡三千三百。盗入臨濮、費縣。[11]

[1]裴羽：人名。河東聞喜（今山西聞喜縣）人。五代官員。傳見本書卷一二八、《新五代史》卷五七。

[2]張煦：人名。籍貫不詳。後周時擔任散騎常侍、刑部尚書、兵部尚書等職。事見本書卷一一一至一一三、卷一一四。　青州：州名。治所在今山東青州市。

[3]望都縣：縣名。治所在今河北望都縣。　虜寇：《輯本舊史》作“敵”乃忌清諱改，中華書局本沿之。據明本《册府》卷四三五《將帥部·獻捷門二》開運三年（946）八月條、《宋本册府》卷九八七《外臣部·征討門六》開運三年八月條回改。又，

《通鑑》卷二八五八月條胡注引《薛史》作“李守貞奏大軍至望都縣，相次至長城北，遇虜轉鬬”。

[4]斬藩將解里相公：中華書局本有校勘記：“‘解里’，原作‘嘉哩’，注云：‘舊作“解里”，今改正。’按此係輯録《舊五代史》時所改，今恢復原文。”明本《册府》卷四三五、《宋本册府》卷九八七均作“解里”。

[5]亳州：州名。治所在今安徽亳州市。　樞密直學士：官名。五代後唐莊宗同光元年（923），改直崇政院置，選有政術、文學者充任。備顧問應對。　邊光範：人名。并州陽曲（今山西太原市）人。歷仕五代後唐、後晋至宋代。傳見《宋史》卷二六二。　以樞密直學士、左散騎常侍邊光範爲禮部侍郎充職：《舊五代史考異》：“案《宋史·邊光範傳》：少帝以光範藩邸舊僚，待遇尤厚。因遊宴，見光範位翰林學士下，即日拜尚書禮部侍郎、知制誥，充翰林學士，仍直樞密院。”見《宋史》卷二六二《邊光範傳》。

[6]右龍武統軍：官名。唐代右龍武軍統兵官。從二品。右龍武軍爲“北衙六軍”之一。　周密：人名。應州神武川（今山西山陰縣）人。五代將領。傳見本書卷一二四。

[7]白承福：人名。五代時代北吐谷渾首領。吐谷渾族。後唐同光元年（923），被莊宗任爲寧朔、奉化兩府都督，賜姓名爲李紹魯。事見《新五代史》卷七四《四夷附録·吐渾》。　白鐵匱：人名。白承福麾下將領。事見本書本卷及《新五代史》卷七四。　赫連海龍：人名。白承福麾下將領。事見本書本卷及《新五代史》卷七四。

[8]大理少卿：官名。爲大理寺的副長官。協助大理卿負責本寺的具體事務。從四品上。　劇可久：人名。涿州范陽（今河北涿州市）人。五代、宋初大臣，以司法才干著稱。傳見《宋史》卷二七〇。

[9]棣州：州名。治所在今山東惠民縣。　慕容彦超：人名。沙陀部人（一説“吐谷渾部人”）。五代後漢將領，後漢高祖劉知遠同母弟。傳見本書卷一三〇、《新五代史》卷五三。　房州：州

名。治所在今湖北房縣。　濮州：州名。治所在今山東鄄城縣。

[10]藥元福：人名。晋陽（今山西太原市）人。五代後唐至宋初將領。傳見《宋史》卷二五四。《輯本舊史》之影庫本粘籤："藥元福，原本作'元補'，今從《錦繡萬花谷》所引《薛史》改正。"見《錦繡萬花谷·前集》卷一五。又，明本《册府》卷四三五、《通鑑》卷二八五均作"元福"。《宋史》卷二五四有《藥元福傳》，詳載開運年間與契丹戰鬥事及元福與馮暉於威州土橋西一百里與吐蕃接戰事。

[11]夏津：縣名。治所在今山東夏津縣。　臨濮：縣名。治所在今山東鄄城縣。　費縣：縣名。治所在今山東費縣。

九月壬辰，[1]鄆州節度使、侍衛親軍都指揮使李守貞加兼侍中，滑州節度使皇甫遇進封邠國公，相州節度使張彦澤加檢校太尉。[2]甲午，以權知威武軍節度使李弘達爲檢校太尉、同平章事，充福建節度使，知閩國事。[3]乙未，前商州刺史李俊賜自盡，坐與親妹姦及行劍斫殺女使，又殺部曲孫漢榮，强姦其妻，準法棄市，詔賜死於家。[4]己亥，張彦澤奏，破蕃賊於定州界，[5]斬首二千餘級，追襲百餘里，生擒蕃將四人，摘得金耳環二副進呈。[6]癸卯，太原奏，破契丹於陽武谷，殺七千餘人。[7]甲辰，以天策上將軍、江南諸道都統、楚王馬希範兼諸道兵馬都元帥。詔開封府，以霖雨不止，應京城公私僦舍錢放一月。乙巳，詔安審琦率兵赴鄴都、皇甫遇赴相州。丙午，以太子少保楊凝式爲太子少傅，以刑部尚書王延爲太子少保，前潁州團練使竇貞固爲刑部尚書。[8]是月，河南、河北、關西諸州奏，大水霖雨不止，溝河泛溢，水入城郭及損害秋稼。[9]是月，契丹瀛州刺史劉延祚，詐爲書與樂壽監軍王巒，願以本城歸順，且言城中蕃軍不滿千人，請朝廷發軍襲取之，己爲內應。[10]又云："今秋苦雨，川澤漲溢，自瓦橋已北，水勢無際。戎王已歸本國，若聞南夏有變，地遠阻水，雖欲奔命，無能及也。"又巒繼有密奏，苦言瀛、鄚可取之狀。先是，前歲中車駕駐於河上，曾遣邊將遺書於幽州趙延壽，勸令歸國，延壽尋有報命，依違而已。是歲三月，復遣鄴都杜威致書於延壽，且述朝旨，啖以厚利，仍遣洺州軍將趙行實齎書而往，潛申款密。[11]行實曾事延壽，故遣之。[12]七月，行實自燕迴，得延壽書，且言："久陷虜廷，[13]願歸中國，乞發大軍應接，即拔身南去。"敘致懇切，辭旨綿密，時朝廷欣然信之，復遣趙行實計會延壽大軍應接之所。又有瀛州大將遣所親齎蠟書至闕下，[14]告云欲謀翻變，以本城歸命。未幾，會彼有告變者，事不果就。至是，瀛州守將劉延祚受戎王之命，詐輸誠款，以誘我軍，國家深以爲信，遂有出師之議。《永樂大典》卷一萬五千六百四十九。[15]

[1]九月壬辰：原作"秋九月壬辰"，因前文七月壬辰條已補"秋"，據本紀四時之記載規則刪去"秋"字。

[2]檢校太尉：官名。爲散官或加官，以示恩寵加此官，無實際執掌。太尉，與司徒、司空並爲三公。

[3]威武軍：方鎮名。治所在福州（今福建福州市）。　李弘達：人名。籍貫不詳。五代藩鎮軍閥、大臣。事見本書本卷。

[4]李俊：人名。籍貫不詳。五代地方官員。事見本書本卷。

孫漢榮：人名。籍貫不詳。五代後唐時人。事見本書本卷。　詔賜死於家：中華書局本有校勘記："'賜'字原闕，據殿本、劉本、孔本、本書卷八八《李重俊傳》補。"

［5］己亥，張彥澤奏，破蕃賊於定州界：《舊五代史考異》："案：《歐陽史》作辛丑，張彥澤及契丹戰于新興，敗之。"見《新五代史》卷九《晋出帝紀》開運三年（946）九月辛丑條。該月戊子朔，己亥爲十二日，辛丑爲十四日。

［6］"斬首二千餘級"至"摘得金耳環二副進呈"：中華書局本引孔本："案《遼史》云：八月，趙延壽與晋張彥澤戰於定州，敗之。與《薛史》異。《通鑑》作張彥澤奏，敗契丹於定州北，又敗之於泰州，斬首二千級。與《薛史》符合。"見《通鑑》卷二八五開運三年九月甲午條、《遼史》卷四《太宗紀下》會同九年（即晋開運三年）九月條載"趙延壽與晋張彥澤戰于定州，敗之。"

［7］陽武谷：地名。位於今河南原陽縣。　破契丹於陽武谷：中華書局本有校勘記："'於'字原闕，據殿本、孔本、《册府》卷四三五補。'陽'，原作'楊'，據本書卷九九《漢高祖紀上》、《通鑑》卷二八〇《考異》引《薛史》、《册府》卷四三五改。'谷'，原作'穀'，據殿本、劉本、孔本、本書卷九九《漢高祖紀上》、《通鑑》卷二八〇《考異》引《薛史》、《册府》卷四三五改。"見《輯本舊史》卷九九《漢高祖紀上》開運三年九月條、明本《册府》卷四三五《將帥部·獻捷門二》開運三年八月癸卯條、《通鑑》卷二八〇天福元年（936）九月條《考異》引《薛史》。

［8］楊凝式：人名。華陰（今陝西渭南）人。五代大臣。傳見本書卷一二八。　太子少傅：官名。與太子少保、太子少師合稱"三少"，唐後期、五代多爲大臣、勳貴加官。從二品。　太子少保：官名。與太子少傅、太子少師合稱"三少"，唐後期、五代多爲大臣、勳貴加官。從二品。　潁州：州名。治所在今安徽阜陽市。　團練使：官名。唐代中期以後，於不設節度使的地區設團練使。掌本區各州軍事。

［9］溝河泛溢：中華書局本有校勘記："'泛溢'，原作'泛濫'，據殿本、劉本、孔本、邵本改。"

［10］瀛州：州名。治所在今河北河間市。　劉延祚：人名。深州（今河北深州市）人。劉守文之子。事見《新五代史》卷三九。　樂壽：縣名。治所在今河北獻縣。　監軍：官名。爲臨時差遣，代表朝廷協理軍務，督察將帥。五代時常以宦官爲監軍。中華書局本有校勘記："原作'將軍'，據本書卷一三七《契丹傳》、《通曆》卷一四、《册府》卷九九八、《通鑑》卷二八五改。劉本作'軍監'。"見《宋本册府》卷九九八《外臣部·姦詐門》、《通鑑》卷二八五開運三年九月丙辰條。　王巒：人名。籍貫不詳。王弘贄之子。事見本書卷四五。　契丹瀛州刺史劉延祚，詐爲書與樂壽監軍王巒，願以本城歸順：《舊五代史考異》："案：瀛州刺史下疑脱'劉延祚'三字。《通鑑考異》云：《歐陽史》作高牟翰。案《陷蕃記》前云'延祚詐輸誠款'，後云'大軍至瀛州，偵知蕃將高牟翰潛師而出'，蓋延祚爲刺史，牟翰乃戍將耳。"見《新五代史》卷七二《契丹傳》、《通鑑》卷二八五開運三年九月條。據上述諸書，補"劉延祚"三字。

［11］鄚：州名。治所在今河北任丘市。　洺州：州名。治所在今河北邯鄲市永年區。　軍將：即都將。官名。唐、五代時節度使屬將。　趙行實：人名。籍貫不詳。五代軍官。事見本書本卷。

［12］"是歲三月"至"故遣之"：中華書局本引孔本："案：《遼史》作晉主遣延壽族人趙延實以書來招。"見《遼史》卷七六《趙延壽傳》。然，孔本誤"趙行實"作"趙延實"。又可見《册府》卷九九八。

［13］久陷虜廷：中華書局本沿輯本舊史作"邊廷"，此乃《輯本舊史》忌清諱所改，據《宋本册府》卷九九八回改。

［14］又有瀛州大將遣所親齎蠟書至闕下：中華書局本有校勘記："'又'字原闕，據《册府》卷九九八補。"

［15］《大典》卷一五六四九"晋"字韻"五代後晋出帝（一）"事目。

舊五代史　卷八五

晋書十一

少帝紀第五

開運三年冬十月甲子，正衙命使册皇太妃安氏。[1]乙丑，以樞密直學士、禮部侍郎邊光範爲翰林學士，以給事中邊歸讜爲左散騎常侍，以翰林學士、祠部員外郎、知制誥張沆爲右諫議大夫。[2]辛未，以鄴都留守杜威爲北面行營都招討使，[3]以侍衛親軍都指揮使、鄆州節度使李守貞爲兵馬都監，兖州安審琦爲左右廂都指揮使，徐州符彦卿爲馬軍左廂都指揮使，[4]滑州皇甫遇爲馬軍右廂都指揮使，貝州梁漢璋爲馬軍都排陣使，[5]前鄧州節度使宋彦筠爲步軍左廂都指揮使，[6]奉國左廂都指揮使王饒爲步軍右廂都指揮使，洺州團練使薛懷讓爲先鋒都指揮使。[7]癸酉，册吴國夫人馮氏爲皇后。乙亥，以侍衛馬軍都指揮使李彦韜權知侍衛司事。[8]丙戌，鳳翔節度使、秦王李從曮薨，輟朝，贈尚書令。[9]丁亥，邠州節度使李德珫卒，輟朝，贈太尉。[10]

［1］開運：後晉出帝石重貴年號（944—946）。

［2］樞密直學士：官名。五代後唐莊宗同光元年（923），改直崇政院置，選有政術、文學者充任。備顧問應對。　禮部侍郎：官名。尚書省禮部次官。協助禮部尚書掌禮儀、祭享、貢舉之政。正四品下。　邊光範：人名。并州陽曲（今山西太原市）人。歷仕五代後唐、後晉至宋代。傳見《宋史》卷二六二。　翰林學士：官名。由南北朝始設之學士發展而來，唐玄宗改翰林供奉爲翰林學士，備顧問，代王言。掌拜免將相、號令征伐等詔令的起草。　給事中：官名。秦始置。隋唐以來，爲門下省屬官。掌讀署奏抄、駁正違失。正五品上。　邊歸讜：人名。幽州薊（今天津市薊州區）人。傳見《宋史》卷二六二。　左散騎常侍：官名。門下省屬官。掌侍奉規諷，備顧問應對。正三品下。　祠部員外郎：官名。隋唐時始置，與祠部郎中同掌祭祀、占卜、天文、漏刻、國忌、廟諱、醫藥、僧尼簿籍等事。從六品上。　知制誥：官名。掌起草皇帝的詔、誥之事，原爲中書舍人之職。唐開元末置學士院，翰林學士入院一年，則加知制誥銜，專掌任免宰相、册立太子、宣布征伐等特殊詔令，稱爲内制。而中書舍人所撰擬的詔敕稱爲外制。兩種官員總稱兩制官。　張沆：人名。徐州（今江蘇徐州市）人。五代官員。傳見本書卷一三一。　右諫議大夫：官名。隸中書省。唐代置左、右諫議大夫各四人，分隸門下省、中書省。掌諫諭得失，侍從贊相。正四品下。

［3］鄴都：地名。治所在今河北大名縣。五代後唐同光元年，改魏州爲興唐府，建號東京。三年改東京爲鄴都。　留守：官名。皇帝出巡或親征時指定親王或大臣留守京城，綜理軍事、行政、民事、財政等事務，稱京城留守。在陪都或軍事重鎮也常設留守，以地方長官兼任。　杜威：人名。即杜重威，避後晉出帝石重貴諱稱杜威。其先朔州（今山西朔州市朔城區）人，後徙居太原。五代後晉、後漢將領。傳見本書卷一〇九、《新五代史》卷五二。　都招討使：官名。唐始置。戰時任命，兵罷則省。常以大臣、將帥或地

方軍政長官兼任。掌招撫討伐等事務。　以鄴都留守杜威爲北面行營都招討使：《舊五代史考異》："案：《通鑑》載當時敕牓曰：先取瀛、鄚，安定關南；次復幽、燕，盪平塞北。蓋狃於陽城之役而驟驕也。"見《通鑑》卷二八五開運三年（946）十月辛未條。

［4］侍衛親軍都指揮使：官名。五代時侍衛親軍長官。多爲皇帝親信。　鄆州：州名。治所在今山東東平縣。　節度使：官名。唐時在重要地區所設掌握一州或數州軍、民、財政的長官。　李守貞：人名。河陽（今河南孟州市）人。五代將領。傳見本書卷一〇九、《新五代史》卷五二。　兵馬都監：官名。唐代中葉命將出征，常以宦官爲監軍、都監。後爲臨時委任的統兵官，稱都監、兵馬都監。掌屯戍、邊防、訓練之政令。　兗州：州名。治所在今山東濟寧市兗州區。　安審琦：人名。沙陀部人。五代將領。歷仕後唐、後晋、後漢、後周。傳見本書卷一二三。　徐州：州名。治所在今江蘇徐州市。　符彦卿：人名。陳州宛丘（今河南淮陽縣）人。後周、宋初將領。周世宗宣懿皇后、宋太宗懿德皇后，皆符彦卿女。傳見《宋史》卷二五一。　馬軍左厢都指揮使：官名。所部統兵將領。馬軍左厢爲部隊番號。

［5］滑州：州名。治所在今河南滑縣。　皇甫遇：人名。常山（今河北正定縣）人。五代後唐、後晋將領。傳見本書卷九五、《新五代史》卷四七。　貝州：州名。治所在今河北清河縣。　梁漢璋：人名。應州（今山西應縣）人。五代後唐、後晋將領。傳見本書卷九五。　馬軍都排陣使：官名。唐節度使所屬武官中有排陣使，五代後梁以後設於諸軍，爲先鋒之職。參見王軼英《中國古代排陣使述論》，《西北大學學報》2010年第6期。

［6］鄧州：州名。治所在今河南鄧州市。　宋彦筠：人名。雍丘（今河南杞縣）人。五代後唐、後周將領。傳見本書卷一二三。　步軍左厢都指揮使：官名。所部統兵將領。步軍左厢爲部隊番號。　前鄧州節度使宋彦筠爲步軍左厢都指揮使：中華書局本沿《輯本舊史》作"前鄧州宋彦筠爲步軍左厢都指揮使"，"前鄧州"

後，有《輯本舊史》之案語："原本有闕文。"《輯本舊史》卷八一《晉少帝紀一》天福七年（942）九月己丑，"以前同州節度使、襄州行營副部署宋彥筠爲鄧州威勝軍節度使，加檢校太尉"；卷八二《晉少帝紀二》天福八年，"十一月丁丑，以鄧州節度使宋彥筠爲晉州節度使"；卷八四《晉少帝紀四》開運二年夏五月戊戌"陝州節度使宋彥筠移鎮鄧州"；卷一二三《宋彥筠傳》："晉初，自汝州防禦使討安從進于襄陽，以功拜鄧州節度使，累官至檢校太尉。未幾，歷晉、陝二鎮。晉少帝嗣位，再領鄧州，尋移鎮河中。"今據上述諸條在"鄧州"後補入"節度使"三字。

[7]奉國左廂都指揮使：官名。所部統兵將領。奉國左廂爲部隊番號。　王饒：人名。慶州華池（今甘肅華池縣）人。五代大臣。傳見本書卷一二五。　步軍右廂都指揮使：官名。所部統兵將領。步軍右廂爲部隊番號。　洺州：州名。治所在今河北邯鄲市永年區。　團練使：官名。唐代中期以後，於不設節度使的地區設團練使，掌本區各州軍政。　薛懷讓：人名。祖先爲戎人，徙居太原（今山西太原市）。五代將領。傳見《宋史》卷二五四。　先鋒都指揮使：官名。先鋒，即先鋒部隊。都指揮使，爲所部統兵將領。

[8]李彥韜：人名。太原（今山西太原市）人。後晉出帝寵臣，與宦官近臣相勾結，排擠文臣。傳見本書卷八八。　侍衛司：官署名，五代及宋初置。全稱侍衛親軍馬步軍指揮使司，與殿前司分領全國禁軍。

[9]鳳翔：方鎮名。治所在鳳翔府（今陝西鳳翔縣）。　李從曮：人名。深州博野（今河北蠡縣）人。李茂貞長子，唐末、五代軍閥。傳見《舊五代史》卷一三二。　輟朝：又稱廢朝。古代帝王遇親喪或文武大臣病故，停止視朝數日，以示哀悼。　尚書令：官名。秦始置。隋、唐前期爲尚書省長官，與中書令、侍中並爲宰相。因以李世民爲之，後皆不授，唐高宗廢其職。唐後期以李適、郭子儀有功而特授此職，爲大臣榮銜，不參與政務。五代因之。唐時爲正二品，後梁開平三年（909）升爲正一品。

[10]邠州：州名。治所在今陝西彬縣。　李德珫：人名。應州金城（今山西應縣）人。五代大臣、將領。傳見本書卷九〇。　太尉：官名。與司徒、司空並爲三公。正一品。

十一月戊子朔，以給事中盧撰爲右散騎常侍，以尚書兵部郎中兼侍御史知雜事陳觀爲左諫議大夫。[1]觀以祖諱"義"，乞改官，尋授給事中。庚寅，樞密使、中書侍郎兼户部尚書、平章事馮玉加尚書右僕射。[2]以皇子鎮寧軍節度使延煦爲陜州節度使，以陜州留後焦繼勳爲鳳翔留後，以前定州留後安審約爲邠州留後。[3]以右僕射和凝爲左僕射。[4]甲午，兩浙節度使吴越國王錢弘佐起復舊任。[5]丁酉，詔李守貞知幽州行府事。戊申，日南至，御崇元殿受朝賀。[6]是月，北面行營都招討使杜威率諸將領大軍自鄴北征，師次瀛州城下，貝州節度使梁漢璋戰死。[7]杜威等以漢璋之敗，遂收軍而退。行次武强，聞戎王入寇，欲取直路，自冀、貝而南。[8]會張彦澤領騎自鎮、定至，且言契丹可破之狀，於是大軍西趨鎮州。[9]

[1]盧撰：人名。籍貫不詳。五代官員。事見本書本卷及卷八〇、卷一〇二。　兵部郎中：官名。唐高祖改兵曹郎置，員二人，一掌武官階品、衛府名數、校考、給告身之事；一掌軍籍、軍隊調遣名數、朝集、録賜、告假等事。高宗、武則天、玄宗時，一度隨本部改名司戎大夫、夏官郎中、武部郎中。五代因之。從五品上。　侍御史知雜事：官名。唐置，以資深御史充任，總管御史臺庶務。五代沿置。　陳觀：人名。籍貫不詳。五代官員。事見本書本卷及卷一〇九、卷一一二、卷一二九。　左諫議大夫：官名。隸

門下省。唐代置左、右諫議大夫各四人，分隸門下省、中書省。掌諫諭得失、侍從贊相。正四品下。中華書局本有校勘記："'左'，《册府》卷八六三作'右'。"見《宋本册府》卷八六三《總録部·名諱門》陳觀條。

［2］樞密使：官名。樞密院長官，五代時以士人爲之，備顧問，參謀議，出納詔奏，權侔宰相。參見李全德《唐宋變革期樞密院研究》，國家圖書館出版社2009年版。　中書侍郎：官名。中書省副長官。唐後期三省長官漸爲榮銜，中書、門下侍郎却因參議朝政而職位漸重，常常用爲以"同三品"或"同平章事"任宰相者的本官。正三品。　户部尚書：官名。唐代始置，户部最高長官。掌土地、人民、錢穀之政。正三品。　平章事：官名。"同中書門下平章事"之簡稱。唐高宗以後，凡實際任宰相之職者，常在其本官後加同平章事的職銜。後成爲宰相專稱。後晋天福五年（940），升中書門下平章事爲正二品。　馮玉：人名。定州（今河北定州市）人。五代後晋外戚、宰相。傳見本書卷八九、《新五代史》卷五六。　尚書右僕射：官名。秦始置。隋、唐前期，以左、右僕射佐尚書令總理六官，綱紀庶務；如不置尚書令，則總判省事，爲宰相之職。唐後期多爲大臣加銜。從二品。

［3］鎮寧軍：方鎮名。治所在澶州（今河南濮陽市）。　延煦：人名。即石延煦。後晋出帝之子。傳見《新五代史》卷一七。　陝州：州名。治所在今河南三門峽市陝州區。　焦繼勳：人名。許州長社（今河南許昌市）人。五代、宋初將領。傳見《宋史》卷二六一。　定州：州名。治所在今河北定州市。　安審約：人名。籍貫不詳。五代藩鎮將領。事見本書本卷及卷八二、卷八四。"安審約"，中華書局本沿《輯本舊史》作"安審琦"，並有校勘記："本書卷八四《晋少帝紀四》：'（開運二年六月）以前易州刺史安審約爲定州留後。'卷一〇二《漢隱帝紀中》：'（乾祐二年五月）以前邠州節度使安審約爲左神武統軍。'又本卷上文方敘'（十月乙丑）兖州安審琦爲左右厢都指揮使'，疑'安審琦'爲'安審約'之

訛。”又，《輯本舊史》卷八二《晉少帝紀二》開運元年（944）二月壬子條載易州刺史安重約奏戰契丹於北平。卷八三開運二年三月乙巳條載易州刺史安審約奏二月三夜殺賊千餘人。卷八四開運二年六月己丑條載以前易州刺史安審約爲安州留後。另據《輯本舊史》卷一二三《安審琦傳》：“晉祖踐阼，加檢校太傅、同平章事，充天平軍節度使兼侍衛馬步軍都指揮使，旋以母喪起復。天福三年，就加檢校太尉，尋改晉昌軍節度使、京兆尹。七年，移鎮河中。晉少帝嗣位，加檢校太師。開運末，朝廷以北戎入寇，以審琦爲北面行營馬軍左右厢都指揮使，與諸將會兵於洺州。”可見，安審琦不曾任職定州，故本條可確改“安審琦”爲“安審約”。

［4］右僕射：官名。秦始置。隋、唐前期以左、右僕射佐尚書令總理六官，綱紀庶務；如不置尚書令，則總判省事，爲宰相之職。唐後期多爲大臣加銜。從二品。　和凝：人名。鄆州須昌（今山東東平縣）人。後晉宰相。傳見本書卷一二七、《新五代史》卷五六。　左僕射：官名。秦始置。隋、唐前期，以左、右僕射佐尚書令總理六官、綱紀庶務；如不置尚書令，則總判省事，爲宰相之職；唐後期多爲大臣加銜。從二品。

［5］兩浙：地區名。浙東、浙西的合稱。泛指今浙江全省及江蘇南部一角。　吴越：五代十國之吴越國。後梁開平元年（907），封鎮海節度使錢鏐爲吴越王，領有今浙江之地、江蘇南部及福建北部。北宋太平興國三年（978），錢弘俶向北宋納土，吴越亡。　錢弘佐：人名。五代十國吴越君主。傳見本書卷一三三、《新五代史》卷六七。　起復：官吏服喪未滿而再起用。

［6］幽州：州名。治所在今北京市。　崇元殿：殿名。五代後梁開平元年改汴京正殿爲崇元殿。位於今河南開封市。

［7］瀛州：州名。治所在今河北河間市。　北面行營都招討使杜威率諸將領大軍自鄴北征：“都”字中華書局本沿《輯本舊史》闕，據本卷上文十月辛未條補。

［8］武强：縣名。治所位於今河北武强縣。　冀：州名。治所

在今河北衡水市冀州區。

[9]契丹：古部族、政權名。公元4世紀中葉宇文部爲前燕攻破，始分離而成單獨的部落，自號契丹。唐貞觀中，置松漠都督府，以其首領爲都督。唐末强盛，916年迭剌部耶律阿保機建立契丹國（遼）。先後與五代、北宋並立，保大五年（1125）爲金所滅。參見張正明《契丹史略》，中華書局1979年版。　鎮州：州名。治所在今河北正定縣。

十二月丁巳朔，李穀自書密奏，且言大軍危急之勢，請車駕幸滑州，遣高行周、符彦卿扈從，及發兵守澶州、河陽，以備敵之奔衝。遣軍將關勳走馬上之。[1]己未，杜威奏，駐軍於中渡橋。[2]庚申，以前司農卿儲延英爲太子賓客。[3]詔徐州符彦卿屯澶州。辛酉，詔澤潞、鄴都、邢洺、河陽運糧赴中渡，杜威遣人口奏軍前事宜，勢迫故也。壬戌，又遣高行周屯澶州、景延廣守河陽。博野縣都監張鵬入奏蕃軍事勢。[4]丙寅，定州李殷奏，前月二十八日夜，領捉生四百人往曲陽嘉山下，逢賊軍車帳，殺千餘人，獲馬二百匹。[5]詔宋州高行周充北面行營都部署、符彦卿充副、邢州方太充都虞候，領後軍駐於河上，以備敵騎之奔衝也。[6]時契丹游騎涉滹水而南，至欒城縣。自是中渡寨爲蕃軍隔絶，探報不通，朝廷大恐，故委行周等繼領大師守扼津要，且以張其勢也。[7]己巳，邢州方太奏，此月六日，契丹與王師戰於中渡，王師不利，奉國都指揮使王清戰死。[8]庚午，幸沙臺射兔。壬申，始聞杜威、李守貞等以此月十日率諸軍降於契丹。[9]是夜，相州節度使張彦澤受契丹命，率先鋒虜騎二千人，自封丘門斬關而入。[10]癸酉旦，張彦澤頓兵於明德門外，京城大擾。前曹州節度使石贇死，帝之堂叔也。[11]時自中渡寨隔絶之後，帝與大臣端坐憂危，國之衛兵，悉在北面，計無所出。十六日，聞滹水之降，是夜，偵知張彦澤已至滑州，召李崧、馮玉、李彦韜入内計事，方議詔河東劉知遠起兵赴難，至五鼓初，張彦澤引蕃騎入京。宫中相次火起，帝自攜劍驅擁后妃已下十數人，將同赴火，爲親校薛超所持，俄彦澤自寬仁門遞入契丹主與皇太后書，帝乃止，旋令撲滅煙火。[12]大内都點檢康福全在寬仁門宿衛，登樓覘賊，彦澤呼而下之。[13]癸酉，帝奉表於戎主曰："孫臣某言：今月十七日寅時，相州節度使張彦澤、都監傅住兒部領大軍入京，[14]齎到翁皇帝賜太后書，示諭於滹沱河降下杜重威一行馬步兵士，[15]見領蕃漢步騎來幸汴州者。往者，唐運告終，中原失馭，數窮否極，天缺地傾。先人有田一成，有衆一旅，兵連禍結，力屈勢孤。翁皇帝救患摧剛，興利除害，躬擐甲胄，深入寇場。犯露蒙霜，度雁門之險；馳風擊電，行中冀之誅。[16]黄鉞一麾，天下大定，勢淩宇宙，義感神明，功成不居，遂興晋祚，則翁皇帝有大造於石氏也。旋屬天降鞠凶，先君即世，臣遵承遺旨，纘紹前基。諒闇之初，荒迷失次，凡有軍國重事，皆委將相大臣。至於擅繼宗祧，既非禀命；輕發文字，輒敢抗尊。自啓釁端，果貽赫怒，禍至神惑，運盡天亡。十萬師徒，皆望風而束手；億兆黎庶，悉延頸以歸心。臣負義包羞，貪生忍恥，自貽顛覆，上累祖宗，偷度朝昏，苟存視息。翁皇帝若惠顧疇昔，稍霽雷霆，未賜靈誅，不絕先祀，則百口荷更生之德，一門銜無報之恩，雖所愿焉，非敢望也。臣與太后并妻馮氏及舉家戚屬，見於郊野面縛俟罪次。所有國寶一面、金印三面，今遣長子陝府節度使延煦、次子曹州節度使延寶管押進納，并奉表請罪，陳謝以聞。”甲戌，張彦澤遷帝與太后及諸宫屬於開封府，遣控鶴指揮使李榮將兵監守。[17]是夜，開封尹桑維翰、宣徽使孟承誨皆遇害。[18]帝以契丹主將至，欲與太后出迎，彦澤先表之，稟契丹主之旨報云：“比欲許爾朝覲上國，臣僚奏言，豈有兩箇天子道路相見！今賜所佩刀子，以慰爾心。”己卯，皇子延煦、延寶自帳中迴，得僞詔慰撫，帝表謝之。時契丹主以所送傳國寶製造非工，與載籍所述者異，使人來問。帝進狀曰：“頃以僞主王從珂於洛京大内自焚之後，[19]其真傳國寶不知所在，必是當時焚之。先帝受命，旋製此寶，在位臣僚，備知其事，臣至今日，敢有隱藏”云。時移内庫至府，帝使人取帛數段，主者不與，謂使者曰：“此非我所有也。”又使人詣李崧求酒，崧曰：“臣有酒非敢愛惜，慮陛下杯酌之後憂躁，所作别有不測之事，臣以此不敢奉進。”丙戌晦，百官宿封禪寺。

[1]李穀：人名。潁州汝陰（今安徽阜陽市）人。後周宰相。傳見《宋史》卷二六二。　高行周：人名。嬀州懷戎（今河北懷來縣）人。五代後唐至後周將領。傳見本書卷一二三、《新五代史》卷四八。　澶州：州名。唐、五代初，治所在今河南清豐縣。

後晉天福四年（939）移治於今河南濮陽縣。　河陽：縣名。治所在今河南孟州市。　軍將：官名。爲無品的低下武職，供差遣役使。　闕勳：人名。籍貫不詳。五代軍官。事見本書本卷。　"十二月丁巳朔"至"走馬上之"：《舊五代史考異》："案：以下有闕文。據《通鑑》云：丁巳朔，李穀自書密奏，具言大軍危急之勢，請車駕幸滑州，遣高行周、符彥卿扈從，及發兵守澶州、河陽，以備敵之奔衝。遣軍將闕勳走馬上之。"見《通鑑》卷二八五開運三年（946）十二月丁巳條，但中華書局本沿《輯本舊史》未補，今據補。

[2]己未，杜威奏，駐軍於中渡橋：《舊五代史考異》："案《通鑑》云：甲寅，杜威等至中渡橋。十二月己未，帝始聞大軍屯中渡。胡三省注云：强寇深入，諸軍孤危，而驛報七日始達，晉之爲兵可知矣。《歐陽史》作己未，杜威軍于中渡，蓋以奏聞之日爲駐軍之日。"見《新五代史》卷九《晉出帝紀》開運三年十二月己未條、《通鑑》卷二八五開運三年十二月己未條及該條胡注。

[3]司農卿：官名。唐司農寺長官。掌國家之農耕、倉儲以及宫廷百官供應。從三品。　儲延英：人名。籍貫不詳。五代官員。事見本書本卷。　太子賓客：官名。爲太子官屬。唐高宗顯慶元年（656）始置。掌侍從規諫、贊相禮儀。正三品。

[4]景延廣：人名。陝州（今河南三門峽市陝州區）人。五代後晉將領。傳見本書卷八八、《新五代史》卷二九。　博野縣：縣名。治所在今河北蠡縣。　張鵬：人名。鎮州鼓城（今河北晉州市）人。後爲高行周所殺。傳見本書卷一〇六。

[5]李殷：人名。薊州（治今天津薊州區）人。後唐、後晉將領。傳見本書卷一〇六。　捉生：抓獲活的敵人。此處應爲部隊番號。　曲陽：縣名。治所在今河北曲陽縣。　嘉山：山名。位於今河北曲陽縣東。

[6]宋州：州名。治所在今河南商丘市睢陽區。　行營都部署：官名。凡行軍征討，掛帥率軍戰鬥，總管行營事務。　邢州：州

名。治所在今河北邢臺市。　方太：人名。青州千乘（今山東高青縣）人。五代藩鎮將領。傳見本書卷九四。　都虞候：官名。唐五代方鎮高級軍官。

［7］滹水：河流名。發源於今山西繁峙縣，東流入今河北省，過正定縣，向東流入渤海。　欒城縣：縣名。治所在今河北石家莊市欒城區。　中渡寨：今地不詳。　時契丹游騎涉滹水而南：中華書局本有校勘記："'涉'，原作'步'，據殿本、孔本改。影庫本批校：'涉滹水而南，"涉"訛"步"。'"

［8］奉國都指揮使：官名。奉國爲五代後晋禁軍名。唐末五代軍隊皆置都指揮使、指揮使，爲領兵將領。　王清：人名。洺州曲周（今河北曲周縣）人。五代後晋將領。傳見本書卷九五、《新五代史》卷三三。　"己巳"至"奉國都指揮使王清戰死"：中華書局本引孔本："案《遼史》云：杜威、張彦澤引兵據中渡橋，趙延壽以步兵前擊，高彦温以騎兵乘之，追奔逐北。殭屍數萬，斬其將王清，宋彦筠墮水死，重威等退保中渡寨，義武軍節度使李殷以城降。遂進兵，夾滹沱而營，去中渡寨三里，分兵圍之，夜則列騎環守，晝則出兵抄掠。復命趙延壽分兵圍守，自將騎卒夜渡河出其後，攻下欒城，降騎卒數千，分遣將士據其要害。下令軍中預備軍食，三日不得舉煙火，但獲晋人即黥而縱之，諸饋運見者皆棄而走。於是晋兵内外隔絶，食盡勢窮。考《遼史》所載與《通鑑》大略相同，惟宋彦筠墮水死，《通鑑》作彦筠浮水抵岸得免。自將騎卒，《通鑑》作潛遣其將蕭翰、通事劉重進將百騎及羸卒並西山，出晋軍之後。稍有異同，可資互證云。"見《通鑑》卷二八五開運三年十二月條、《遼史》卷四《太宗紀下》會同九年十一月丙申條，《通鑑》所載與《遼史》多異。

［9］沙臺：地名。位於今河南開封市。　壬申，始聞杜威、李守貞等以此月十日率諸軍降於契丹：《舊五代史考異》："案《遼史》：杜重威等降於遼，在十二月丙寅，與《薛史》同。《歐陽史》作壬戌，疑誤。"引文中之"十二月丙寅"，中華書局本有校勘記：

"'十二月'原作'四月'，據《遼史》卷四《太宗紀下》改。"中華書局本引劉本："考歐紀，壬戌之日，自紀滹沱戰敗，而杜威等之降上不繫日，觀《杜重威傳》明著十二月丙寅，于《薛史》未嘗不合也。"見《輯本舊史》卷一〇九《杜重威傳》、《新五代史》卷九《晋出帝紀》、《通鑑》卷二八五、《遼史》卷四。

[10]相州：州名。治所在今河南安陽市。　封丘門：五代後梁都城開封城北墻西門。位於今河南開封市。　率先鋒虜騎二千人："虜騎"二字《輯本舊史》原闕，中華書局本有校勘記："'先鋒'下《通曆》卷一四有'虜騎'二字。"但未補。今從《通曆》卷一四晋少帝條補。

[11]曹州：州名。治所在今山東曹縣西北。　石贇：人名。沙陀部人。五代藩鎮軍閥。事見本書本卷。

[12]薛超：人名。籍貫不詳。五代後晋將領。事見本書本卷。　寬仁門：宫城門。爲開封城之宫城東門。位於今河南開封市。　俄彦澤自寬仁門遞入契丹主與皇太后書："彦澤"二字原闕，據《通鑑》卷二八五開運三年十二月癸酉條補。

[13]大内都點檢：官名。五代後唐始置，凡車駕行幸及出征則置。後周世宗顯德中選驍勇之士充殿前諸班，改稱殿前都點檢。　康福全：人名。籍貫不詳。五代後晋將領。事見本書本卷。

[14]傅住兒：人名。籍貫不詳。遼國將領。事見《新五代史》卷五二。中華書局本有校勘記："原作'富珠哩'，注云：'舊作"傅住兒"，今改正。'按此係輯録《舊五代史》時所改，今恢復原文。"

[15]示諭於滹沱河降下杜重威一行馬步兵士：中華書局本有校勘記："'諭'字原闕，據《通曆》卷一四補。"

[16]雁門：地名。位於今山西代縣西北。　中冀：指中原。

[17]控鶴指揮使：官名。所部統兵將領。控鶴爲禁軍番號。　李榮：人名。籍貫不詳。五代將領。事見本書本卷及《遼史》卷四。　甲戌，張彦澤遷帝與太后及諸宫屬於開封府：中華書局本有

校勘記："'宫'字原闕，據殿本、孔本補。"

[18]開封尹：官名。五代除後唐外均定都開封，因置開封府尹。執掌京師政務。從三品。　桑維翰：人名。洛陽（今河南洛陽市）人。初爲石敬瑭節度掌書記，石敬瑭稱帝後出任翰林學士、知樞密院事等職。傳見本書卷八九、《新五代史》卷二九。　宣徽使：官名。唐始置。宣徽南院使、北院使通稱宣徽使。初用宦官，五代以後改用士人。通掌内諸司及三班内侍之名籍，郊祀、朝會、宴享供帳之儀，檢視内外進奉名物。參見王永平《論唐代宣徽使》，《中國史研究》1995年第1期；王孫盈政《再論唐代的宣徽使》，《中華文史論叢》2018年第3期。　孟承誨：人名。大名（今河北大名縣）人。後晋官員。傳見《舊五代史》卷九六。

[19]僞主王從珂：即後唐廢帝李從珂。鎮州（今河北正定縣）人。本姓王，後唐明宗李嗣源擄其母魏氏，遂養爲己子。應順元年（934）四月，李從珂入洛陽即帝位。清泰三年（936）五月，石敬瑭謀反，廢帝自焚死，後唐亡。紀見本書卷四六至卷四八、《新五代史》卷七。

明年正月丁亥朔，[1]契丹主次東京城北，百官列班，遥辭帝于寺，詣北郊以迎契丹主。帝舉族出封丘門，[2]肩轝至野，戎主不與帝相見，[3]遣泊封禪寺。文武百官素服紗帽，迎謁契丹主於郊次，俯伏俟罪，契丹主命起之，親自慰撫。契丹主遂入大内，至昏出宫，是夜宿於赤堈。[4]僞詔應晋朝臣僚一切仍舊，朝廷儀制並用漢禮。戊子，殺鄭州防禦使楊承勳，[5]責以背父之罪，令左右臠割而死。己丑，斬張彦澤於市，以其剽劫京城，恣行屠害也。[6]庚寅，洛京留守景延廣自扼吭而死。辛卯，契丹以僞制，降帝爲光禄大夫、檢校太尉，封負義侯，黄龍府安置，其地在渤海國界。[7]癸巳，遷帝於封禪寺，遣蕃大將崔廷勳將兵守之。[8]癸卯，帝與皇太后李氏、皇太妃安氏、皇后馮氏、皇弟重睿、皇子延煦延寶俱北行，以宫嬪五十人、内官三十人、東西班五十人、醫官一人、控鶴官四人、御厨七人、茶酒司三人、儀鸞司三人、軍健二十人從行。[9]宰臣趙瑩、樞密使馮玉、侍衛馬軍都指揮使李彦韜隨帝入蕃，契丹主遣三百騎援送而去。所經州郡，長吏迎奉，皆爲契丹主阻絶，有所供饋亦不通。[10]嘗一日，帝與太后不能得食，乃殺畜而啖之。帝過中渡橋，閲杜重威營寨之迹，[11]慨然憤歎，謂左右曰："我家何負，爲此賊所破。天乎！天乎！"於是號慟而去。至幽州，傾城士庶迎看於路，[12]見帝慘沮，無不嗟嘆。駐留旬餘，州將承契丹命，犒帝於府署，趙延壽母以食饌來獻。自范陽行數十程，過薊州、平州，至榆關沙塞之地，略無供給，每至宿頓，無非路次，一行乏食，宫女、從官但採木實野蔬，以救飢弊。[13]又行七八日至錦州，契丹迫帝與妃后往拜阿保機遺像，帝不勝屈辱，泣曰："薛超誤我，不令我死，以至今日也！"[14]又行數十程，渡遼水，至黄龍府，此即戎王所命安置之地也。[15]六月，契丹國母召帝一行往懷密州，州在黄龍府西北千餘里。行至遼陽，皇后馮氏以帝陷蕃，過受艱苦，令内官潛求毒藥，將自飲之，并以進帝，不果而止。[16]又行二百里，會國母爲永康王所執，永康王請帝却往遼陽城駐泊，帝遣使奉表於永康，且賀克捷，自是帝一行稍得供給。[17]

[1]明年正月丁亥朔："丁亥"二字，中華書局本沿《輯本舊史》闕，見《通鑑》卷二八六天福十二年（947）正月丁亥條，據正史記時規則，凡該月朔日有記事者，必加"朔"字，據補。

[2]帝舉族出封丘門：中華書局本有校勘記："'舉'字原闕，據殿本、《通曆》卷一四補。影庫本批校：'帝舉族出封丘門，脱"舉"字。'"見《通曆》卷一四晋少帝條該年正月朔記事。

[3]戎主不與帝相見：中華書局本沿《輯本舊史》作"契丹主不與之見"，據《通鑑》卷二八六天福十二年正月丁亥條《考異》引《薛史·帝紀》改。

[4]赤堈：今地不詳。

[5]鄭州：州名。治所在今河南鄭州市。　防禦使：官名。唐代始置，設有都防禦使、州防禦使兩種。常由刺史或觀察使兼任，實際上爲唐代後期州或方鎮的軍政長官。　楊承勳：人名。沙陀部人。平盧軍節度使楊光遠之子。歷任後晋萊州刺史、汝州防禦使、鄭州防禦使。傳見本書卷九七。　戊子，殺鄭州防禦使楊承勳：《舊五代史考異》："案《遼史》云：以其弟承信爲平盧軍節度使，襲父爵。"見《遼史》卷四《太宗紀下》大同元年（947）正月戊子條，《通鑑》卷二八六天福十二年正月戊子條更詳。

[6]己丑，斬張彦澤於市，以其剽劫京城，恣行屠害也：《舊五代史考異》："案《遼史》云：以張彦澤擅徙重貴開封，殺桑維翰，縱兵大掠，不道，斬于市。"見《遼史》卷四《太宗紀下》大同元年正月己丑條，亦見《通鑑》卷二八六天福十二年正月己丑條。

[7]光禄大夫：官名。漢代始設，由中大夫改置。從二品。"降帝爲光禄大夫、檢校太尉"，《舊五代史考異》："案：《遼史》避諱作崇禄。"見《遼史》卷四《太宗紀下》大同元年正月辛卯條。　檢校太尉：官名。爲散官或加官，以示恩寵加此官，無實際執掌。太尉，與司徒、司空並爲三公。　黄龍府：府名。治所在今吉林農安縣。　渤海國：古國名。武周聖曆元年（698）粟末靺鞨

首領大祚榮建立政權。唐玄宗先天二年（713），唐朝册封大祚榮爲渤海郡王，其國遂以渤海爲名。時渤海國已爲遼所滅，其地爲遼所有。傳見《舊五代史》卷一三八、《新五代史》卷七四。　契丹以僞制：中華書局本沿《輯本舊史》作“契丹制”，並有校勘記：“‘契丹’下《通曆》卷一四有‘以僞’二字。”但未改。今從《通曆·晋少帝條》改，因本卷爲《晋紀》。

［8］崔廷勳：人名。籍貫不詳。五代後晋將領。傳見本書卷九八。

［9］内官三十人：《舊五代史考異》：“案：《遼史》作内官三人。”《遼史》卷四《太宗紀下》大同元年正月癸卯條作“内宦三人”。　東西班：禁軍名。騎兵。隸殿前司。　控鶴官：官名。唐末以後，皇帝的宿衛官以控鶴爲名。掌御前宿衛。　茶酒司：官署名。掌宫中供酒及茶、果。　茶酒司三人：中華書局本有校勘記：“‘司’字原闕，據《新五代史》卷一七《晋家人傳》、《遼史》卷四《太宗紀下》《契丹國志》卷三補。”見《新五代史》卷一七《晋家人傳》高祖皇后李氏條、《契丹國志》卷三會同十一年（按此誤，實天禄二年，即公元948年）正月條。　儀鸞司：官署名。掌宫廷儀仗。　軍健：士卒的别稱。　軍健二十人從行：《舊五代史考異》：“案：《遼史》作健卒十人。”見《遼史》卷四《太宗紀下》大同元年正月癸卯條。

［10］所經州郡，長吏迎奉，皆爲契丹主阻絶：《舊五代史考異》：“案《宋史·李穀傳》：少帝蒙塵而北，舊臣無敢候謁者，穀獨拜迎于路，君臣相對泣下。穀曰：‘臣無狀，負陛下。’因傾囊以獻。”見《宋史》卷二六二《李穀傳》。

［11］閲杜重威營寨之迹：中華書局本有校勘記：“‘閲’下殿本有‘前’字。”

［12］至幽州，傾城士庶迎看於路：《舊五代史考異》：“案《宣政雜録》云：徽宗北狩，經薊縣梁魚務，有還鄉橋，石少帝所命名也，里人至今呼之。”見《説郛》卷二六所引《宣政雜録》。

［13］薊州：州名。治所在今天津薊州區。　平州：州名。治所在今河北盧龍縣。　榆關：關隘名。即今山海關。位於今河北秦皇島市。

［14］錦州：州名。遼置。治所在今遼寧錦州市。　阿保機：人名。姓耶律。契丹迭剌部人。唐末契丹族首領、遼開國太祖。紀見《遼史》卷一、卷二。

［15］遼水：河流名。即今遼河。位於今遼寧中部。

［16］懷密州：州名。遼置。治所在今内蒙古科爾沁右翼中旗、扎魯特旗一帶。　遼陽：府名。遼置。治所在今遼寧遼陽市。

［17］永康王：即遼世家耶律阮。紀見《遼史》卷五。

漢乾祐元年四月，永康王至遼陽，帝與太后、皇后並詣帳中，帝御白衣紗帽，永康止之，以常服謁見。[1]帝伏地雨泣，自陳過咎，永康使左右扶帝上殿，慰勞久之，因命設樂行酒，從容而罷。永康帳下從官及教坊内人望見故主，不勝悲咽，内人皆以衣帛藥餌獻遺於帝。及永康發離遼陽，取内官十五人、東西班十五人及皇子延煦，並令隨帳上陘，陘即蕃王避暑之地也。有禪奴舍利者，[2]即永康之妻兄也，知帝有小公主在室，詣帝求之，帝辭以年幼不可。又有東西班數輩善於歌唱，禪奴又請之，帝乃與之。後數日，永康王馳取帝幼女而去，以賜禪奴。至八月，永康王下陘，太后馳至霸州，詣永康，求於漢兒城寨側近賜養種之地，永康許諾，令太后於建州住泊。[3]

［1］乾祐：後漢高祖劉知遠、隱帝劉承祐年號（948—950）。北漢亦用此年號。　帝與太后、皇后並詣帳中："皇后"二字原闕，

據《新五代史》卷一七《高祖皇后李氏傳》補。

[2]有禪奴舍利者：中華書局本有校勘記："原作'綽諾錫里'，注云：'舊作"禪奴舍利"，今改正。'按此係輯録《舊五代史》時所改，今恢復原文。"

[3]陘：山名。即陘頭，又名凉山。位於今河北赤城縣獨石口外灤河上游。　霸州：州名。治所在河北霸州市。　建州：州名。遼置。治所在今遼寧朝陽市。

漢乾祐二年二月，帝自遼陽城發赴建州。行至中路，太妃安氏得疾而薨，乃焚之，載其燼骨而行。帝自遼陽行十數日，過儀州、霸州，[1]遂至建州。節度使趙延暉盡禮奉迎，館帝於衙署中。其後割寨地五十餘頃，其地至建州數十里，帝乃令一行人員於寨地内築室分耕，給食於帝。是歲，述律王子遣契丹數騎詣帝，[2]取内人趙氏、聶氏疾馳而去，趙、聶者，帝之寵姬也，及其被奪，不勝悲憤。

[1]霸州：中華書局本有校勘記："原作'灞州'，據殿本、劉本、《通鑑》卷二八八胡注引《薛史》改。"

[2]述律王子：人名。即遼穆宗耶律璟，951年至969年在位。遼太宗耶律德光之子。紀見《遼史》卷六。中華書局本有校勘記："原作'舒嚕'，注云：'舊作"述律"，今改正。'按此係輯録《舊五代史》時所改，今恢復原文。"

漢乾祐三年八月，太后薨。周顯德初，有漢人自塞北而至者，言帝與后及諸子俱無恙，猶在建州，其隨從職官役使人輩，自蕃中亡歸、物故者大半矣。[1]《永樂大典》卷一萬五千六百四十九。[2]

[1]顯德：後周太祖郭威年號（954—960）。 “周顯德初”至“物故者大半矣”：《舊五代史考異》：“案《郡齋讀書志》云：《晋朝陷蕃記》，范質撰。質，石晋末在翰林，爲出帝草降表，知其事爲詳。記少帝初遷于黄龍府，後居于建州，凡十八年而卒。案：契丹丙午歲入汴，順數至甲子歲爲十八年，實太祖乾德二年也。”見《郡齋讀書志》卷七。

[2]《大典》卷一五六四九爲“晋”字韻“五代後晋出帝（一）”事目。《輯本舊史》在此後録《五代史補》：“少主之嗣位也，契丹以不俟命而擅立；又景延廣辱其使，契丹怒，舉國南侵。以駙馬都尉杜重威等領駕下精兵甲禦之于中渡河橋。既而契丹之衆已深入，而重威等奏報未到朝廷。時桑維翰罷相，爲開封府尹，謂僚佐曰：‘事急矣，非大臣鉗口之時。’乃叩内閣求見，欲請車駕親征，以固將士之心。而少主方在後苑調鷹，至暮竟不召。維翰退而歎曰：‘國家阽危如此，草澤逋客亦宜下問，況大臣求見而不召耶！事亦可知矣。’未幾，杜重威之徒降于契丹，少主遂北遷。”

史臣曰：少帝以中人之才，嗣將墜之業，屬上天不祐，仍歲大飢，尚或絶强敵之歡盟，鄙輔臣之謀略。奢淫自縱，謂有泰山之安；委託非人，坐受平陽之辱。族行萬里，身老窮荒，自古亡國之醜者，無如帝之甚也。千載之後，其如耻何，傷哉！《永樂大典》卷一萬五千六百四十九。[1]

[1]《大典》卷一五六四九“晋”字韻“五代後晋出帝（一）”事目。

舊五代史　卷八六

晉書十二

后妃列傳第一[1]

[1]《輯本舊史》之原輯者案語："《薛史·晉后妃傳》，《永樂大典》已佚，今取《歐陽史·晉家人傳》與《五代會要》諸書互校，則事多舛誤。如李太后在長興中進封魏國公主，清泰二年改封晉國長公主，而《歐陽史》則云清泰二年封魏國長公主。少帝册故妃張氏爲皇后，而《歐陽史》不載其姓氏。蓋《歐陽史》以文章自負，祇取《薛史》原文任意删削，未嘗考其事之本末也。今採《五代會要》《通鑑》《契丹國志》《文獻通考》所載晉后妃事，分注互綴，以補《薛史》之闕，且以備《歐陽史》之考證焉。"

李皇后

高祖皇后李氏，唐明宗皇帝女也。[1]后初號永寧公主，清泰二年封魏國長公主。[2]自廢帝立，常疑高祖必反。[3]三年，公主自太原入朝千春節，辭歸，留之不得。[4]廢帝醉，語公主曰："爾歸何速，欲與石郎反邪？"

既醒，左右告之，廢帝大悔。公主歸，以語高祖，高祖由是益不自安。高祖即位，公主當爲皇后。天福二年三月，有司言：“皇太妃尊號已正，請上寶册。”[5]太妃，高祖庶母劉氏也。高祖以宗廟未立，謙抑未皇。七年夏五月，高祖已病，乃詔尊太妃爲皇太后，然卒不奉册而高祖崩。故后訖高祖世亦無册命。出帝天福八年七月，册尊皇后爲皇太后。[6]

[1]高祖：即後晋高祖石敬瑭。沙陀部人。五代後唐將領、後晋開國皇帝。紀見本書卷七五至卷八〇、《新五代史》卷八。　唐明宗：即李嗣源。沙陀部人。原名邈佶烈，李克用養子。五代後唐明宗，926年至933年在位。紀見本書卷三五至卷四四、《新五代史》卷六。

[2]清泰：五代後唐廢帝李從珂年號（934—936）。

[3]廢帝：即後唐廢帝李從珂。鎮州平山（今河北平山縣）人。本姓王，後唐明宗李嗣源擄其母魏氏，遂養爲己子。應順元年（934）四月，李從珂入洛陽即帝位。清泰三年（936）五月，石敬瑭謀反，廢帝自焚死，後唐亡。紀見本書卷四六至卷四八、《新五代史》卷七。

[4]千春節：五代後唐廢帝李從珂誕節。

[5]天福：五代後晋高祖石敬瑭年號（936—942）。出帝石重貴沿用至九年（944）。後漢高祖劉知遠繼位後沿用一年，稱天福十二年（947）。　寶册：寶璽和册書。從唐朝開始，册封皇后等用寶册。

[6]“高祖皇后李氏”至“册尊皇后爲皇太后”：《新五代史》卷一七《高祖皇后李氏傳》。其中“清泰二年封魏國長公主”誤，當爲“晋國長公主”。《會要》卷一皇后條：“晋高祖皇后李氏，唐明宗第五女，天成三年四月，封永寧公主，長興四年九月，晋封魏

國公主，清泰二年三月，改封晋國長公主。至天福元年十一月，尊爲皇后，七年六月，尊爲皇太后。開運四年正月，與少帝同遷于契丹之黄龍府，漢乾祐三年八月二十五日，崩于番中之建州。”《通考》卷二五六《帝系考·后妃七》：“天福二年，有司請立皇后，帝以宗廟未立，謙抑未遑。帝崩，出帝即位，乃尊爲皇太后。”

太后爲人强敏，高祖常嚴憚之。出帝馮皇后用事，太后數訓戒之，出帝不從，乃及于敗。

開運三年十二月，耶律德光已降晋兵，遣張彦澤先犯京師，[1]以書遺太后，具道已降晋軍，且曰：“吾有梳頭妮子竊一藥囊以奔于晋，今皆在否？吾戰陽城時，亡奚車一乘，在否？”[2]又問契丹先爲晋獲者及景延廣、桑維翰等所在。[3]太后與帝聞彦澤至，欲自焚，嬖臣薛超勸止之。[4]及得德光所與書，乃滅火，出止苑中。帝召當直學士范質，[5]謂曰：“杜郎一何相負？昔先帝起太原時，欲擇一子留守，謀之北朝皇帝，皇帝以屬我，我素以爲其所知，卿爲我草奏具言之，庶幾活我子母。”[6]質爲帝草降表曰：

[1]開運：後晋出帝石重貴年號（944—946）。　耶律德光：人名。契丹人。遼太祖耶律阿保機次子。遼朝太宗皇帝。紀見《遼史》卷三至卷四。　張彦澤：人名。突厥人，徙居太原。五代後晋將領，投降於契丹。傳見本書卷九八、《新五代史》卷五二。

[2]陽城：縣名。治所在今山西陽城縣。　奚車：奚族所創之車。其形制後廣前窄，大輪長轂，駕駝。宜行山路，契丹人多乘用之。

[3]契丹：古部族、政權名。公元4世紀中葉宇文部爲前燕攻

破，始分離而成單獨的部落，自號契丹。唐貞觀中，置松漠都督府，以其首領爲都督。唐末强盛，916年迭剌部耶律阿保機建立契丹國（遼）。先後與五代、北宋並立，保大五年（1125）爲金所滅。參見張正明《契丹史略》，中華書局1979年版。　景延廣：人名。陝州（今河南三門峽市陝州區）人。五代後晋將領。傳見本書卷八八、《新五代史》卷二九。　桑維翰：人名。洛陽（今河南洛陽市）人。五代後唐進士，後晋宰相、樞密使。傳見本書卷八九、《新五代史》卷二九。

［4］薛超：人名。籍貫不詳。五代後晋官員。事見本書本卷。

［5］當直學士：指翰林學士輪值者。翰林學士由南北朝始設之學士發展而來，唐玄宗改翰林供奉爲翰林學士，備顧問，代王言，掌拜免將相、號令征伐等詔令的起草。　范質：人名。大名宗城（今河北威縣）人。五代後周至北宋初年宰相。傳見《宋史》卷二四九。

［6］杜郎：即杜重威。“杜郎一何相負”蓋指杜重威降遼之事。杜重威，其先朔州（今山西朔州市朔城區）人，後徙居太原。五代後晋、後漢將領。傳見本書卷一〇九、《新五代史》卷五二。

孫男臣重貴言：頃者唐運告終，中原失馭，數窮否極，天缺地傾。先人有田一成，有衆一旅，兵連禍結，力屈勢孤。翁皇帝救患摧剛，興利除害，躬擐甲胄，深入寇場。犯露蒙霜，度雁門之險；馳風掣電，行中冀之誅。[1]黄鉞一麾，天下大定。勢凌宇宙，義感神明。功成不居，遂興晋祚。則翁皇帝有大造於石氏也。

［1］雁門：關名。位於今山西代縣西北。　中冀：指中原。

旋屬天降鞠凶，先君即世，臣遵承遺旨，纂紹前基。諒闇之初，荒迷失次，凡有軍國重事，皆委將相大臣。至於擅繼宗祧，既非稟命；輕發文字，輒敢抗尊。自啓釁端，果貽赫怒，禍至神惑，運盡天亡。十萬師徒，望風束手；億兆黎庶，延頸歸心。臣負義包羞，貪生忍恥，自貽顛覆，上累祖宗，偷度朝昏，苟存視息。翁皇帝若惠顧疇昔，稍霽雷霆，未賜靈誅，不絶先祀，則百口荷更生之德，一門銜無報之恩。雖所願焉，非敢望也。臣與太后、妻馮氏於郊野面縛俟罪次。

又爲太后表曰：

晉室皇太后新婦李氏妾言：張彦澤、傅住兒等至，伏蒙皇帝阿翁降書安撫者。[1]妾伏念先皇帝頃在并汾，[2]適逢屯難，危同累卵，急若倒懸，智勇俱窮，朝夕不保。皇帝阿翁發自冀北，親抵河東，跋履山川，逾越險阻。立平巨孽，遂定中原，救石氏之覆亡，立晉朝之社稷。不幸先帝厭代，嗣子承祧，不能繼好息民，而反虧恩辜義。兵戈屢動，駟馬難追。戚實自貽，咎將誰執！今穹旻震怒，中外攜離，上將牽羊，六師解甲。[3]妾舉宗負釁，視景偷生，惶惑之中，撫問斯至，明宣恩旨，曲示含容，慰諭丁寧，神爽飛越。豈謂已垂之命，忽蒙更生之恩。省罪責躬，九死未報。今遣孫男延煦、延寶，奉表請罪，陳謝以聞。[4]

[1]傅住兒：人名。籍貫不詳。遼國將領。事見本書本卷及《新五代史》卷五二。

[2]并：州名。治所在今山西太原市。　汾：州名。治所在今

山西汾陽市。

［3］牽羊：即牽羊禮。中國古代一種特殊的獻俘儀式。參見杜凱月《野蠻與文明：金國牽羊獻俘禮管窺》，《地方文化研究》2020 年第 2 期。

［4］延煦：人名。即石延煦。後晋出帝之子。傳見《新五代史》卷一七。　延寶：人名。即石延寶。後晋出帝之子。傳見《新五代史》卷一七。

德光報曰："可無憂，管取一喫飯處。"

四年正月丁亥朔，德光入京師，帝與太后肩輿至郊外，德光不見，館于封禪寺，遣其將崔廷勳以兵守之。[1]是時，雨雪寒凍，皆苦饑。太后使人謂寺僧曰："吾嘗於此飯僧數萬，今日豈不相憫邪？"[2]寺僧辭以虜意難測，不敢獻食。帝陰祈守者，乃稍得食。

［1］肩輿：兩人肩抬的小轎。形制爲在二長竿中設軟椅以坐人。　封禪寺：寺名。位於今河南開封市鐵塔公園。初建於北齊天保十年（559），名獨居寺。唐玄宗開元十七年（729），詔改爲封禪寺。　崔廷勳：人名。籍貫不詳。五代後晋將領。傳見本書卷九八。

［2］飯僧：中國古代佛教信徒善舉的一種，通過向僧侶提供齋飯以祈福。

辛卯，德光降帝爲光禄大夫、檢校太尉，封負義侯，遷於黄龍府。[1]德光使人謂太后曰："吾聞重貴不從母教而至于此，可求自便，勿與俱行。"太后答曰："重貴事妾甚謹。所失者，違先君之志，絶兩國之歡。然重貴此去，幸蒙大惠，全生保家。母不隨子，欲何所歸？"

于是，太后與馮皇后、皇弟重睿、皇子延煦、延寶等舉族從帝而北。[2]以宮女五十、宦者三十、東西班五十、醫官一、控鶴官四、御厨七、茶酒司三、儀鸞司三、六軍士二十人從，衛以騎兵三百。[3]所經州縣，皆故晋將吏，有所供饋，不得通。路傍父老，争持羊酒爲獻，衛兵擁隔，不使見帝，皆涕泣而去。

[1]光禄大夫：官名。唐、五代文散官。從二品。　檢校太尉：官名。爲散官或加官，以示恩寵，無實際執掌。太尉，與司徒、司空並爲三公。　黄龍府：府名。治所在今吉林農安縣。

[2]重睿：人名。即石重睿。後晋高祖石敬瑭之子。傳見《新五代史》卷一七。

[3]東西班：禁軍名。騎兵。隸殿前司。　控鶴官：官名。唐末以後，皇帝的宿衛官以控鶴爲名。掌御前宿衛。　茶酒司：官署名。掌宫中供酒及茶、果。　儀鸞司：官署名。掌宫廷儀仗。

自幽州行十餘日，過平州，出榆關，行砂磧中，饑不得食，遣宮女、從官採木實、野蔬而食。[1]又行七八日，至錦州。虜人迫帝與太后拜阿保機畫像。[2]帝不勝其辱，泣而呼曰："薛超誤我，不令我死！"又行五六日，過海北州，至東丹王墓，遣延煦拜之。[3]又行十餘日，渡遼水，至渤海國鐵州。[4]又行七八日，過南海府，遂至黄龍府。是歲六月，契丹國母徙帝、太后于懷密州。[5]州去黄龍府西北一千五百里。行過遼陽二百里，而國母爲永康王所囚，永康王遣帝、太后還止遼陽，稍供給之。[6]明年四月，永康王至遼陽，帝白衣紗帽，與太后、皇后詣帳中上謁。永康王止帝，以常服見，帝伏地雨泣，自陳過咎。永康王使人扶起之，與坐，飲酒奏樂。而永康王帳下伶人、從官，望見故主，皆泣下，悲不自勝，争以衣服藥餌爲遺。

［1］幽州：州名。治所在今北京市。　平州：州名。治所在今河北盧龍縣。　榆關：關隘名。即今山海關。位於今河北秦皇島市。

［2］錦州：州名。遼置。治所在今遼寧錦州市。　阿保機：人名。姓耶律。契丹迭剌部人。唐末契丹族首領、遼開國太祖。紀見《遼史》卷一、卷二。

［3］海北州：州名。遼置。治所在今遼寧義縣。　東丹王：即耶律倍。遼太祖耶律阿保機長子，小名突欲。封東丹王。後其弟遼太宗耶律德光即位，耶律倍憤而降後唐，明宗賜名李贊華。傳見《遼史》卷七二。

［4］遼水：河流名。即今遼河。位於今遼寧中部。　渤海國：古國名。武周聖曆元年（698）粟末靺鞨首領大祚榮建立政權。唐玄宗先天二年（713），唐朝册封大祚榮爲渤海郡王，其國遂以渤海爲名。時渤海國已爲遼所滅，其地爲遼所有。傳見本書卷一三八、《新五代史》卷七四。　鐵州：州名。渤海國置。治所在今吉林敦化市。

［5］南海府：府名。渤海國置。治所在今朝鮮咸興市。　懷密州：州名。遼置。治所約在今内蒙古科爾沁右翼中旗、扎魯特旗一帶。參見馮永謙《遼史地理志考補——上京道、東京道失載之州軍》，《社會科學戰綫》1998年第4期。

［6］永康王：即遼世宗耶律阮。紀見《遼史》卷五。　遼陽：府名。遼置。治所在今遼寧遼陽市。

五月，永康王上陘，取帝所從行宦者十五人、東西班十五人及皇子延煦而去。永康王妻兄禪奴愛帝小女，求之，帝辭以尚幼。[1]永康王馳一騎取之，以賜禪奴。陘，虜地，尤高凉。[2]虜人常以五月上陘避暑，八月下陘。至八月，永康王下陘，太后自馳至霸州見永康王，求於漢兒城側賜地種牧以爲生。[3]永康王以太后自從，行十餘日，遣與延煦俱還遼陽。

[1]禪奴：人名。契丹貴族。事見本書本卷。

[2]陘：山名。即陘頭、凉陘，又名炭山。爲遼國夏捺鉢目的地。位於今河北赤城縣獨石口外灤河上游。

[3]霸州：州名。治所在今河北霸州市。　漢兒城：地名。亦作漢城。位於今遼寧朝陽縣南五十家子古城。

明年乃漢乾祐二年，其二月，徙帝、太后于建州。[1]自遼陽東南行千二百里至建州，節度使趙延輝避正寢以館之。[2]去建州數十里外得地五十餘頃，帝遣從行者耕而食之。

[1]乾祐：後漢高祖劉知遠、隱帝劉承祐年號（948—950）。北漢亦用此年號。　建州：州名。遼置。治所在今遼寧朝陽市。

[2]節度使：官名。唐宋時期在重要地區所設掌握一州或數州軍、民、財政的長官。　趙延輝：人名。籍貫不詳。遼朝地方官員。事見本書本卷。

明年三月，太后寢疾，無醫藥，常仰天而泣。南望戟手駡杜重威、李守貞等曰："使死者無知則已，若其有知，不赦爾於地下！"[1]八月疾亟，謂帝曰："我死，焚其骨送范陽佛寺，無使我爲虜地鬼也！"[2]遂卒。帝與皇后、宫人、宦者、東西班，皆被髮徒跣，扶舁其柩至賜地，焚其骨，穿地而葬焉。

周顯德中，有中國人自契丹亡歸者言，見帝與皇后諸子皆無恙。後不知其所終。[3]

[1]李守貞：人名。河陽（今河南孟州市）人。五代將領。傳見本書卷一〇九、《新五代史》卷五二。

[2]范陽：縣名。治所在今河北涿州市。

[3]顯德：後周太祖郭威年號（954—960）。　"太后爲人强敏"至"後不知其所終"：《新五代史》卷一七《高祖皇后李氏傳》。其内容亦見《契丹國志》卷三《太宗嗣聖皇帝下》、卷四《世宗天授皇帝》、卷二〇《晋表》（晋出帝、皇太后降表）。

安太妃

安太妃，代北人也，不知其世家，爲敬儒妻，生出帝，封秦國夫人。[1]出帝立，尊爲皇太妃。妃老而失明，從出帝北遷，自遼陽徙建州，卒於道中。臨卒，謂帝曰："當焚我爲灰，南向颺之，庶幾遺魂得反中國也。"既卒，砂磧中無草木，乃毁奚車而焚之，載其燼骨至建州。李太后亦卒，遂并葬之。[2]

[1]代北：方鎮名。治所在代州（今山西代縣）。　敬儒：人

名。即石敬儒。沙陀部人。後晋高祖石敬瑭之兄，出帝石重貴之父。傳見《新五代史》卷一七。

［2］“安太妃”至“遂并葬之”：《新五代史》卷一七《安太妃傳》。《輯本舊史》之原輯者案語：“《文獻通考》云：安太妃，代北人，不知其世家。生出帝，帝立，尊爲皇太妃。《契丹國志》云：天禄二年春二月，徙晋侯、太后于建州，中途安太妃卒，遺命晋侯曰：‘焚骨爲灰，南向颺之，庶幾遺魂得返中國也。’”見《通考》卷二五六《帝系考·后妃七》安太妃條，《契丹國志》卷四天禄二年（即漢乾祐元年，948）二月條。《輯本舊史》卷九一《安彦威傳》：“彦威與太妃爲同宗，少帝事以爲舅，彦威未嘗以爲言。及卒，太妃臨哭，人始知其爲國戚，當時益重其人焉。”《通鑑》卷二八六天福十二年（947）正月癸卯條：“晋主與李太后、安太妃、馮后及弟睿、子延煦、延寶俱北遷。”

張皇后

少帝皇后張氏，天福八年十月追册。[1]

［1］少帝皇后張氏，天福八年十月追册：《會要》卷一《皇后》條。《輯本舊史》之原輯者案語：“《五代會要》云：天福八年十月追册。考《薛史·少帝紀》云：追册故妃張氏爲皇后。《張從訓傳》亦云，高祖鎮太原，爲少帝娶從訓長女爲妃。是《薛史》當有《張皇后傳》，《歐陽史》削而不書，殊爲疏矣。”中華書局本有校勘記：“張從訓，原作‘張知訓’，據殿本、《舊五代史考異》卷三、本書卷九一《張從訓傳》改。”《輯本舊史》卷八二《晋少帝紀二》天福八年（943）十月癸酉條：“命使攝太尉、右僕射、平章事和凝，使副攝司徒、給事中邊光範追册故魏國夫人張氏爲皇后，奉寶册至西莊影殿行禮，鹵簿儀仗如式。”卷九一《張從訓傳》：

“高祖之鎮太原也，爲少帝娶從訓長女爲妃。”

馮皇后

少帝皇后馮氏，開運三年十月册。[1]定州人也。父濛，爲州進奏吏，居京師，以巧佞爲安重誨所喜，以爲鄴都副留守。[2]高祖留守鄴都，得濛驩甚，乃爲重胤娶濛女，後封吴國夫人。[3]重胤早卒，后寡居，有色，出帝悦之。高祖崩，梓宫在殯，出帝居喪中，納之以爲后。[4]是日，以六軍仗衛、太常鼓吹，命后至西御莊，見于高祖影殿。[5]羣臣皆賀。帝顧謂馮道等曰：“皇太后之命，與卿等不任大慶。”[6]羣臣出，帝與皇后酣飲歌舞，過梓宫前，酹而告曰：“皇太后之命，與先帝不任大慶。”左右皆失笑，帝亦自絶倒，顧謂左右曰：“我今日作新女壻，何似生？”后與左右皆大笑，聲聞于外。后既立，專内寵，封拜宫官尚宫、知客等皆爲郡夫人，又用男子李彦弼爲皇后宫都押衙。[7]其兄玉執政，内外用事，晋遂以亂。契丹犯京師，暴帝之惡于天下曰：“納叔母於中宫，亂人倫之大典。”后隨帝北遷。哀帝之辱，數求毒藥，欲與帝俱飲以死，而藥不可得。後不知其所終。[8]

[1]少帝皇后馮氏，開運三年十月册：《五代會要》卷一《皇后》條。本條後《輯本舊史》原輯者引《通鑑》云：“天福八年冬十月戊申，立吴國夫人馮氏爲皇后。初，高帝愛少弟重胤，養以爲子。及留守鄴都，娶副留守馮濛女爲其婦。重胤早卒，馮夫人寡

居，有美色，帝見而悦之。高祖崩，梓宫在殯，帝遂納之。群臣皆賀，帝謂馮道等曰：‘皇太后之命，與卿等不任大慶。’郡臣出，帝與夫人酣飲，過梓宫前，醊而告曰：‘皇太后之命，與先帝不任大慶。’左右失笑，帝亦自笑，謂左右曰：‘我今日作新婿何如？’夫人與左右皆大笑，太后雖恚，而無如之何。既正位中宫，頗預政事。后兄玉，時爲禮部郎中、鹽鐵判官，帝驟擢用至端明殿學士、户部侍郎，與議政事。”又引《文獻通考》云：“契丹入京師，后隨帝北遷，不知所終。”另所引《五代會要》晋内職事與外戚事，文繁不録。

［2］濛：人名。即馮濛。定州（今河北定州市）人。五代後唐官員。事見《通鑑》卷二八三。　州進奏吏：州郡在京師置進奏院，置進奏官吏，掌文書投遞承傳。　安重誨：人名。應州（今山西應縣）人。五代後唐大臣。傳見本書卷六六、《新五代史》卷二四。　鄴都：地名。治所在今河北大名縣。五代後唐同光元年(923)，改魏州爲興唐府，建號東京，三年改東京爲鄴都。　副留守：官名。古代在都城、陪都或軍事重鎮所設留守，由地方行政長官兼任。副留守爲留守之貳。

［3］重胤：人名。即石重胤。後晋高祖石敬瑭之弟。事見本書本卷及《新五代史》卷一七。

［4］梓宫：帝后所用之棺槨。以梓木爲之，故名。

［5］六軍仗衛：以六軍將士組成的儀仗隊、護衛隊。　太常鼓吹：太常寺鼓吹局之樂班。　西御莊：地名。當位於今河南開封市。　高祖影殿：供奉後晋高祖石敬瑭遺像的殿堂。

［6］馮道：人名。瀛州景城（今河北滄縣）人。五代時官拜宰相，歷仕後唐、後晋、後漢、後周，亦曾臣事契丹。傳見本書卷一二六、《新五代史》卷五四。

［7］尚宫：宫中女官名。掌導引皇后、總理宫務。正五品。　知客：宫中女官名。執掌不詳。　郡夫人：命婦封號名。　李彦弼：人名。籍貫不詳。五代後晋時人。事見本書本卷及《新五代

史》卷一七。　都押衙：官名。“押衙”即“押牙”。唐、五代時期開府建衙的高官辟署的屬官，有稱左、右都押衙或都押衙者。掌領儀仗侍衛等。參見劉安志《唐五代押牙（衙）考略》，武漢大學歷史系魏晉南北朝隋唐史研究室編《魏晉南北朝隋唐史資料》第16輯，武漢大學出版社1998年版。

［8］“定州人也”至“後不知其所終”：《新五代史》卷一七《出帝皇后馮氏傳》。亦見《通鑑》卷二八三天福八年（943）十月戊申條。諸公主、夫人，文多不録。

舊五代史　卷八七

晋書十三

宗室列傳第二[1]

[1]《舊五代史考異》:“晋宗室列傳,《永樂大典》僅存四篇,餘多殘闕。”

廣王敬威　弟贇

廣王敬威,字奉信,高祖之從父弟也。父萬詮,贈太尉,追封趙王。[1]敬威少善騎射,事後唐莊宗,以從戰有功,累歷軍職。[2]明宗即位,擢爲奉聖指揮使。[3]天成、應順中,凡十改軍額,累官至檢校工部尚書,賜忠順保義功臣。[4]清泰中,加兵部尚書、彰聖都指揮使,遥領常州刺史。[5]及高祖建義於太原,敬威時在洛下,[6]知禍必及,召所親謂曰:“夫人生而有死,理之常也。我兄方圖大舉,余固不可偷生待辱,取笑一時。”乃自殺於私邸,[7]人甚壯之。天福二年,册贈太傅,葬於河南縣。[8]七年，追封廣王。[9]

子訓嗣，官至左武衛將軍。[10]敬威弟贇。《永樂大典》卷六千七百六十。[11]

[1]高祖：後晋高祖石敬瑭。五代後晋王朝的建立者。紀見本書卷七五至卷八〇、《新五代史》卷八。　太尉：官名。與司徒、司空並爲三公，唐後期、五代多爲大臣、勳貴加官。正一品。　“廣王敬威”至“追封趙王”：《新五代史》卷一七《晋家人傳》：“高祖二叔父，一兄六弟，七子二孫。……二叔父曰萬友、萬詮，兄曰敬儒，弟曰敬威、敬德、敬殷、敬贇、敬暉、重胤，子曰重貴、重信、重乂、重英、重進、重睿、重杲，孫曰延煦、延寶。孝平皇帝生孝元皇帝、萬友、萬詮，孝元皇帝生高祖，萬友生敬威、敬贇，萬詮生敬暉，而敬儒、敬德、敬殷、重胤皆不知其於高祖爲親疎也。”又：“敬威、敬德、重胤、重英，高祖反時死。”

[2]莊宗：即後唐莊宗李存勖。五代後唐王朝的建立者。紀見本書卷二七至卷三四、《新五代史》卷五。

[3]擢爲奉聖指揮使：《輯本舊史》之影庫本粘籤：“‘奉聖’，原本作‘奏聖’，今從《歐陽史》改正。”查《新五代史》，“奉聖”僅一見，即卷一五《唐明宗家人傳》之《秦王從榮傳》長興四年：“從榮大宴元帥府，諸將皆有頒給：控鶴、奉聖、嚴衛指揮使，人馬一匹、絹十匹；其諸軍指揮使，人絹十匹；都頭已下，七匹至三匹。又請嚴衛、捧聖千人爲牙兵，每入朝，以數百騎先後，張弓挾矢，馳走道上，見者皆震慴。”然多有“捧聖指揮使”之記載。疑此處當爲“捧聖”。

[4]天成：後唐明宗李嗣源年號（926—930）。　應順：後唐愍帝（閔帝）李從厚年號（934）。　檢校工部尚書：官名。爲散官或加官，以示恩寵，無實際執掌。　賜忠順保義功臣：中華書局本有校勘記：“‘忠’，原作‘中’，據殿本、劉本改。”

［5］清泰：五代後唐廢帝李從珂年號（934—936）。　兵部尚書：官名。尚書省兵部主官。掌兵衛、武選、車輦、甲械、厩牧之政令。正三品。　彰聖都指揮使：官名。所部統兵將領。彰聖爲禁軍番號。後唐清泰元年（934）六月，改捧聖左右軍爲彰聖左右軍。　遥領：雖居此官職，然實際上並不赴任。　常州：州名。治所在今江蘇常州市。　刺史：官名。漢武帝時始置。州一級行政長官，總掌考覈官吏、勸課農桑、地方教化等事。唐中期以後，節度使、觀察使轄州而設，刺史爲其屬官，職任漸輕。從三品至正四品下。　“清泰中”至“常州刺史”：《新五代史》卷一七：“唐廢帝時爲彰聖右第三都指揮使，領常州刺史。”

［6］洛下：地名。即洛陽城。

［7］“及高祖建義於太原”至“乃自殺於私邸”：《新五代史》卷一七：“聞高祖舉兵太原，謂人曰：‘生而有死，人孰能免？吾兄方舉大事，吾不可偷生取辱，見笑一時。’遂自殺。”《通鑑》卷二八〇繫敬威自殺於天福元年（936）秋七月戊子。

［8］太傅：官名。與太師、太保並爲三師。唐後期、五代多爲大臣、勳貴加官。正一品。　河南縣：縣名。位於今河南洛陽市。　天福二年，册贈太傅：《新五代史》卷一七：“天福二年正月，贈敬威、敬德皆爲太傅。”

［9］七年：中華書局本有校勘記：“本書卷八〇《晋高祖紀六》、《新五代史》卷一七《晋家人傳》繫其事於天福七年。”《新五代史》卷一七：“七年正月，追封敬威廣王，敬德福王，敬殷通王，皆贈太尉。”又：“出帝天福八年五月，加贈三皇叔（敬威、敬德、敬殷）皆爲太師。”但未改。今改。

［10］左武衛將軍：官名。唐置，掌宫禁宿衛。唐代置十六衛，即左右衛、左右驍衛、左右武衛、左右威衛、左右領軍衛、左右金吾衛、左右監門衛、左右千牛衛，各置上將軍，從二品；大將軍，正三品；將軍，從三品。

［11］《大典》卷六七六〇“王”字韻“宗室封王（二四）”

事目。《舊五代史考異》："《歐陽史》：高祖有兄敬儒，弟敬德、敬殷，《薛史》不爲立傳，疑有闕文。又贇，《歐陽史》作敬贇。"

贇，字德和。爲陝州節度使。[1]少帝即位，加同平章事。[2]贇性驕慢，每使者至，必問曰："小姪安否？"恣爲暴虐，陝人苦之。[3]召還京師，以其皇叔不能責也，斥其元從都押衙蘇彦存、鄭温遇以警之。[4]契丹犯邊，敬贇從出帝幸澶淵，使以兵備汶陽，守麻家渡，未嘗見敵，皆無功。[5]開運元年七月，復出爲威勝軍節度使。[6]歲餘，出帝以曹州爲威信軍，授敬贇節度使。[7]在曹貪暴尤甚，久之，召還。張彦澤兵犯京師，敬贇夜走，踰城東垣，墮沙濠溺死，時年四十九。[8]

[1]陝州：州名。治所在今河南三門峽市陝州區。　節度使：官名。唐時在重要地區所設掌握一州或數州軍、民、財政的長官。

[2]少帝：即後晉少帝石重貴。石敬瑭從子。紀見本書卷八一至卷八五、《新五代史》卷九。　同平章事：官名。"同中書門下平章事"之簡稱。唐高宗以後，凡實際任宰相之職者，常在其本官後加同平章事的職銜。後成爲宰相專稱。後晉天福五年（940），升中書門下平章事爲正二品。

[3]"贇，字德和"至"陝人苦之"：《輯本舊史》未注出處。贇，當爲敬贇，避高祖諱去"敬"字。中華書局本有校勘記："'贇字德和'至'陝人苦之'，以上四十八字原闕，據殿本補。""贇字德和"，《輯本舊史》有原輯者案語："以下有闕文。""陝人苦之"，《輯本舊史》有原輯者案語："以下闕。《薛史·少帝紀》：開運三年十二月，前曹州節度使石贇死，帝之堂叔也。《歐陽史》作墮沙濠溺死。"此案語中華書局本有校勘記："'濠'字原闕，據《新五代

史》卷一七《晋家人傳》補。"《新五代史》卷一七《晋家人傳》："少無賴，竄身民間。高祖使人求得之，補太原牙將。即位，以爲飛龍皇城使，累遷曹州防禦使。"《輯本舊史》卷七九《晋高祖紀五》天福五年（940）十一月戊辰條："曹州防禦使石贇加檢校太保，充河陽三城節度使。"《輯本舊史》卷八〇《晋高祖紀六》天福六年七月己卯條："以河陽節度使石贇爲陝州節度使。"同卷天福七年正月壬申條："陝州節度使石贇加檢校太傅。"卷八二《晋少帝紀二》天福八年十二月乙丑條："詔前陝州節度使石贇率諸節度使畋於近郊。"同卷開運元年（944）二月甲辰條："遣石贇守麻家口。"卷八三《晋少帝紀三》開運元年七月辛卯條："以前陝州節度使石贇爲鄧州節度使。"

[4]都押衙：官名。"押衙"即"押牙"。唐、五代時期節度使辟署的屬官，有稱左、右都押衙或都押衙者。掌領方鎮儀仗侍衛、統率軍隊。參見劉安志《唐五代押牙（衙）考略》，武漢大學歷史系魏晋南北朝隋唐史研究室編《魏晋南北朝隋唐史資料》第16輯，武漢大學出版社1998年版。　蘇彦存：人名。籍貫不詳。五代後晋將領。事見本書本卷。　鄭温遇：人名。籍貫不詳。五代後晋將領。事見本書本卷、《新五代史》卷一七。　"召還京師"至"斥其元從都押衙蘇彦存、鄭温遇以警之"：見《新五代史》卷一七《晋家人傳》。又："敬贇性貪暴，高祖爲擇賢佐吏輔之，而敬贇亦憚高祖嚴，未嘗敢犯法。"

[5]契丹：古部族、政權名。公元4世紀中葉宇文部爲前燕攻破，始分離而成單獨的部落，自號契丹。唐貞觀中，置松漠都督府，以其首領爲都督。唐末强盛，916年迭刺部耶律阿保機建立契丹國（遼）。先後與五代、北宋並立，保大五年（1125）爲金所滅。參見張正明《契丹史略》，中華書局1979年版。　澶淵：地名。位於今河南濮陽市西北。　汶陽：古地名。位於今山東泰安市一帶。　麻家渡：地名。五代黄河渡口。位於今山東鄄城縣。

[6]開運：後晋出帝石重貴年號（944—946）。　威勝軍：方

鎮名。治所在鄧州（今河南鄧州市）。

[7]曹州：州名。治所在今山東曹縣西北。　威信軍：方鎮名。治所在曹州（今山東曹縣西北）。

[8]張彥澤：人名。突厥人，徙居太原。五代後晋將領，投降於契丹。傳見本書卷九八、《新五代史》卷五二。　“契丹犯邊”至“時年四十九”：《新五代史》卷一七《晋家人傳》。《輯本舊史》卷八四《晋少帝紀四》開運二年十月戊寅條：“以前鄭州節度使石贇爲曹州節度使。”卷一〇〇《漢高祖紀下》天福十二年七月壬申條：“故曹州節度使石贇贈侍中。”

韓王暉

韓王暉，[1]字德昭，睿祖孝平皇帝之孫，高祖之從弟也。[2]父萬友，追封秦王。[3]暉生而龐厚，剛毅雄直，有器局，行不由徑，臨事多智，故高祖於宗族之中獨厚遇之。初，張敬達之圍晋陽也，高祖署暉爲突騎都將，常引所部，出敵之不意，深入力戰，雖夷傷流血，矢鏃貫骨，而辭氣益厲，高祖壯之。[4]天福二年，遥授濠州刺史，充皇城都部署。[5]四年，加檢校司徒，授曹州防禦使，加檢校太保。[6]其蒞任也，[7]廉愛恤下，不營財利，不好伎樂，部人安之。歲餘，以疾終於官，[8]歸葬太原。八年，册贈太師，[9]追封韓王。[10]子曦嗣。[11]《永樂大典》卷六千七百六十。[12]

[1]韓王暉：《舊五代史考異》：“《歐陽史》作敬暉。”見《新五代史》卷一七《韓王敬暉傳》。明本《册府》卷二七一《宗室部·武勇門》、卷二八一《宗室部·領鎮門四》、卷二九六《宗室

部·追封門》同。此爲避晋帝“石敬瑭”諱，故删“敬”字。

[2]高祖之從弟也：中華書局本有校勘記：“‘從弟’，原作‘從兄’，據本書卷七九《晋高祖紀五》，《册府》卷二七一、卷二八一改。”見明本《册府》卷二八一《宗室部·領鎮門四》。卷二九六《宗室部·追封門》亦作“高祖弟”。《新五代史》卷一七《晋家人傳五》：“晋氏始出夷狄而微，終爲夷狄所滅，故其宗室次序本末不能究見。其可見者，曰高祖二叔父，一兄六弟，七子二孫。……二叔父曰萬友、萬詮，兄曰敬儒，弟曰敬威、敬德、敬殷、敬贇、敬暉、重胤。”亦以爲高祖之弟。

[3]父萬友，追封秦王：《輯本舊史》卷七九《晋高祖紀五》天福六年（941）正月丙戌條：“故皇第二叔檢校司徒萬友贈太師，皇第三叔檢校司空萬銓贈太尉。”卷八一《晋少帝紀一》天福八年五月丁亥條：“皇第二叔祖贈太師萬友追封秦王；皇第三叔祖贈太尉萬銓贈太師，追封趙王。”《新五代史》卷一七：“孝平皇帝生孝元皇帝、萬友、萬詮，孝元皇帝生高祖，萬友生敬威、敬贇，萬詮生敬暉，而敬儒、敬德、敬殷、重胤皆不知其於高祖爲親疎也。”

[4]張敬達：人名。代州（今山西代縣）人。五代後唐將領。傳見本書卷七〇、《新五代史》卷三三。　晋陽：縣名。治所在今山西太原市。　突騎都將：官名。所部統兵將領。突騎爲部隊番號。　“初，張敬達之圍晋陽也”至“高祖壯之”：“深入力戰”，明本《册府》卷二七一作“深入敵戰”；“而辭氣益厲”作“而辭氣益勵”。“張敬達之圍晋陽”，《輯本舊史》卷七五《晋高祖紀一》繫於清泰三年（936）五月。

[5]天福：五代後晋高祖石敬瑭年號（936—942）。出帝石重貴沿用至九年（944）。後漢高祖劉知遠繼位後沿用一年，稱天福十二年（947）。　濠州：州名。治所在今安徽鳳陽縣。　都部署：官名。五代後唐始置，爲臨時委任的大軍區統帥。掌管屯戍、攻防等事務。

[6]檢校司徒：官名。爲散官或加官，以示恩寵，無實際執掌。

檢校太保：官名。爲散官或加官，以示恩寵加此官，無實際執掌。太保，與太師、太傅合稱三師。

[7]蒞任：《輯本舊史》之影庫本粘籤："蒞任，原本作'釐仕'，今據文改正。"

[8]歲餘，以疾終於官：《輯本舊史》卷七九天福五年四月戊戌條："曹州防禦使石暉卒，帝之從弟也。禮官奏：'天子爲五服之内親本服周者，三哭而止。'從之。"

[9]八年，册贈太師：《舊五代史考異》："《歐陽史》作贈太傅，加贈太師。"見《新五代史》卷一七。

[10]追封韓王：《輯本舊史》卷八一天福八年五月丁亥條："皇叔贈太傅暉贈太師，追封韓王。"

[11]子曦嗣：《舊五代史考異》："《宋史・石曦傳》：天福中，以曦爲右神武將軍，歷漢至周，爲右武衛、左神武二將軍。恭帝即位，初爲左衛將軍，會高麗王昭加恩，命曦副左驍衛將軍戴交充使。淳化四年卒。""左驍衛將軍"，《宋史》卷二七一《石曦傳》作"左驍衛大將軍"。

[12]《大典》卷六七六〇"王"字韻"宗室封王"事目。

高祖諸子

郯王重胤。[1]

[1]郯王重胤：中華書局本有校勘記："四字原闕，據殿本、劉本補。'郯王'，殿本、劉本原作'剡王'，據本書卷八〇《晉高祖紀六》、卷八一《晉少帝紀一》、《册府》卷二九六、《舊五代史考異》卷三改。"《舊五代史考異》："郯王以下諸王傳，《永樂大典》原闕。"《歐陽史》云："重胤，高祖弟也，亦不知其爲親疏，然高祖愛之，養以爲子，故于名加'重'而下齒諸子。《通鑑》《齊王

紀》同。重胤婦馮氏、後爲少帝后，歐陽史載契丹入京師，暴少帝之惡于天下，曰：‘納叔母于宫中，亂人倫之大典。’是重胤實爲高祖弟也。《五代會要》作高祖第三子重胤，天福七年四月，追封郯王。考郯王，歐陽史作鄭王，封爵亦異。又案薛史唐紀，清泰三年，誅皇城副使石重裔，敬瑭之子也。考《會要》載高祖諸子，無别名重裔者，重裔疑即重胤，史氏避宋太祖諱，故作‘裔’。然《通鑑·高祖紀》作敬瑭之子重胤，齊王紀又作高祖少弟重胤早卒，似兩紀實有兩人，姑存之以備考。”

虢王重英。[1]

[1]虢王重英：中華書局本有校勘記：“以上四字原闕，據殿本補。”殿本案：“虢王傳，永樂大典原闕。考《五代會要》云：重英，高祖長子，天福七年四月追封。是書《唐紀》，清泰三年七月己丑，誅右衛上將軍石重英。”其中“天福七年四月追封”，中華書局本有校勘記：“‘七年’，原作‘四年’，據《五代會要》卷二改。本卷注文下一處同。”《舊五代史考異》：“案《五代會要》云：重英，高祖長子，天福七年四月追封。《薛史·唐紀》，清泰三年七月己丑，誅右衛上將軍石重英。《通鑑考異》引《廢帝實録》作姪男供奉官重英。又廣本‘英’作‘殷’。”

晋高祖長子重英，虢王；第三子重胤，郯王，並天福七年四月追封。[1]重胤，高祖弟也，亦不知其爲親疎，然高祖愛之，養以爲子，故於名加“重”而下齒諸子。重胤、重英，高祖反時死。當高祖起太原，重英爲右衛大將軍，重胤爲皇城副使，居京師。[2]聞高祖舉事，匿民家井中，捕得誅之，并族民家。天福二年二月，高祖爲二子發哀，皆贈爲太保。[3]七年正月，皆加贈太傅，追封重英虢王、重胤郯王。出帝天福八年五月，皆加贈太師。[4]

［1］“晋高祖長子重英”至“並天福七年四月追封”：《會要》卷二《諸王》條。

［2］右衛大將軍：官名。唐置，掌宫禁宿衛。唐代十六衛之一。正三品。　皇城副使：官名。爲皇城司副長官。佐皇城使拱衛皇城。

［3］太保：官名。與太師、太傅並爲三師。唐後期、五代多爲大臣、勳貴加官。正一品。

［4］太師：官名。與太傅、太保合稱三師，唐後期、五代多爲大臣、勳貴加官。正一品。　“重胤”至“皆加贈太師”：《新五代史》卷一七：“晋氏始出夷狄而微，終爲契丹所滅，故其宗室次序本末不能究見。其可見者，曰高祖二叔父，一兄六弟，七子二孫，而有略有詳，非惟禍亂多故而失其事實，抑亦無足稱焉者。然粗存其見者，以備其闕云。……弟曰敬威、敬德、敬殷、敬贇、敬暉、重胤。”同卷《出帝皇后馮氏傳》：“高祖留守鄴都，得（馮）濛驩甚，乃爲重胤娶濛女，後封吴國夫人。重胤早卒。”《輯本舊史》卷四八清泰三年（936）七月己丑條：“誅右衛上將軍石重英、皇城副使石重裔，皆敬瑭之子也。”此句有《舊五代史考異》：“重英，《通鑑》作重殷，又《通鑑考異》引《廢帝實録》作‘姪男尚食使重乂、供奉官重英’。並與《薛史》不同。”卷七六《晋高祖紀二》天福二年（937）正月丁巳條：“故皇子重裔、重英贈太保。”卷八〇《晋高祖紀六》天福七年正月壬戌條：“故右衛將軍、贈太保重英再贈太傅，追封虢王；故皇城副使、贈太保重裔再贈太傅，追封郯王。”此追封時間與《新五代史》同，與《會要》異。《通鑑》卷二八〇天福元年七月條：“石敬瑭之子右衛上將軍重殷、皇

城副使重裔聞敬瑭舉兵，匿於民間井中。……七月戊子，獲重殷、重裔，誅之。”《通鑑考異》：“《薛史》：‘七月己丑，誅右衛上將軍石重英、皇城副使石重裔，皆敬瑭之子也。’《廢帝實録》云：‘石諱姝男尚食使重乂、供奉官重英。’與《薛史》不同。案重乂敬瑭子，即位後爲張從賓所殺。《實録》誤也。廣本‘英’作‘殷’，今從之。”卷二八三天福八年十月條：“初，高祖愛少弟重胤，養以爲子；及留守鄴都，娶副留守安喜馮濛女爲其婦。重胤早卒。”明本《册府》卷二九六《宗室部·追封門》：“郯王重裔，高祖子。天福二年正月，贈太保。七年正月，贈太傅，追封。”

楚王重信，字守孚，高祖第二子，後唐明宗之外孫也。[1]少敏悟，有智思。[2]天成中，始授銀青光禄大夫、檢校左散騎常侍，俄加檢校刑部尚書，守相州長史，未幾，遷金紫光禄大夫，超拜檢校司徒，守左金吾衛大將軍。[3]重信歷事唐明宗及閔帝、末帝，不恃貴戚，能克己復禮，常恂恂如也，甚爲時論所稱。[4]高祖即位，出鎮孟津，到任踰月，去民病十餘事，朝廷有詔褒之。[5]是歲，范延光叛命於鄴，詔遣前靈武節度使張從賓發河橋屯兵數千人，東討延光。[6]既而從賓與延光合謀爲亂，遂害重信於理所，時年二十，遠近聞者，爲之歎惜。[7]詔贈太尉。時執事奏曰：“兩漢子弟，生死無歷三公位者。”高祖曰：“此兒爲善被禍，予甚愍之，自我作古，寧有例乎。”遂行册命。[8]以其年十月，葬河南萬安山。[9]天福七年，追封沂王，少帝嗣位，改封楚王。[10]妃南陽白氏，昭信軍節度使奉進之女也。[11]重信有子二人，皆幼，長於公宫，及少帝北遷，不知其所終。《永樂大典》卷六千七百六十。[12]

[1]明宗：即五代後唐明宗李嗣源。926年至933年在位。原名邈佶烈，沙陀部人，爲李克用養子。同光四年（926），莊宗李存勗在兵變中被殺，李嗣源入洛陽，稱監國，後稱帝，改名亶。在位時，精減宫人伶官，廢内藏庫，百姓賴以休息。李嗣源病危時，次子李從榮作亂被殺，悲駭憂慮而死。紀見本書卷三五、《新五代史》卷六。　高祖第二子：《舊五代史考異》："《五代會要》作第四子。"見《會要》卷二《諸王》條。《新五代史》卷一七《晋家人傳》："高祖七子二孫。……子曰重貴、重信、重乂、重英、重進、重睿、重杲。"

[2]少敏悟，有智思：《新五代史》卷一七《楚王重信傳》："高祖李皇后生楚王重信，其諸子皆不知其母。……重信爲人敏悟，多智而好禮。"

[3]銀青光禄大夫：官名。漢代置光禄大夫。魏晋以後，光禄大夫之位重者，加銀章青綬，因稱銀青光禄大夫。北周、隋爲散官。唐貞觀後列入文散官。從三品。　檢校左散騎常侍：官名。爲散官或加官，以示恩寵，無實際執掌。　檢校刑部尚書：官名。爲散官或加官，以示恩寵，無實際執掌。　相州：州名。治所在今河南安陽市。　長史：官名。州府屬官。協助處理州府公務。正四品上至正六品上。　金紫光禄大夫：官名。本兩漢光禄大夫。魏晋以後，光禄大夫之位重者，加金章紫綬，因稱金紫光禄大夫。北周、隋爲散官。唐貞觀後列入文散官。正三品。　左金吾衛大將軍：官名。唐置，掌宫禁宿衛。唐代十六衛之一。正三品。

[4]閔帝：即後唐閔帝李從厚。後唐明宗李嗣源第三子。934年在位。紀見本書卷四五、《新五代史》卷七。　末帝：即後梁朱友貞。朱温第三子。鳳曆元年（913）殺其兄友珪自立。即位後連年與河東李存勗争戰，龍德三年（923），後唐軍陷洛陽，友貞自

殺，後梁亡。紀見本書卷八至卷一〇、《新五代史》卷三。

[5]孟津：地名。位於今河南洛陽市孟津縣會盟鎮，黄河中下游分界綫、重要渡口。　“高祖即位”至“朝廷有詔褒之”：《輯本舊史》卷七六《晋高祖紀二》天福二年（936）二月丙午條：“以皇子左驍衛上將軍重信爲檢校太保、河陽三城節度使。”《新五代史》卷一七：“天福二年二月，以左驍衛上將軍拜河陽三城節度使，有善政，高祖下詔褒之。”

[6]范延光：人名。鄴郡臨漳（今河北臨漳縣）人。五代後唐、後晋將領。傳見本書卷九七。　鄴：地名。即鄴都。治所在今河北大名縣。五代後唐同光元年（923），改魏州爲興唐府，建號東京。三年，改東京爲鄴都。　靈武：郡名。治所在今寧夏吴忠市。乾元元年（758），改名靈州。此處代指治所在靈州的方鎮朔方軍。　張從賓：人名。籍貫不詳。五代將領。後晋時起兵響應范延光叛亂，兵敗溺亡。傳見本書卷九七。

[7]“既而從賓與延光合謀爲亂”至“爲之嘆惜”：《輯本舊史》卷七六《晋高祖紀二》天福二年六月丁未條：“是日，張從賓亦叛，與范延光叶謀，害皇子河陽節度使重信、皇子東都留守重乂。”卷九七《張從賓傳》：“及范延光據鄴城叛，詔從賓爲副部署使，從楊光遠同討延光。會延光使人誘從賓，從賓時在河陽，乃起兵以應之。先害皇子重信，及入洛，又害皇子重乂。”《新五代史》卷八《晋本紀》天福二年六月條：“從賓寇河陽，殺皇子重信。”《通鑑》卷二八一天福二年六月條：“詔張從賓發河南兵數千人擊范延光。延光使人誘從賓，從賓遂與之同反，殺皇子河陽節度使重信。”

[8]遂行册命：亦見明本《册府》卷二七七《宗室部·褒寵門三》。《輯本舊史》卷七六《晋高祖紀二》天福二年七月辛酉條：“皇子故河陽節度使重信贈太尉。”

[9]萬安山：山名。位於今河南洛陽市。

[10]“天福七年”至“改封楚王”：《輯本舊史》卷八〇《晋

高祖紀六》天福七年正月辛酉條："故河陽節度使、贈太尉重信再贈太師，追封沂王。"《輯本舊史》卷八一《晉少帝紀一》天福八年五月丁亥條："皇兄贈太師沂王重信追封楚王。"《新五代史》卷一七天福七年正月"加贈太師，追封沂王。出帝天福八年五月，易封楚王。"明本《册府》卷二九六《宗室部·追封門》："沂王重信，高祖子，天福二年爲河陽節度使，遇害，贈太尉。七年正月，贈太師，追封。"《會要》卷二："天福七年四月追封。"

[11]南陽：縣名。治所在今河南南陽市。　昭信軍：方鎮名。唐光化元年（898）升昭信軍防禦使爲節度使，初治所在金州（今陝西安康市）。天祐二年（905）改昭信節度置，治所在均州（今湖北丹江口市）。　奉進：人名。即白奉進。雲州清塞軍（今山西陽高縣）人。五代後唐、後晉將領。傳見本書卷九五。　妃南陽白氏，昭信軍節度使奉進之女也：《輯本舊史》卷九五《白奉進傳》："始奉進有女嫁於皇子重信，故高祖尤所倚愛。"

[12]《大典》卷六七六〇"王"字韻"宗室封王"事目。

壽王重乂，字弘理，高祖第三子也。[1]幼岐嶷，好儒書，亦通兵法。高祖素所鍾愛，及即位，自北京皇城使拜左驍衛大將軍。[2]車駕幸浚郊，加檢校司空，權東都留守。[3]未幾，鄴都范延光叛，朝廷遣楊光遠討之，詔前靈武節度使、洛都巡檢使張從賓發盟津屯兵赴鄴下。[4]會從賓密通延光，與婁繼英等先劫河橋，次亂洛邑，因害重乂於河南府，時年十九。[5]從賓敗，高祖發哀於便殿，輟視朝三日，詔贈太傅。[6]是歲冬十月，詔遣莊宅使張穎監護喪事，葬於河南府萬安山。[7]天福中，追封壽王。[8]妃李氏，汾州刺史玘之女也。[9]重乂無子，妃後落髮爲尼，開運中，卒於京師。《永樂大典》卷六千七百六十。[10]

[1]“壽王重乂”至“高祖第三子也”：《舊五代史考異》：“《五代會要》作第二子，《通鑑考異》作姪男。”見《會要》卷二《諸王》條。《通鑑》卷二八〇天福元年（936）七月戊子條《考異》曰：“《薛史》：‘七月己丑，誅右衛上將軍石重英、皇城副使石重裔，皆敬瑭之子也。’《廢帝實録》云：‘石諱妋男尚食使重乂，供奉官重英。’與《薛史》不同。按重乂敬瑭子，即位後爲張從賓所殺，《實録》誤也。《廣本》‘英’作‘殷’，今從之。”

[2]北京：即太原府。治所在今山西太原市。　皇城使：官名。唐末始置，爲皇城司的長官，一般爲君主的親信充任，以拱衛皇城。　左驍衛大將軍：官名。唐置，掌宮禁宿衛。唐代置十六衛之一。正三品。

[3]檢校司空：官名。爲散官或加官，以示恩寵，無實際執掌。　留守：官名。古代皇帝出巡或親征時指定親王或大臣留守京城，綜理國家軍事、行政、民事、財政，稱京城留守。在陪都或軍事重鎮也常設留守。　“車駕幸浚郊”至“權東都留守”：《輯本舊史》之影庫本粘籤：“浚郊，原本作‘洨效’，今據《册府元龜》改正。”見《宋本册府》卷一四〇《帝王部·旌表門四》晉高祖條天福元年六月。《輯本舊史》卷七六《晉高祖紀二》天福元年十二月丁亥條：“以皇子重乂爲河南尹。”《宋本册府》卷六八八《牧守部·愛民門》：“晋東都留守石重人（乂）奏：皇后一行發往汴州。所有沿路支贍諸雜物色等，並和雇脚乘般馱，不擾百姓。”

[4]楊光遠：人名。沙陀部人。五代後唐、後晋將領。傳見本書卷九七、《新五代史》卷五一。　巡檢使：官名。五代始置，設於京師、陪都、重要的州及邊防重鎮。　盟津：地名。古黄河渡口。在今河南孟津縣。

［5］婁繼英：人名。籍貫不詳。五代後梁、後唐、後晋將領。傳見《新五代史》卷五一。　河橋：古橋名。又命河陽橋。位於今河南孟縣西南、孟津縣東北黄河上。　河南府：府名。治所在今河南洛陽市。　“未幾”至“時年十九”：《輯本舊史》卷七六《晋高祖紀二》天福二年六月甲午條：“六宅使張言自魏府迴，奏范延光叛命。”同月丁未條：“詔侍衛使楊光遠充魏府四面都部署；以張從賓充副，兼諸軍都虞候；昭義節度使高行周充魏府西面都部署。是日，張從賓亦叛，與范延光叶謀，害皇子河陽節度使重信、皇子東都留守重乂。”卷九七《張從賓傳》：“及范延光據鄴城叛，詔從賓爲副部署使，從楊光遠同討延光。會延光使人誘從賓，從賓時在河陽，乃起兵以應之。先害皇子重信，及入洛，又害皇子重乂，取内庫金帛以給部伍，因東據汜水關，且欲觀望軍勢。”《新五代史》卷八《晋本紀》天福二年六月：“從賓寇河陽，殺皇子重信；寇河南，殺皇子重乂。”《通鑑》卷二八一天福二年六月條：“詔張從賓發河南兵數千人擊范延光。延光使人誘從賓，從賓遂與之同反，殺皇子河陽節度使重信。使上將軍張繼祚知河陽留後。繼祚，全義之子也。從賓又引兵入洛陽，殺皇子權東都留守重乂，以東都副留守、都巡檢使張延播知河南府事。”

［6］輟視朝：又稱輟朝、廢朝。古代帝王遇親喪或文武大臣病故，停止視朝數日，以示哀悼。　詔贈太傅：《輯本舊史》卷七六天福二年七月辛亥條：“皇子故東都留守重乂贈太傅。”

［7］莊宅使：官名。唐始置。掌管兩京地區官府掌握的莊田、磨坊、店鋪、菜園、車坊等産業。　張穎：人名。太原（今山西太原市）人。五代後晋官員。傳見本書卷一二九。

［8］天福中，追封壽王：《輯本舊史》卷八〇《晋高祖紀六》天福七年正月壬戌條：“故權東京留守、河南尹、贈太傅重乂再贈太尉，追封壽王。”卷八一《晋少帝紀一》天福八年五月丁亥條：皇兄贈太傅虢王重乂贈太師。明本《册府》卷二九六《宗室部·追封門》：“壽王重乂（誤作‘重文’），高祖子，天福二年權東都

留守，遇害，贈太傅，七年正月，贈太尉，追封。”

［9］汾州：州名。治所在今山西汾陽市。　玘：人名。籍貫不詳。五代藩鎮軍閥。事見本書本卷。

［10］《大典》卷六七六〇“王”字韻“宗室封王”事目。《輯本舊史》於段末有案語：“晉宗室傳，原本多闕佚，今姑仍原文。”

夔王重進，高祖第五子，天福七年四月追封。[1]

［1］“夔王重進”至“天福七年四月追封”：《會要》卷二諸王條。“夔王重進”，中華書局本有校勘記：“以上四字原闕，據殿本、劉本補。”《輯本舊史》卷七六《晉高祖紀二》天福二年正月丁巳條：“故皇子重進贈太保。”卷八〇《晉高祖紀六》天福七年正月壬戌條：“追贈皇子五人：故左金吾衛將軍、贈太保重進再贈太傅，追封夔王。”卷八一《晉少帝紀一》天福八年五月丁亥條：“皇兄贈太傅夔王重進贈太師，追封如故。”

陳王重杲，[1]高祖幼子也。小字馮六，未名而卒，贈太傅，追封陳王，賜名重杲。出帝天福八年五月，加贈太師。[2]

［1］陳王重杲：中華書局本有校勘記：“四字原闕，據殿本、劉本補。”

［2］“高祖幼子也”至“加贈太師”：《新五代史》卷一七《重杲傳》。《舊五代史考異》：“《歐陽史》云：高祖少子曰馮六，未名而卒，贈太傅，追封陳王，賜名重杲。舊說以重睿爲幼子，非也。今考《五代會要》作高祖第六子重杲，第七子重睿，與《歐陽史》異。”《會要》卷二諸王條：“晉高祖第六子重杲，陳王，天

福六年五月追封。”明本《册府》卷二九六《宗室部·追封門》：“晋陳王重杲，高祖子，幼亡，天福六年五月追封。”

重睿，高祖第七子，許州節度使，未封王。[1]

[1]重睿：中華書局本有校勘記：“以上二字原闕，據殿本、劉本補。”　許州：州名。治所在今河南許昌市。　“高祖第七子”至“未封王”：《會要》卷二諸王條。《舊五代史考異》：“《契丹國志》云：高祖憂悒成疾，一旦馮道獨封，高祖命幼子重睿出拜之，又令宦者抱置道懷中，蓋欲馮道輔立之。高祖崩，道與侍衛馬步都虞候景延廣議，以國家多難，宜立長君，乃奉齊王重貴爲嗣。《五代會要》云：重睿，高祖第七子，許州節度使，未封王。《歐陽史》云：從出帝北遷，不知其所終。”見《契丹國志》卷二會同六年（即晋天福八年，943）條。《新五代史》卷一七：“高祖少子曰馮六，未名而卒，而舊説以重睿爲幼子者，非也。”同卷《重睿傳》：“重睿爲人貌類高祖。”又：“出帝以重睿爲檢校太保、開封尹，以左散騎常侍邊蔚權知開封府事。開運二年五月，拜重睿雄武軍節度使。歲餘，徙鎮忠武。皆不之鎮。”

少帝諸子

延煦、延寶，高祖諸孫也，出帝以爲子。[1]

[1]延煦、延寶：中華書局本分别有校勘記：“以上二字原闕，據殿本、劉本補。”　高祖諸孫也，出帝以爲子：《新五代史》卷一七《延煦傳》《延寶傳》，《會要》卷二諸王條：“少帝長子延煦，遥領陝府節度使；第二子延寶，遥領曹州節度使。按《實録》，皆帝之從子，養爲己子。”《通鑑》卷二八五開運三年（946）三月庚

申條：“延煦及弟延寶，皆高祖諸孫，帝養以爲子。”同年十二月甲戌條：“楚國夫人丁氏，延煦之母也，有美色。”《舊五代史考異》：“案《五代會要》云：延煦，少帝長子，遥領陝府節度使。《通鑑》云：趙在禮家貲爲諸帥之最，帝利其富，爲皇子鎮寧節度使延煦娶其女。在禮自費緡錢十萬，縣官之費，數倍過之。”“延寶，少帝次子，遥領曹州節度使。《通鑑》云：延煦及弟延實皆高祖諸孫，帝養以爲子。《會要》引《實録》亦云皆帝之從子，養以爲子。歐陽史云：延煦等從帝北遷，後不知其所終。”此二則《考異》中華書局本有校勘記：“‘陝府’，原作‘陝西’；‘曹州’原作‘魯州’，據《五代會要》卷二改。”

開運二年秋，以延煦爲鄭州刺史。[1]延煦少，不能視事，以一宦者從之，又選尚書郎路航參知州事。[2]宦者遂專政事，每詬辱航，出帝召航還。已而徙延煦齊州防禦使。[3]三年，拜鎮寧軍節度使。[4]是時，河北用兵，天下旱蝗，民餓死者百萬計，而諸鎮争爲聚斂，趙在禮所積鉅萬，爲諸侯王最。[5]出帝利其貲，乃以延煦娶在禮女，在禮獻絹三千匹，前後所獻不可勝數。三年五月，遣宗正卿石光贊以聘幣一百五十床迎于其第，出帝宴在禮萬歲殿，所以賜予甚厚，君臣窮極奢侈，時人以爲榮。[6]在禮謂人曰：“吾此一婚，其費十萬。”十一月，徙延煦鎮保義。[7]

[1]鄭州：州名。治所在今河南鄭州市。

[2]尚書郎：官名。即郎中。尚書省屬官。分曹處理政事。從五品上。　路航：人名。籍貫不詳。五代後晋官員。事見本書本卷及卷一四三。　參知州事：官名。爲州刺史佐貳官。佐刺史掌本州

政務。

[3]齊州：州名。治所在今山東濟南市。　防禦使：官名。唐代始置，設有都防禦使、州防禦使兩種。常由刺史或觀察使兼任，實際上爲唐代後期、五代州或方鎮的軍政長官。

[4]鎮寧軍：方鎮名。治所在澶州（今河南濮陽市）。

[5]趙在禮：人名。涿州（今河北涿州市）人。五代後唐、後晋將領。傳見本書卷九〇、《新五代史》卷四六。

[6]宗正卿：官名。秦始置宗正，南朝梁始有宗正卿之官。由宗室充任。掌皇族外戚屬籍。正三品。　石光贊：人名。五代後晋宗室、官員。事見本書本卷、卷七六。　萬歲殿：宫殿名。後梁、後漢東京開封城内宫殿。位於今河南開封市。

[7]保義：方鎮名。治所在陝州（今河南三門峽市陝州區）。

"開運二年秋"至"徙延煦鎮保義"：《新五代史》卷一七《延煦傳》《延寶傳》。《會要》卷二四親王遥領節度使條："開運三年三月，以皇子延煦遥領鎮寧軍節度，澶、相等州觀察、處置、管内河堤等使。至其年十一月，改領保義軍節度，陝、虢等州觀察、處置等使。"《通鑑》卷二八五開運三年（946）三月庚申條："晋昌節度使兼侍中趙在禮更歷十鎮，所至貪暴，家貲爲諸帥之最。帝利其富，三月，庚申，爲皇子鎮寧節度使延煦娶其女。在禮自費緡錢十萬，縣官之費，數倍過之。"

自延煦爲齊州防禦使，而延寶代爲鄭州刺史。及契丹滅晋，出帝與太后遣延煦、延寶齎降表、玉璽、金印以歸契丹，而延寶時亦爲威信軍節度使矣。契丹得璽，以爲製作非工，與前史所傳者異，命延煦等還報求真璽。出帝以狀答曰："頃潞王從珂自焚於洛陽，玉璽不知所在，疑已焚之。先帝受命，命玉工製此璽，在位羣臣皆知之。"[1]乃已。後延煦等從帝北遷，不知其所終。[2]

[1]王從珂：人名。即後唐廢帝李從珂。鎮州平山（今河北平山縣）人。本姓王，後唐明宗李嗣源擄其母魏氏，遂養爲己子。應順元年（934）四月，李從珂入洛陽即帝位。清泰三年（936）五月，石敬瑭謀反，廢帝自焚死，後唐亡。紀見本書卷四六至卷四八、《新五代史》卷七。

[2]"自延煦爲齊州防禦使"至"不知其所終"：《新五代史》卷一七《延煦傳》《延寶傳》。《宋本册府》卷五九四《掌禮部·奏議門二二》周太祖廣順三年（953）二月："開運末，契丹陷中原，張彦澤入京城。晉主奉表歸命於虜主，遣皇子延煦等奉國寶并命印三面送與虜主。其國寶即天福初所造者也。延煦等迴，虜主與晉帝詔曰：'所進國寶驗來非真傳國寶。其真寶速進來。'晉主奏曰：'真傳國寶因清泰末僞主從珂以寶自焚，自此亡失。先帝登極之初，特製此寶。左右臣寮備知，固不敢别有藏匿也。'"《通鑑》卷二八五開運三年十二月癸酉條："帝坐苑中，與后妃相聚而泣，召翰林學士范質草降表，自稱'孫男臣重貴，禍至神惑，運盡天亡。今與太后及妻馮氏，舉族於郊野面縛待罪次。遣男鎮寧節度使延煦、威信節度使延寶，奉國寶一、金印三出迎。'"又同月己卯條："延煦、延寶自牙帳還，契丹主賜帝手詔，且遣解里謂帝曰：'孫勿憂，必使汝有噉飯之所。'帝心稍安，上表謝恩。契丹以所獻傳國寶追琢非工，又不與前史相應，疑其非真，以詔書詰帝，使獻真者。帝奏：'頃王從珂自焚，舊傳國寶不知所在，必與之俱燼。此寶先帝所爲，羣臣備知。臣今日焉敢匿寶！'乃止。"

舊五代史　卷八八

晉書十四

列傳第三

景延廣

景延廣，字航川，[1]陝州人也。[2]父建，累贈太尉。[3]延廣少習射，以挽强見稱。[4]梁開平中，邵王朱友誨節制於陝，[5]召置麾下，友誨坐謀亂，延廣竄而獲免。後事華州連帥尹皓，皓引薦列校，隸于汴軍，從王彦章拒莊宗於河上。[6]及中都之敗，彦章見擒，而延廣被數創，歸於汴。[7]

[1]字航川：中華書局本有校勘記："三字原闕，據殿本、劉本補。按《新五代史》卷二九《景延廣傳》記其字航川。"

[2]陝州：州名。治所在今河南三門峽市陝州區。

[3]建：人名。即景建。陝州（今河南三門峽市陝州區）人。事見本書本卷及《新五代史》卷二九。　太尉：官名。與司徒、司

空並爲三公，唐後期、五代多爲大臣、勳貴加官。正一品。

［4］“父建”至“以挽强見稱”：《新五代史》卷二九：“父建善射，嘗教延廣曰：‘射不入鐵，不如不發。’由是延廣以挽强見稱。”

［5］開平：後梁太祖朱温年號（907—911）。　朱友誨：人名。朱温長兄朱全昱之子。後梁太祖時封邵王，曾任控鶴指揮使、陝州節度使。末帝時因舉兵反叛被囚。後唐入汴時被殺。傳見本書卷一二、《新五代史》卷一三。　邵王朱友誨節制於陝：《輯本舊史》之影庫本粘籤：“‘邵王朱友誨’，原本作‘郡王諸友謀’，今從《歐陽史》改正。”見《新五代史》卷二九。

［6］華州：州名。治所在今陝西渭南市華州區。　尹皓：人名。籍貫不詳。後梁將領。傳見本書附録。　王彦章：人名。鄆州壽張（今山東梁山縣壽張集）人。後梁將領。傳見本書卷二一、《新五代史》卷三二。　莊宗：人名。即李存勗。沙陀族。後唐開國皇帝。紀見本書卷二七至卷三四、《新五代史》卷四至卷五。

［7］中都：縣名。治所在今山東汶上縣。

唐天成中，明宗幸夷門，會朱守殷拒命，尋平之，延廣以軍校連坐，將棄市。[1]高祖時爲六軍副使，掌其事，見而惜之，乃密遣遁去，尋收爲客將。[2]及張敬達之圍晋陽，高祖付以戎事，甚有干城之功。[3]高祖即位，授侍衛步軍都指揮使、檢校司徒、遥領果州團練使，轉檢校太保，領夔州節度使。[4]四年，出鎮滑臺。[5]五年，加檢校太傅，移鎮陝府。[6]六年，召爲侍衛馬步軍都虞候，移鎮河陽。[7]七年，轉侍衛親軍都指揮使、檢校太尉。[8]

[1]天成：後唐明宗李嗣源年號（926—930）。　明宗：即李嗣源。沙陀部人。原名邈佶烈，李克用養子。五代後唐明宗，926年至933年在位。紀見本書卷三五至卷四四、《新五代史》卷六。　夷門：原指城門名。故址在今河南開封城内東北隅。夷門位於夷山，夷山因山勢平夷而得名，故門亦以山爲名。此處代指開封。　朱守殷：人名。籍貫不詳。五代後唐將領。傳見本書卷七四、《新五代史》卷五一。　棄市：古代刑法名。即在鬧市執行死刑，並陳屍街頭示衆。

[2]高祖：即後晋高祖石敬瑭。沙陀部人。五代後唐將領、後晋開國皇帝。紀見本書卷七五至卷八〇、《新五代史》卷八。　六軍副使：官名。即“六軍諸衛副使”。後唐沿唐代舊制，置六軍、諸衛。以判六軍諸衛事爲禁軍六軍與諸衛的最高統帥，六軍諸衛副使爲其貳。　客將：官名。亦稱典客。唐末、五代藩鎮負責接待使節、賓客、出使等外交職責的武官。詳見吴麗娱《試論晚唐五代的客將、客司與客省》，《中國史研究》2002年第4期。

[3]張敬達：人名。代州（今山西代縣）人。五代後唐將領。傳見本書卷七〇、《新五代史》卷三三。　晋陽：縣名。治所在今山西太原市。

[4]侍衛步軍都指揮使：官名。皇帝侍衛親軍步軍司最高長官。　檢校司徒：官名。爲散官或加官，以示恩寵加此官，無實際執掌。　遥領：雖居此官職，然實際上並不赴任。　果州：州名。治所在今四川南充市。　團練使：官名，唐代中期以後，於不設節度使的地區設團練使，掌本區各州軍事。　檢校太保：官名。爲散官或加官，以示恩寵，無實際執掌。　夔州：州名。治所在今重慶奉節縣。　節度使：官名。唐時在重要地區所設掌握一州或數州軍、民、財政的長官。　“高祖即位”至“領夔州節度使”：《輯本舊史》卷七六《晋高祖紀二》天福元年（936）十一月己亥條：“以客將景延廣爲步軍都指揮使。”同卷天福二年五月丙子條：“昭信軍節度使、侍衛步軍都指揮使景延廣改寧江軍節度使，典軍如故。”

《新五代史》卷二九《景延廣傳》:“高祖即位，以爲侍衛步軍都指揮使，領果州團練使，徙領寧江軍節度使。”寧江軍治夔州。

[5]滑臺：地名。位於今河南滑縣。

[6]檢校太傅：官名。爲散官或加官，以示恩寵，無實際執掌。

[7]侍衛馬步軍都虞候：官名。五代侍衛親軍馬步軍統兵官，位僅次於馬步軍都指揮使、副都指揮使。　河陽：方鎮名。全稱“河陽三城”。治所在孟州（今河南孟州市）。　“四年，出鎮滑臺”至“移鎮河陽”:《輯本舊史》卷七八《晋高祖紀四》天福四年正月甲寅條:“以侍衛步軍都指揮使、寧江軍節度使景延廣爲義成軍節度使。”卷七九《晋高祖紀五》天福五年十一月甲子條:“滑州節度使景延廣加檢校太傅，改陝州保義軍節度使。”卷八〇《晋高祖紀六》天福六年七月己卯條:“以陝州節度使景延廣爲河陽三城節度使兼侍衛親軍馬步軍都虞候。”《新五代史》卷二九:“天福四年，出鎮義成，又徙保義，復召爲侍衛馬步軍都虞候，徙鎮河陽三城，遷馬步軍都指揮使，領天平。”

[8]侍衛親軍都指揮使：官名。五代時侍衛親軍之長官。多爲皇帝親信。　檢校太尉：官名。爲散官或加官，以示恩寵，無實際執掌。　七年，轉侍衛親軍都指揮使、檢校太尉:《輯本舊史》卷八〇天福七年正月乙亥條:“河陽節度使兼侍衛馬步軍都虞候景延廣加檢校太尉，改鄆州節度使，典軍如故。”卷八一《晋少帝紀一》天福七年七月癸卯條:“鄆州天平軍節度使兼侍衛馬步都虞候景延廣加特進、同中書門下平章事，充侍衛親軍都指揮使。”《通鑑》卷二八三天福七年七月癸卯條:“加景延廣同平章事，兼侍衛馬步都指揮使。”《新五代史》卷九《晋本紀》天福七年八月庚申條:“天平軍節度使景延廣進錢粟助作山陵。”

其年夏，高祖晏駕，延廣與宰臣馮道等承顧命，以少帝爲嗣。[1]既發喪，都人不得偶語，百官赴臨，未及内門，皆令下馬，由是有驕暴之失。[2]少帝既嗣位，延廣獨以爲己功，尋加同平章事，彌有矜伐之色。[3]始朝廷遣使告哀北虜，無表致書，去臣稱孫。虜怒，遣使來讓，延廣乃奏令契丹迴圖使喬榮告戎王曰："先帝則北朝所立，今上則中國自册，爲鄰爲孫則可，無稱臣之理。"且言："晋朝有十萬口横磨劍，翁若要戰則早來，他日不禁孫子，則取笑天下，當成後悔矣。"由是與虜立敵，干戈日尋。[4]初，高祖在位時，宣借楊光遠騎兵數百，延廣請下詔追還，光遠由此忿延廣，怨朝廷，遣間使汎海搆虜。[5]

[1]馮道：人名。瀛州景城（今河北滄縣）人。五代時官拜宰相，歷仕後唐、後晋、後漢、後周，亦曾臣服於契丹。傳見本書卷一二六、《新五代史》卷五四。　少帝：即後晋少帝石重貴。石敬瑭從子。紀見本書卷八一至卷八五、《新五代史》卷九。

[2]由是有驕暴之失：明本《册府》卷四五四《將帥部・專恣門》作"頗有驕暴之失"。

[3]同平章事：官名。"同中書門下平章事"之簡稱。唐高宗以後，凡實際任宰相之職者，常在其本官後加同平章事的職銜。後成爲宰相專稱。後晋天福五年（940），升中書門下平章事爲正二品。

[4]北虜：此指契丹。古部族、政權名。公元4世紀中葉宇文部爲前燕所攻破，始分離而成單獨的部落，自號契丹。唐貞觀中，置松漠都督府，以其首領爲都督。唐末强盛，916年迭剌部耶律阿保機建立契丹國（遼）。先後與五代、北宋並立，保大五年（1125）爲金所滅。參見張正明《契丹史略》，中華書局1979年版。"始朝廷遣使告哀北虜"至"干戈日尋"："始朝廷遣使告哀北

虜”，中華書局本有校勘記：“‘始’字原闕，據《册府》卷四四六、卷九三五補。”見明本《册府》卷四四六《將帥部·生事門》、卷九三五《總録部·構患門》。此句“北虜”，下文“虜怒”與“由是與虜立敵”之“虜”，四庫館臣忌清諱均簒改作“契丹”，中華書局本未改，今據明本《册府》回改。“延廣乃奏令契丹迴圖使喬榮告戎王曰”，中華書局本有校勘記：“‘迴圖使’原作‘迴國使’，據彭校，《册府》卷四四六、卷九七二，《契丹國志》卷二改。按《通鑑》卷二八三：‘初，河陽牙將喬榮從趙延壽入契丹，契丹以爲迴圖使。’胡注：‘凡外國與中國貿易者，置迴圖務，猶今之迴易場也。’”見《通鑑》卷二八三天福八年（943）九月戊子條，《宋本册府》卷九七二《外臣部·朝貢門五》。“戎王”，明本《册府》卷九三五作“邪律氏”。“喬榮”，《通鑑考異》曰：“《漢隱帝實録》作‘喬熒’。《陷蕃記》作‘喬瑩’。今從《晋少帝》、《漢高祖實録》、薛史《景延廣傳》、《契丹傳》。”《輯本舊史》之原輯者案語：“《歐陽史》作喬瑩，《遼史》同《薛史》。《契丹國志》云：先是，河陽牙將喬榮從趙延壽入遼，遼帝以爲回圖使，置邸大梁。至是，景延廣説帝囚榮于獄，凡遼國販易在晋境者皆殺之，奪其貨。大臣皆言遼國不可負，乃釋榮，慰賜而遣之。”見《遼史》卷四《太宗下》會同五年（942）七月條，《契丹國志》卷二太宗會同七年（即天福八年）九月條。此案語中華書局本有校勘記：“‘《契丹國志》……遼帝以爲回圖使……而遣之’，以上七十三字原闕，據《舊五代史考異》卷三補。‘回圖使’，《舊五代史考異》原作‘回國使’，據《契丹國志》卷二改。”明本《册府》卷四四六、卷九三五亦作“喬榮”。“今上則中國自册”之“自册”，《輯本舊史》原作“自策”，據明本《册府》卷四四六、卷九三五改。《新五代史》卷二九《景延廣傳》亦作“自册”。“無稱臣之理”之“稱”，中華書局本有校勘記：“‘稱’字原闕，據《册府》卷四四六、卷九三五補。”“由是與虜立敵干戈日尋”，明本《册府》卷九三五後有“所謂惟口起戎是也”。《輯本舊史》卷一三七

《契丹傳》:“及少帝嗣位，遣使入契丹。德光以少帝不先承稟，擅即尊位，所齎文字，略去臣禮，大怒，形于責讓，朝廷使去，即加譴辱。會契丹迴圖使喬榮北歸，侍衛親軍都指揮使景延廣謂榮曰:‘先朝是契丹所立，嗣君乃中國自册，稱孫可矣，稱臣未可。中國自有十萬口横磨劍，要戰即來。’榮至本國，具言其事，德光大怒。會青州楊光遠叛，遣使搆之。明年冬，德光率諸部南下。”《新五代史》卷二九:“(喬)瑩知其言必起兩國之争，懼後無以取信也，因請載于紙，以備遺忘。延廣敕吏具載以授瑩，瑩藏其書衣領中以歸，具以延廣語告契丹，契丹益怒。”《通鑑》卷二八三天福七年條:“帝(晋少帝)之初即位也，大臣議奉表稱臣告哀於契丹，景延廣請致書稱孫而不稱臣。李崧曰:‘屈身以爲社稷，何耻之有!陛下如此，他日必躬擐甲胄，與契丹戰，於時悔無益矣。’延廣固争，馮道依違其間。帝卒從延廣議。契丹大怒，遣使來責讓，且言:‘何得不先承稟，遽即帝位?’延廣復以不遜語答之。”同卷天福八年九月戊子條:“初，河陽牙將喬榮從趙延壽入契丹，契丹以爲回圖使，往來販易於晋，置邸大梁。及契丹與晋有隙，景延廣説帝囚榮於獄，悉取邸中之貨。凡契丹之人販易在晋境者，皆殺之，奪其貨。大臣皆言契丹有大功，不可負。戊子，釋榮，慰賜而歸之。榮辭延廣，延廣大言曰:‘歸語而主，先帝爲北朝所立，故稱臣奉表。今上乃中國所立，所以降志於北朝者，正以不敢忘先帝盟約故耳。爲鄰稱孫，足矣，無稱臣之理。北朝皇帝勿信趙延壽誑誘，輕侮中國。中國士馬，爾所目睹。翁怒則來戰，孫有十萬横磨劍，足以相待。他日爲孫所敗，取笑天下，毋悔也!’榮自以亡失貨財，恐歸獲罪，且欲爲異時據驗，乃曰:‘公所言頗多，懼有遺忘，願記之紙墨。’延廣命吏書其語以授之，榮具以白契丹主。契丹主大怒，入寇之志始決。晋使如契丹，皆縶之幽州，不得見。桑維翰屢請遜辭以謝契丹，每爲延廣所沮。帝以延廣爲有定策功，故寵冠羣臣，又總宿衛兵，故大臣莫能與之争。河東節度使劉志遠，知延廣必致寇，而畏其方用事，不敢言，但益募兵，奏置興捷、武節等十餘軍以備契丹。"

[5]楊光遠：人名。沙陀部人。五代後唐、後晋將領。傳見本書卷九七、《新五代史》卷五一。 "延廣請下詔追還"：中華書局本有校勘記："'追'，原作'遣'，據劉本，《册府》卷四四六、卷九三五改。""遣間使汎海搆虜"，校勘記："'間'字原闕，據《册府》卷四四六、卷九三五補。'釁'，《册府》卷四四六、卷九三五作'虜'。"此處"釁"字中華書局本未改，今據明本《册府》回改。明本《册府》卷四四六："初，高祖在位時，宣借楊光遠騎兵數百，延廣請下詔追還。光遠繇此忿延廣，怨朝廷。廣遣間使，汎海搆虜。"卷九三五："又請下詔追楊光遠。高祖在位時，宣借騎兵，光遠忿延廣，怨朝廷，遂遣間使汎海搆虜。"《輯本舊史》卷八一《晋少帝紀一》天福八年二月庚戌條："以侍衛親軍使景延廣充御營使。"《新五代史》卷九《晋本紀》繫此事於壬子日。

天福八年十二月，虜乃南牧。九年正月，陷甘陵，河北儲蓄悉在其郡。[1]少帝大駭，親率六師，進駐澶淵，延廣爲上將，凡六師進退，皆出胸臆，少帝亦不能制，衆咸憚而忌之。[2]虜既至城下，使人宣言曰："景延廣喚我來相殺，何不急戰!"一日，高行周與蕃軍相遇於近郊，以衆寡不敵，急請濟師，延廣勒兵不出，是日行周幸而獲免。[3]及虜退，延廣猶閉栅自固，士大夫曰："昔與虜絶好，言何勇也；今虜至若是，氣何憊也。"[4]時延廣在軍，母凶問至，自澶淵津北移於津南，不信宿而復蒞戎事，曾無戚容，下俚之士亦聞而惡之。[5]時有太常丞王緒者，因使德州迴，與延廣有隙，因誣奏與楊光遠通謀，遣吏縶於麾下，鍛成其事。[6]判官盧億累勸解不從，尋有詔棄市，時甚冤之。[7]少帝還京，嘗幸其第，進獻錫賚，有如酬酢，權寵恩渥，爲一朝之冠。[8]俄與宰臣桑維翰不協，少帝亦憚其難制，遂罷兵權，出爲洛都留守、兼侍中。[9]由是鬱鬱不得志，亦意北虜强盛，國家不濟，身將危矣，但縱長夜飲，無復以夾輔爲意。[10]

[1]天福：五代後晋高祖石敬瑭年號（936—942）。出帝石重貴沿用至九年（944）。後漢高祖劉知遠繼位後沿用一年，稱天福十二年（947）。　虜乃南牧："虜"，《輯本舊史》原作"契丹"，明本《册府》卷四五四《將帥部·豪横門》作"北虜南攻"，卷九三五《總録部·構患門》作"虜"。今回改。下文"虜既至城下""及虜退""昔與虜絶好""今虜至若是"之"虜"字，亦據明本《册府》相應卷回改。　甘陵：地名。指代貝州，治所在今河北清河縣。

[2]澶淵：地名。位於今河南濮陽市西北。

[3]高行周：人名。嬀州懷戎（今河北懷來縣）人。五代後唐至後周將領。傳見本書卷一二三、《新五代史》卷四八。　"天福八年十二月"至"是日行周幸而獲免"：《輯本舊史》卷八二《晋少帝紀二》開運元年（944）二月丙午條："先鋒指揮使石公霸與契丹遇於戚城之北，爲契丹所圍。高行周、符彦卿方息於林下，聞賊至，駭愕，督軍而進，契丹衆甚盛，被圍數重，遣人馳告景延廣，請益師。延廣遲留，候帝進止，行周等大譟，瞋目奮擊賊衆，傷死者甚多，帝自御親兵救之方解。"《通鑑》卷二八四開運元年二月丙午條："契丹圍高行周、符彦卿及先鋒指揮使石公霸於戚城。先是景延廣令諸將分地而守，無得相救。行周等告急，延廣徐白帝，帝自將救之。契丹解去，三將泣訴救兵之緩，幾不免。"此事參見《宋本册府》卷一三六《帝王部·慰勞門》晋少帝天福九年三月條、卷三九六《將帥部·勇敢門三》石公霸條，明本《册府》卷

四五三《將帥部·怯懦門》。《新五代史》卷九《晋本紀》開運元年正月壬午條:"景延廣爲御營使。"亦見《通鑑》卷二八三開運元年正月壬午條。

［4］"及虜退"至"氣何憊也":亦見明本《册府》卷四五三、卷九三五。《輯本舊史》之原輯者案語:"《契丹國志》云:遼帝帳中有小校亡去,云:'遼帝已傳木書,收軍北去。'景延廣疑有詐,閉壁不敢追。遼帝北歸,所過焚掠、民物殆盡。"見《契丹國志》卷二《太宗上》會同八年(即開運二年,945)三月條。《新五代史》卷二九《景延廣傳》:"然延廣方握親兵,恃功恣横,諸將皆由其節度,帝亦不能制也。契丹嘗呼晋人曰:'景延廣唤我來,何不速戰?'是時,諸將皆力戰,而延廣未嘗見敵。契丹已去,延廣獨閉壁不敢出。自延廣一言而契丹與晋交惡,凡號令征伐一出延廣,晋大臣皆不得與,故契丹凡所書檄,未嘗不以延廣爲言。"

［5］"時延廣在軍"至"下俚之士亦聞而惡之":亦見《宋本册府》卷九二三《總録部·不孝門》,明本《册府》卷九三五。

［6］太常丞:官名。西漢置。爲太常副貳,掌本寺日常公務,從五品下。　王緒:人名。青州(今山東青州市)人。五代後晋官員。事見本書本卷、卷八二。　德州:州名。治所在今山東德州市陵城區。

［7］判官:官名。爲長官的佐吏,協理政事,或備差遣。此處蓋爲山陵判官。掌佐山陵使副監造後唐明宗陵寢。　盧億:人名。懷州河内(今河南沁陽市)人。五代、宋初大臣。傳見《宋史》卷二六四。

［8］"少帝還京"至"爲一朝之冠":"有如酬酢",中華書局本有校勘記:"'有如'原作'如有',據殿本、邵本校、《永樂大典》卷一六二一八引《五代史·晋景延廣傳》、《册府》卷四五四乙正。"見明本《册府》卷四五四《將帥部·專恣門》,《大典》卷一六二一八"冠"字韻"一朝之冠"事目。《新五代史》卷二九:"天福八年秋,出帝幸大年莊還,置酒延廣第。延廣所進器服、鞍

馬、茶牀、椅榻皆裹金銀，飾以龍鳳。又進帛五千匹，綿一千四百兩，馬二十二匹，玉鞍、衣襲、犀玉、金帶等，請賜從官，自皇弟重睿，下至伴食刺史、重睿從者各有差。帝亦賜延廣及其母、妻、從事、押衙、孔目官等稱是。時天下旱蝗，民餓死者歲十數萬，而君臣窮極奢侈以相誇尚如此。"

［9］桑維翰：人名。洛陽（今河南洛陽市）人。五代後唐進士，後晋宰相、樞密使。傳見本書卷八九、《新五代史》卷二九。　留守：官名。皇帝出巡或親征時指定親王或大臣留守京城，綜理軍事、行政、民事、財政等事務，稱京城留守。在陪都或軍事重鎮也常設留守，以地方長官兼任。　侍中：官名。秦始置。隋、唐前期爲門下省長官。唐後期多爲大臣加銜，不參與政務，實際職務由門下侍郎執行。正二品。

［10］"俄與宰臣桑維翰不協"至"無復以夾輔爲意"：《舊五代史考異》："《宋史·盧多遜傳》：父億。景延廣鎮天平，表億掌書記，留守西洛，又爲判官。時國用窘乏，取民財以助軍，河南府計出二十萬緡，延廣欲並緣以圖羨利，增爲三十七萬緡。億諫曰：'公位兼將相，既富且貴，今國帑空竭，不得已而取資於民，公何忍利之乎！'延廣慚而止。"見《宋史》卷二六四。《輯本舊史》卷八二開運元年四月辛酉條："以鄆州節度使、侍衛親軍都指揮使景延廣爲西京留守。"同月癸亥條："是日，置酒宫中，召景延廣謂之曰：'卿有佐命之功，命保釐伊洛，非酬勳之地也。'因解御衣、寶帶以賜之。"卷八三《晋少帝紀三》開運元年八月辛丑條："西京留守景延廣充馬步軍都排陣使。"同卷開運二年正月己亥條："詔西京留守景延廣將兵守胡梁渡。"同年二月甲戌條："幸澶州，以景延廣爲隨駕馬步軍都鈐轄。"同年四月壬辰條："西京留守景延廣加邑封，改功臣。"卷八四《晋少帝紀四》開運二年九月丙申條："以西京留守、北面馬步軍都排陣使景延廣爲北面行營副招討使。"明本《册府》卷四五四《將帥部·奢侈門》："既罷兵權，出爲雒都留守、兼侍中。由是鬱鬱不得志，亦意北虜强盛，國家不濟，身將危矣。

前汴水葺一第，占其全坊。在雒又起邸舍園池，爲水南之甲。所積巨萬，車馬妓樂，無不稱是。但縱長夜之飲，無復以憂國爲心。”《通鑑》卷二八四開運元年四月辛酉條：“侍衛馬步都指揮使、天平節度使、同平章事景延廣，既爲上下所惡，帝亦憚其不遜難制；桑維翰引其不救戚城之罪，辛酉，加延廣兼侍中，出爲西京留守。……延廣鬱鬱不得志，見契丹强盛，始憂國破身危，遂日夜縱酒。”

開運三年冬，契丹渡滹水，詔遣屯孟津，[1]將戒途，由府署正門而出，所乘馬騰立不進，幾墜於地，乃易乘而行，時以爲不祥之甚。及王師降契丹，延廣狼狽而還。時契丹主至安陽，遣別部隊長率騎士數千，與晋兵相雜，趨河橋入洛，以取延廣。戒曰：“如延廣奔吴走蜀，便當追而致之。”[2]時延廣顧慮其家，未能引決。[3]契丹既奄至，乃與從事閻丕輕騎謁契丹主於封丘，與丕俱見縶焉。[4]延廣曰：“丕，臣之從事也，以職相隨，何罪而亦爲縲囚？”契丹釋之，因責延廣曰：“致南北失歡，良由爾也。”乃召喬榮質證前事，凡有十焉。始榮將入蕃時，紿延廣云：“某恐忽忘所達之語，請紀於翰墨。”延廣信之，乃命吏備記其事。榮亦憸巧善事人者也，慮他日見詰，則執之以取信，因匿其文於衣中。至是，延廣始以他語抗對，榮乃出其文以質之，延廣頓爲所屈。每服一事，則受牙籌一莖，此契丹法也。[5]延廣受至八莖，但以面伏地，契丹遂咄之，命鎖延廣臂，將送之北土。是日，至於陳橋民家草舍，延廣懼燔灼之害，至夜分伺守者怠，則引手自扼其吭，尋卒焉。[6]雖事已窮頓，人亦壯之，時年五十六。漢高祖登極，詔贈中書令。[7]

[1]開運：後晉出帝石重貴年號（944—946）。　滹水：河流名。發源於今山西繁峙縣，東流入今河北省，過正定縣，再向東流入渤海。　孟津：地名。位於今河南洛陽市孟津縣會盟鎮，黄河中下游分界綫、重要渡口。　詔遣屯孟津：《輯本舊史》卷八五《晋少帝紀五》開運三年（946）十二月壬戌條："遣景延廣守河陽。"

[2]吴：五代十國之吴國、南唐。　蜀：五代十國之後蜀。

[3]"時契丹主至安陽"至"未能引決"：《舊五代史考異》："《東都事略·昝居潤傳》：昝居潤嘗爲樞密院小吏，景延廣留守西京，補爲右職。契丹犯京師，以兵圍延廣家，故吏悉避去，居潤爲全護其家。時論稱之。"《輯本舊史》之原輯者案語："《宋史·昝居潤傳》：晋室將亡，景延廣委其族，自洛赴難，與是書異。""昝居潤嘗爲樞密院小吏"，中華書局本有校勘記："以上十字原闕，據殿本、劉本、孔本補。"見《東都事略》卷二一《昝居潤傳》、《宋史》卷二六二。

[4]從事：泛指一般屬官。　閻丕：人名。籍貫不詳。五代後晋官員。事見本書本卷。　封丘：縣名。治所在今河南封丘縣。"契丹既奄至"至"與丕俱見縶焉"：《舊五代史考異》："《遼史》：將軍康祥執景延廣來獻。"見《遼史》卷四《太宗下》會同九年（946）十二月條。

[5]牙籌：象牙製成的籌碼，計數用。

[6]陳橋：地名。位於開封城外。　"至是"至"尋卒焉"：《輯本舊史》卷八五開運四年正月庚寅條："洛京留守景延廣自扼吭而死。"《通鑑》卷二八五開運三年十二月己卯條："契丹主至相州，即遣兵趣河陽捕景延廣。延廣蒼猝無所逃伏，往見契丹主於封丘。契丹主詰之曰：'致兩主失歡，皆汝所爲也。十萬横磨劍安在！'召喬榮，使相辯證，事凡十條。延廣初不服，榮以紙所記語示之，乃

服。每服一事，輒授一籌。至八籌，延廣但以面伏地請死，乃鎖之。”卷二八六天福十二年正月庚寅條：“契丹送景延廣歸其國，庚寅，宿陳橋，夜，伺守者稍怠，扼吭而死。”

［7］漢高祖：即後漢高祖劉知遠。沙陀部人，後世居於太原。五代後唐、後晋將領，後漢開國皇帝。紀見本書卷九九至卷一〇〇、《新五代史》卷一〇。　中書令：官名。漢代始置，隋、唐前期爲中書省長官，屬宰相之職；唐後期多爲授予元勳大臣的虚銜。正二品。　漢高祖登極，詔贈中書令：《輯本舊史》之原輯者案語：“《歐陽史》作贈侍中。據《薛史》，延廣出爲洛都留守，已兼侍中矣，贈官當是中書令。”見《新五代史》卷二九《景延廣傳》。此句中華書局本有校勘記：“‘據《薛史》’……‘當是中書令’，以上二十三字原闕，據《舊五代史考異》卷三補。”《輯本舊史》卷一〇〇《漢高祖紀下》天福十二年閏七月乙丑條：“故西京留守景延廣贈中書令。”

延廣少時，嘗泛洞庭湖，中流阻風，帆裂桅折，衆大恐。[1]頃之，舟人指波中曰：“賢聖來護，此必有貴人矣。”尋獲濟焉。竟位至將相，非偶然也。《永樂大典》卷一萬八千一百三十一。[2]

［1］洞庭湖：湖名。位於今湖南北部。　帆裂桅折：中華書局本有校勘記：“‘折’原作‘拆’，據殿本、劉本、邵本校改。”

［2］《大典》卷一八一三一“將”字韻“後晋將（二）”事目。

李彦韜

李彦韜，太原人也。少事邢州節度使閻寶爲皂隸，賓卒，高祖收於帳下。[1]及起義，以少帝留守北京，因留彦韜爲腹心，歷客將、牙門都校，以纖巧故，厚承委用。[2]及少帝嗣位，授蔡州刺史，入爲内客省使、宣徽南院使。[3]未幾，遥領壽州節度使，充侍衛馬軍都指揮使、檢校太保，[4]俄改陳州節度使，典軍如故。[5]每在帝側，升除將相，但與宦官近臣締結，致外情不通，陷君於危亡之地。嘗謂人曰："朝廷所設文官將何用也？"且欲澄汰而除廢之，則可知其輔弼之道也。[6]及契丹犯闕，遷少帝於開封府。一日，少帝遣人急召彦韜，將與計事，彦韜辭不赴命，少帝怏恨久之，其負國辜君也如是。[7]及少帝北遷，戎王遣彦韜從行，洎至蕃中，隸於國母帳下。[8]永康王舉兵攻國母，以偉王爲前鋒，國母發兵拒之，以彦韜爲排陣使，彦韜降於偉王，偉王置之帳下，其後卒於幽州。[9]《永樂大典》卷一萬三百八十九。[10]

[1]邢州：州名。治所在今河北邢臺市。　閻寶：人名。鄆州（今山東東平縣）人。五代後梁、後唐將領。傳見本書卷五九、《新五代史》卷四四。　皂隸：泛指官府中的差役。

[2]"少事邢州節度使閻寶爲皂隸"至"厚承委用"：《通鑑》卷二八四開運二年（945）二月丙申條："端明殿學士、户部侍郎馮玉，宣徽北院使、權侍衛馬步都虞候太原李彦韜，皆挾恩用事，惡中書令桑維翰，數毁之。帝欲罷維翰政事，李崧、劉昫固諫而止。維翰知之，請以玉爲樞密副使，玉殊不平。丙申，中旨以玉爲户部尚書、樞密使，以分維翰之權。彦韜少事閻寶，爲僕夫，後隸高祖帳下。高祖自太原南下，留彦韜侍帝，爲腹心，由是有寵。性纖巧，與嬖幸相結，以蔽帝耳目；帝委信之，至於升黜將相，亦得預

議。常謂人曰：‘吾不知朝廷設文官何所用，且欲澄汰，徐當盡去之。’”卷二八五開運二年丁亥條：“初，帝疾未平，會正旦，樞密使、中書令桑維翰遣女僕入宫起居太后，因問：‘皇弟睿近讀書否？’帝聞之，以告馮玉，玉因譖維翰有廢立之志，帝疑之。李守貞素惡維翰，馮玉、李彦韜與守貞合謀排之；以中書令行開封尹趙瑩柔而易制，共薦以代維翰。”

［3］蔡州：州名。治所在今河南汝南縣。　刺史：官名。漢武帝始置。州一級行政長官，總掌考覈官吏、勸課農桑、地方教化等事。唐中期以後，節度使、觀察使轄州而設，刺史爲其屬官，職任漸輕。從三品至正四品下。　内客省使：官名。中書省所屬内客省長官。唐始置，五代沿置。　宣徽南院使：官名。唐始置。宣徽南院長官。初用宦官，五代以後改用士人。與宣徽北院使通掌内諸司及三班内侍之名籍，郊祀、朝會、宴享供帳之儀，檢視内外進奉名物。參見王永平《論唐代宣徽使》，《中國史研究》1995 年第 1 期；王孫盈政《再論唐代的宣徽使》，《中華文史論叢》2018 年第 3 期。“宣徽南院使”，中華書局本有校勘記：“本書卷八三《晋少帝紀三》作‘宣徽北院使’。按《通鑑》卷二八四有‘宣徽北院使、權侍衛馬步都虞候太原李彦韜’。”見《輯本舊史》卷八三《晋少帝紀三》開運元年閏十二月癸巳條，《通鑑》卷二八四開運二年二月丙申條。

［4］壽州：州名。治所在今安徽壽縣。　侍衛馬軍都指揮使：官名。五代時皇帝親軍侍衛馬軍司長官。　遥領壽州節度使，充侍衛馬軍都指揮使、檢校太保：“壽州節度使”，中華書局本有校勘記：“‘使’字原闕，據劉本、邵本補。”《輯本舊史》卷八三開運二年正月條：“以宣徽北院使李彦韜權侍衛馬步都虞候。”此日疑爲甲寅日。卷八四《晋少帝紀四》開運二年五月戊戌條：“以宣徽北院使李彦韜遥領壽州節度使兼侍衛馬軍都指揮使。”

［5］陳州：州名。治所在今河南淮陽縣。　俄改陳州節度使，典軍如故：《輯本舊史》卷八四《晋少帝紀四》開運二年十一月甲

寅條："以壽州節度使、侍衛馬軍都指揮使李彦韜爲陳州節度使，典軍如故。"此句中華書局本有校勘記："甲寅，原作'甲申'，據殿本、劉本、孔本改。按是月甲午朔，無甲申，甲寅爲二十一日。影庫本粘籤：'甲申，以《長曆》推之，當作甲寅，今無别本可校，姑仍其舊。'"

［6］"每在帝側"至"則可知其輔弼之道也"：明本《册府》卷四五二《將帥部·識闇門》："晋李彦韜爲陳州節度使，每在少帝側，昇降將相，但與宦官近臣締結，致外情不通，陷君於危亡之地。嘗謂人曰：'朝廷所設文官將何用也？'且欲澄汰，徐而廢之。"

［7］"及契丹犯闕"至"其負國辜君也如是"：《輯本舊史》卷八五《晋少帝紀五》開運三年十月："乙亥，以侍衛馬軍都指揮使李彦韜權知侍衛司事。"同年十二月癸酉條："是夜，偵知張彦澤已至滑州，召李崧、馮玉、李彦韜入内計事。"《通鑑》卷二八五開運三年十二月甲戌條："帝使取内庫帛數段，主者不與，曰：'此非帝物也。'又求酒於李崧，崧亦辭以他故不進。又欲見李彦韜，彦韜亦辭不往。帝惆悵久之。"同卷開運三年六月丙寅條："初，朔方節度使馮暉在靈武，得羌、胡心，市馬期年，得五千匹，朝廷忌之，徙鎮邠州及陝州，入爲侍衛步軍都指揮使，領河陽節度使。暉知朝廷之意，悔離靈武，乃厚事馮玉、李彦韜，求復鎮靈州。"同月乙丑條："時馬軍都指揮使、鎮安節度使李彦韜方用事，視守貞蔑如也。守貞在外所爲，事無大小，彦韜必知之，守貞外雖敬奉而内恨之。"同年八月甲戌條："濮州刺史慕容彦超坐違法科斂，擅取官麥五百斛造麴，賦與部民。李彦韜素與彦超有隙，發其事，罪應死。彦韜趣馮玉使殺之。"

［8］"及少帝北遷"至"隸於國母帳下"：《輯本舊史》卷八五開運四年正月癸卯條："侍衛馬軍都指揮使李彦韜隨帝入蕃。"《通鑑》卷二八六天福十二年（947）正月癸卯條："晋主與李太后、安太妃、馮后及弟睿、子延煦、延寶俱北遷，後宫左右從者百餘人。契丹遣三百騎援送之；又遣晋中書令趙瑩、樞密使馮玉、馬軍都指

揮使李彦韜與之俱。”

［9］永康王：即遼世宗耶律阮。紀見《遼史》卷五。　偉王：即遼朝皇室耶律安端。又作耶律阿敦。遼太祖阿保機弟。遼大同元年（947）四月，太宗耶律德光卒，耶律安端擁耶律阮繼位，與淳欽皇太后兵戰泰德泉，大勝。九月，封“明王”，或作“偉王”，主政東丹國。事見《遼史》卷五《世宗紀》。　排陣使：官名。唐節度使所屬武官中有排陣使，五代後梁以後設於諸軍，爲先鋒之職。參見王軼英《中國古代排陣使述論》，《西北大學學報》2010年第6期。　幽州：州名。治所在今北京市。　“永康王舉兵攻國母”至“偉王置之帳下”：《通鑑》卷二八七天福十二年六月壬申條：“契丹述律太后聞契丹主自立，大怒，發兵拒之。契丹主以偉王爲前鋒，相遇於石橋。初，晋侍衛馬軍都指揮使李彦韜從晋主北遷，隸述律太后麾下，太后以爲排陳使。彦韜迎降於偉王，太后兵由是大敗。”

［10］《大典》卷一〇三八九“李”字韻“姓氏（三四）”事目。

張希崇

張希崇，字德峯，幽州薊縣人也。父行簡，假薊州玉田令。[1]希崇少通《左氏春秋》，復癖於吟詠。[2]天祐中，劉守光爲燕帥，性慘酷，不喜儒士，希崇乃擲筆以自效，守光納之，漸升爲裨將。[3]俄而守光敗，唐莊宗命周德威鎮其地，希崇以舊籍列於麾下，尋遣率偏師守平州。[4]

［1］行簡：人名。即張行簡。幽州薊縣（今天津市薊州區）

人。五代官員。張希崇之父。事見本書本卷。　假：官制用語。代理、兼攝之意。　薊州：州名。治所在今天津薊州區。　玉田：縣名。治所在今河北玉田縣。

［2］《左氏春秋》：《春秋左氏傳》的簡稱，也稱《左傳》。中國古代編年體史書，儒家經典之一。相傳爲春秋魯太史左丘明所作。近人認爲係戰國初年人據各國史料編成。全書共三十卷。其内容是以史實爲《春秋》作解，記事起於魯隱公元年（前722），止於魯悼公四年（前464）。

［3］天祐：唐昭宗李曄開始使用的年號（904）。唐哀帝李柷即位後沿用（904—907）。唐亡後，河東李克用、李存勗仍稱天祐，沿用至天祐二十年（923）。五代其他政權亦有行此年號者，如南吴、吴越等，使用時間長短不等。　劉守光：人名。深州樂壽（今河北獻縣）人。唐末、五代藩鎮軍閥。曾割據稱帝，後爲李存勗所殺。傳見本書卷一三五、《新五代史》卷三九。　裨將：官名。即副將的統稱，相對主將而言。亦稱裨將軍。

［4］周德威：人名。朔州馬邑（今山西朔州市朔城區東北）人。唐末、五代河東將領。傳見本書卷五六、《新五代史》卷二五。　平州：州名。治所在今河北盧龍縣。　“天祐中”至“尋遣率偏師守平州”：中華書局本有校勘記：“‘儒士’，《册府》卷九〇〇作‘文士’。”《舊五代史考異》：“《歐陽史》作劉守光不喜儒士，希崇因事軍中爲偏將，將兵守平州。是守光未敗即守平州，非爲德威所遣也，與《薛史》異。”見《新五代史》卷四七《張希崇傳》。“劉守光爲燕帥，性慘酷，不喜儒士，希崇乃擲筆以自效”，明本《册府》卷九〇〇《總録部·干謁門》作“劉守光爲連帥，慘酷不喜文士，希崇乃擲筆入謁軍門，以求自效”。《宋本册府》卷三八八《將帥部·儒學門》：“張希崇爲靈武節度使。初，自虜南歸，過故鄉，謁中朝執政及臨郡與屬邑令，多爲章句。雖非工，甚關理道，有古人之趣。性嗜書，涖事之餘，手不釋卷。”

阿保機南攻，陷其城，掠希崇而去。阿保機詢希崇，乃知其儒人也，因授元帥府判官，後遷盧龍軍行軍司馬，繼改蕃漢都提舉使。[1]天成初，僞平州節度使盧文進南歸，契丹以希崇繼其任，遣腹心總虜騎三百以監之。[2]希崇莅事數歲，虜主漸加寵信，坦然無復疑也。一日，登郡樓私自計曰："昔班仲升西戍，不敢擅還，以承詔故也。我今入關，斷在胸臆，何恬安於不測之虜而自滯耶！"[3]乃召漢人部曲之翹楚者，謂曰："我陷身此地，飲酪被毛，生不見其所親，死爲窮荒之鬼，南望山川，度日如歲，爾輩得無思鄉者乎！"部曲皆泣下沾衣，且曰："明公欲全部曲南去，善則善矣，如虜卒何？"希崇曰："俟明日首領至牙帳，[4]則先擒之，虜無統攝，其黨必散。且平州去虜帳千餘里，待報至徵兵，踰旬方及此，則我等已入漢界深矣，何用以小衆爲病！"衆大喜。[5]是日，希崇於郡齋之側，坎隙地，貯以石灰。明旦，首領與羣從至，希崇飲以醇酎數鍾，既醉，悉投於灰穽中斃焉。[6]其徒營於北郭，遣人攻之，皆潰圍奔去，亦捨而不追，希崇遂以管内生口二萬餘南歸。[7]唐明宗嘉之，授汝州防禦使。[8]

[1]盧龍軍：方鎮名。治所在幽州（今北京市）。　行軍司馬：官名。節度使屬官。掌軍籍符伍、號令印信，是藩鎮重要的軍政官員。　蕃漢都提舉使：官名。唐、五代方鎮高級統兵官。

[2]盧文進：人名。范陽（今河北涿州市）人。後唐將領，先後投降契丹、南唐。傳見本書卷九七、《新五代史》卷四八。

[3]班仲升：人名，即班超，字仲升。扶風安陵（今陝西咸陽

市）人。東漢著名政治家、外交家、軍事家。在西域維護了東漢的統治秩序，保護了“絲綢之路”的暢通。永元三年（91）任西域都護，後封定遠侯。永元十四年（102），以老邁病逝於洛陽。傳見《後漢書》卷四七。

［4］明公欲全部曲南去，善則善矣，如虜卒何：《舊五代史考異》：“《歐陽史》作麾下皆言兵多，不可俱亡，因勸希崇獨去。”見《新五代史》卷四七《張希崇傳》。亦見《通鑑》卷二七六天成三年（928）八月條，《宋本册府》卷八七九《總録部·計策門二》，明本《册府》卷四〇五《將帥部·識略門四》。　牙帳：將帥營帳。

［5］“天成初”至“衆大喜”：“虜騎”原作“邊騎”，“虜主”原作“契丹主”，“不測之虜”原作“不測之地”，“虜卒”原作“敵衆”，“虜無統領”原作“契丹無統攝”，“虜帳”原作“王帳”，“小衆”原作“衆少”，均據明本《册府》改。“坦然無復疑也”，《宋本册府》卷八七九《總録部·計策門二》補。“沾衣”“俟明日”，明本《册府》作“沾襟”“候明日”，均可通。

［6］醇（chún）酎（zhòu）：指醇香濃郁的美酒。

［7］“是日”至“希崇遂以管内生口二萬餘南歸”：《舊五代史考異》：“《遼史》：天顯元年七月，盧龍行軍司馬張崇叛奔唐，疑希崇在遼衹名崇，歸唐後始加‘希’字也。然希崇歸唐在遼太宗時，而《遼史》繫于《太祖紀》，又希崇本繼盧文進，而《遼史》書其降在盧國用歸唐之前，年月皆舛誤。”此句中華書局本有校勘記：“‘盧文進’，原作‘盧文勝’，據本卷正文改。”見《遼史》卷二《太祖紀》下。“貯以石灰”，中華書局本有校勘記：“‘以’字原闕，據《册府》卷四〇五、卷八七九補。”“亦捨而不追”，據《宋本册府》卷八七九《總録部·計策門二》補。

［8］汝州：州名。治所在今河南汝州市。　防禦使：官名。唐代始置，設有都防禦使、州防禦使兩種。常由刺史或觀察使兼任，實際上爲唐代後期州或方鎮的軍政長官。　唐明宗嘉之，授汝州防

禦使：《輯本舊史》卷三九《唐明宗紀五》天成三年閏八月乙卯條：“契丹平州刺史張希崇上表歸順。”同年十一月壬午條：“以契丹所署平州刺史、光禄大夫、檢校太保張希崇爲汝州刺史，加檢校太傅。”卷四四《唐明宗紀十》長興四年（933）五月條：“庚子，以靈武留後張希崇爲本州節度使。”“汝州刺史”，《通鑑》卷二七六天成三年閏八月條同。《新五代史》卷四七作“汝州防禦使”。明本《册府》卷一一一《帝王部·宴享門三》唐明宗條天成三年十月戊午：“契丹署平州刺史張希崇將麾下八十餘人歸闕，見於玄德殿，便召赴宴。”亦見《宋本册府》卷一六六《帝王部·招懷門四》天成三年十月戊午條。明本《册府》卷一七〇《帝王部·來遠門》唐明宗條天成三年十一月：“以契丹僞署平州刺史、光禄大夫、檢校太保張希崇爲汝州刺史，加檢校太傅。”

希崇既之任，遣人迎母赴郡，母及境，希崇親肩板輿行三十里，觀者無不稱歎。[1]歷三年，遷靈州兩使留後。[2]先是，靈州戍兵歲運糧經五百里，[3]有剽攘之患。希崇乃告諭邊士，廣務屯田，歲餘，軍食大濟。璽書褒之，因正授旄節。[4]清泰中，希崇厭其雜俗，頻表請覲，詔許之。[5]至闕未久，朝廷以安邊有聞，議内地處之，改邠州節度使。[6]及高祖入洛，與契丹方有要盟，慮其爲所取，乃復除靈武。[7]希崇歎曰：“我應老於邊城，賦分無所逃也。”[8]因鬱鬱不得志，久而成疾，卒於任，時年五十二。希崇自小校累官至開府儀同三司、檢校太尉，三歷方面，封清河郡公，食邑二千户，賜清邊奉國忠義功臣，亦人生之榮盛者也。[9]

［1］“希崇既之任”至“觀者無不稱歎”：《宋本册府》卷一三

一《帝王部·延賞門》:“張希崇爲汝州防禦使。母先爲尼，賜紫衣師號。”

[2]靈州：州名。治所在寧夏吴忠市。　歷三年，遷靈州兩使留後：“三”，《輯本舊史》原作“二”。中華書局本有校勘記：“據本書卷三九《唐明宗紀五》、卷四二《唐明宗紀八》，張希崇天成三年授汝州防禦使，長興二年爲靈州兩使留後，其間歷三年。”今據改。《輯本舊史》卷四二《唐明宗紀八》長興二年（931）十一月丁酉條：“以汝州防禦使張希崇爲靈州兩使留後。”《宋本册府》卷三九七《將帥部·懷撫門》:“張希崇鎮靈武。閔帝應順元年正月，沙州、瓜州遣牙將各以方物朝貢，回鶻可汗仁美遣使獻故可汗仁裕遺留貢物、鞍馬、器械，仁美又獻馬、玉、團玉、鞦轡、硇砂、羚羊角、波斯寶緤、玉帶。蓋希崇招懷，邊鎮内附故也。”

[3]靈州戍兵歲運糧經五百里：中華書局本有校勘記：“‘運’原作‘軍’。據殿本、彭校、《册府》卷五〇三改。”見明本《册府》卷五〇三《邦計部·屯田門》。

[4]旄節：亦作“髦節”“毛節”。使臣所持之信物。以竹爲柄，以犛牛尾爲垂飾。

[5]清泰：五代後唐廢帝李從珂年號（934—936）。

[6]邠州：州名。治所在今陝西彬縣。

[7]“希崇乃告諭邊士”至“乃復除靈武”:“靈武”，中華書局本引《舊五代史考異》:“《通鑑》：帝與契丹修好，慮其復取靈武。”《通鑑》卷二八〇天福元年（936）十二月癸巳條：“初，朔方節度使張希崇爲政有威信，民夷愛之，興屯田以省漕運；在鎮五年，求内徙，唐潞王以爲静難節度使。帝與契丹修好，恐其復取靈武。癸巳，復以希崇爲朔方節度使。”“慮其爲所取”，《宋本册府》卷八九五《總録部·運命門》作“慮其必爲所取”。《輯本舊史》卷七六《晋高祖紀二》天福元年十二月癸巳條：“以邠州節度使張希崇爲靈武節度使。”明本《册府》卷五〇三：“先是，州界與戎人交處，每歲以戍兵運糧，經五百里，有剽攘之患。希崇及開故屯

田，諭邊士，使播種，軍食大濟，璽書褒之，因正授戎節。”《新五代史》卷四七《張希崇傳》：“希崇撫養士卒，招輯夷落，自回鶻、瓜沙皆遣使入貢。居四歲，上書求還内地，徙鎮邠寧。”

［8］我應老於邊城，賦分無所逃也：《新五代史》卷四七：“吾當老死邊徼，豈非命邪！”亦見《宋本册府》卷八七九《總録部·計策門二》。“我”字下《册府》卷八九五有“合”字。

［9］開府儀同三司：官名。曹魏始置，隋、唐時爲散官之最高官階，多授功勋重臣。從一品。　食邑：即封地、封邑。食邑之名，蓋取受封者不之國，僅食其租税之意。　“希崇自小校累官至開府儀同三司、檢校太尉”至“亦人生之榮盛者也”：《輯本舊史》之原輯者案語：“《歐陽史》作贈太師。”見《新五代史》卷四七。《輯本舊史》卷七八《晋高祖紀四》天福四年正月己酉條：“朔方軍節度使張希崇卒，贈太師。”

希崇素樸厚，尤嗜書，蒞事之餘，手不釋卷，不好酒樂，不蓄姬僕，祁寒盛暑，必儼其衣冠，厮養之輩，未嘗聞褻慢之言。事母至謹，每食必侍立，俟盥漱畢方退，[1]物議高之。性雖仁恕，或遇姦惡，則嫉之若仇。[2]在邠州日，有民與郭氏爲義子，自孩提以至成人，因乖戾不受訓，遣之。郭氏夫婦相次俱死。郭氏有嫡子，已長，時郭氏諸親與義子相約，云是親子，欲分其財物，助而訟之，前後數政不能理，遂成疑獄。希崇覽其訴，判云：“父在已離，母死不至。止稱假子，孤二十年撫養之恩；儻曰親兒，犯三千條悖逆之罪。頗爲傷害名教，安敢理認田園！其生涯並付親子，所訟人與朋姦者，委法官以律定刑。”聞者服其明。[3]希崇亦善觀象，在靈州日，見月掩畢口大星，經月復爾，乃歎曰：“畢口大星，邊將也，月再掩之，吾其終歟!”果卒於郡。[4]

[1]每食必侍立，俟盥漱畢方退：《宋本册府》卷七五六《總録部·孝門六》作“每食則侍立，而後進待盥漱畢方退”。

[2]則嫉之若仇：明本《册府》卷八〇八《總録部·嫉惡門》作“仇讎”。

[3]“在邠州日”至“聞者服其明”：“因乖戾不受訓”：《宋本册府》卷六九五《牧守部·折獄門》作“因愎戾不受訓”；“判云”作“斷云”；“其生涯並付親子”作“其生涯並付血裔”。

[4]畢：星名。二十八宿之一。　“希崇亦善觀象”至“果卒於郡”：《新五代史》卷四七《張希崇傳》：“天福三年，月掩畢口大星，希崇歎曰：‘畢口大星，邊將也，我其當之乎!’明年正月卒，贈太師。”

子仁謙爲嗣，歷引進副使。[1]《永樂大典》卷六千三百五十一。[2]

[1]引進副使：官名。五代置，引進司副長官。協助引進使掌臣僚藩屬進奉禮物事宜。

[2]《大典》卷六三五一“張”字韻“姓氏（二一）”事目。《宋本册府》卷一五〇《帝王部·寬刑門》唐明宗條長興三年三月有殿直張紹謙奏，言其父爲靈武節度使希崇。

王廷胤

王廷胤，字紹基，其先長安人也。[1]祖處存，定州節度使。父鄴，晋州節度使。[2]廷胤，唐莊宗之内表也。

性勇剽狡捷，鷹瞬隼視，喑嗚眦睚，則挺劍而不顧。少爲晋陽軍校，以攻城野戰爲務，暑不息嘉樹之陰，寒不處密室之下，與軍伍食不異味，居不異適，故莊宗於親族之中獨加禮遇。莊宗、明宗朝，累歷貝、忻、密、澶、隰、相六州刺史。[3]國初，范延光據鄴稱亂，高祖以廷胤累朝宿將，詔爲魏府行營中軍使兼貝州防禦使。[4]城降賞勞，授相州節度使，尋移鎮定州。[5]先是，契丹欲以王處直之子威爲定州節度使，處直則廷胤之叔祖也。處直爲養子都所篡，時威北走契丹，契丹納之。[6]至是契丹遣使諭高祖云："欲使王威襲先人土地，如我蕃中之制。"高祖答以："中國將校自刺史、團練、防禦使序遷，方授旄節，請遣威至此任用，漸令升進，乃合中土舊規。"戎王深怒其見拒，使人復報曰："爾自諸侯爲天子，有何階級耶?"高祖畏其滋蔓，則厚賂力拒其命，契丹怒稍息，遂連升廷胤，俾鎮中山，且欲塞其意也。[7]少帝嗣位，改滄州節度使，累官至檢校太尉。開運元年秋，卒於位，年五十四。贈中書令。[8]

[1]"王廷胤"至"其先長安人也"："王廷胤"，中華書局本有校勘記："原作'王庭胤'，《永樂大典》卷六八五一引五代《薛史》、本書各卷作'廷''庭'不一。今據王廷胤墓志（拓片刊《北京圖書館藏中國歷代石刻拓本匯編》第三十六册）改。本書各處同。"《新五代史》《通鑑》亦作"廷胤"。"其先長安人也"，《輯本舊史》原無"長"字，但有原輯者案語："'安'字上有脱文。《歐陽史·王處直傳》作京兆萬年人，疑是長安。"見《新五代史》卷三九《王處直傳》。中華書局本有校勘記："'安'上殿

本、《永樂大典》卷六八五一引五代《薛史》有‘長’字。”但未補，今據補。《新五代史》卷三九：“（王）處存有子鄴，鄴子廷胤，與莊宗連外姻，爲人驍勇，自爲軍校，能與士卒同辛苦。”

［2］定州：州名。治所在今河北定州市。　晋州：州名。治所在今山西臨汾市。

［3］貝：州名。治所在今河北清河縣。　忻：州名。治所在今山西忻州市。　密：州名。治所在今山東諸城市。　澶：州名。治所在今河南濮陽市。　隰：州名。治所在今山西隰縣。　相：州名。治所在今河南安陽市。　累歷貝、忻、密、澶、隰、相六州刺史：《輯本舊史》之原輯者案語：“《歐陽史》不載相州。”見《新五代史》卷三九。

［4］范延光：人名。鄴郡臨漳（今河北臨漳縣）人。五代後唐、後晋將領。傳見本書卷九七、《新五代史》卷五一。　魏府：地名。即魏州，唐五代方鎮魏博軍的治所。位於今河北大名縣。　行營中軍使：官名。五代時期統兵將領。

［5］“國初”至“尋移鎮定州”：《輯本舊史》卷七七《晋高祖紀三》天福三年（938）十一月辛亥條：“廣晋府行營中軍使、貝州防禦使王廷胤加檢校太傅，充相州彰德軍節度使。”卷七八《晋高祖紀四》天福四年閏七月壬申條：“以彰德軍節度使王廷胤爲義武軍節度使。”《通鑑》卷二八一天福三年十一月辛亥條：“貝州防禦使王廷胤爲彰德節度使。廷胤，處存之孫。”《新五代史》卷三九：“范延光反于鄴，晋高祖以廷胤爲楊光遠行營中軍使。破延光有功，拜彰德軍節度使。”

［6］王處直：人名。京兆萬年（今陝西西安市長安區）人。唐末五代軍閥，長期爲義武節度使。傳見本書卷五四、《新五代史》卷三九。　威：人名。即王威。京兆萬年（今陝西西安市長安區）人。王處直幼子。事見本書本卷。　都：人名。即王都。中山陘邑（今河北定州市）人。本姓劉，後爲義武軍節度使王處直之養子。五代軍閥。傳見本書卷五四。

［7］中山：地名。此處代指唐末河北方鎮義武軍（治所在定州）。　“先是”至“且欲塞其意也”：《新五代史》卷三九：“初，處直爲都所囚，幼子威北走契丹。契丹謂晋高祖曰：‘吾欲使威襲其先人爵土，如何？’高祖對曰：‘中國之法，自將校爲刺史，升團練防禦而至節度使。請送威歸中國，漸進之。’契丹怒曰：‘爾自諸侯爲天子，豈有漸乎？’高祖聞之，遽徙廷胤鎮義武，曰：‘此亦王氏之後也。’”《通鑑》卷二八二天福四年閏七月壬申條：“初，義武節度使王處直子威，避王都之難，亡在契丹，至是，義武缺帥，契丹主遣使來言，‘請使威襲父土地，如我朝之法’。帝辭以‘中國之法必自刺史、團練、防禦序遷乃至節度使，請遣威至此，漸加進用’。契丹主怒，復遣使來言曰：‘爾自節度使爲天子，亦有階級邪！’帝恐其滋蔓不已，厚賂契丹，且請以處直兄孫彰德節度使廷胤爲義武節度以厭其意。契丹怒稍解。”

［8］“少帝嗣位”至“贈中書令”：《輯本舊史》卷八〇《晋高祖紀六》天福七年正月戊辰條：“以定州節度使王廷胤爲滄州節度使。”卷八三《晋少帝紀三》開運元年（944）八月辛丑條：“滄州節度使王廷胤充步軍左厢都指揮使。”同年九月己亥條：“以滄州節度使王廷胤卒輟朝，贈中書令。”

有子五人，長曰昭敏，仕至金吾將軍，卒。[1]《永樂大典》卷一萬八千一百三十一。[2]

［1］昭敏：人名。長安（今陝西西安市）人。王廷胤之子。五代將領。事見本書本卷。　金吾將軍：官名。唐置，掌宫禁宿衛。唐代置十六衛，即左右衛、左右驍衛、左右武衛、左右威衛、左右領軍衛、左右金吾衛、左右監門衛、左右千牛衛，各置上將軍，從二品；大將軍，正三品；將軍，從三品。

［2］《大典》卷一八一三一“將”字韻“后晋將（二）”事

目。《新輯會證》本傳録《北京圖書館藏中國歷代石刻拓本彙編》第三十六册之《王廷胤墓志》，爲開運二年（945）“鄉貢進士蘇畋撰”，題爲《大晋故竭忠匡運佐國功臣横海軍節度滄景德州觀察處置管内河堤等使充北面行營步軍左右厢都指揮使特進檢校太師使持節滄州諸軍事行滄州刺史兼御史大夫上柱國太原郡開國公食邑三千户實封一百户贈侍中王公墓志銘》，可參見。

史匡翰

史匡翰，字元輔，雁門人也。[1]父建瑭，事莊宗爲先鋒將，敵人畏之，謂之“史先鋒”，累立戰功，《唐書》有傳。[2]匡翰起家襲九府都督，歷代州遼州副使、檢校太子賓客。[3]同光初，爲嵐、憲、朔等州都游奕使，改天雄軍牢城都指揮使，再加檢校户部尚書，領潯州刺史。[4]天成中，授天雄軍步軍都指揮使，歲餘，遷侍衛彰聖馬軍都指揮使。[5]高祖有天下也，授檢校司空、懷州刺史。[6]其妻魯國長公主，即高祖之妹也。[7]尋轉控鶴都指揮使、兼和州刺史、駙馬都尉，俄授檢校司徒、鄭州防禦使，未幾，遷義成軍節度、滑濮等州觀察處置、管内河隄等使。[8]丁母憂，尋起復本鎮。[9]

[1]雁門：縣名。治所在今山西代縣。

[2]“史匡翰”至“《唐書》有傳”：《宋本册府》、明本《册府》各處作“史翰”，當避宋諱故略去“匡”字。《史建瑭傳》，見《輯本舊史》卷三一，《新五代史》卷二五。

[3]九府都督：唐代於回鶻地區設九個都督府，爲羈縻都督府。其都督或即其部族首領。九府都督或爲其通名。　代州：州名。治

所在今山西代縣。　遼州：州名。治所在今山西左權縣。　檢校太子賓客：官名。爲散官或加官，以示恩寵加此官，無實際執掌。

[4]同光：後唐莊宗李存勗年號（923—926）。　嵐：州名。治所在今山西嵐縣。　憲：州名。治所在今山西婁煩縣。　朔：州名。治所在今山西朔州市朔城區。　游奕使：官名。唐中期以後兵多地廣者置之，主巡營、防遏諸事。　天雄軍：方鎮名。治所在魏州（今河北大名縣）。　牢城都指揮使：官名。州鎮統兵官。　檢校户部尚書：檢校官名。地方使職帶檢校三公、三師及臺省官之類，表示遷轉經歷和尊崇的地位，檢校户部尚書爲其中之一階，爲虛銜。　潯州：州名。治所在今廣西桂平市。

[5]步軍都指揮使：官名。五代時皇帝親軍侍衛步軍司之最高長官。　侍衛彰聖馬軍都指揮使：官名。五代時皇帝親軍侍衛馬軍司長官。

[6]檢校司空：官名。爲散官或加官，以示恩寵，無實際執掌。　懷州：州名。治所在今河南沁陽市。

[7]其妻魯國長公主，即高祖之妹也：《新五代史》卷二五《史建瑭傳》："建瑭子匡翰，尚晋高祖女，是爲魯國長公主。"中華書局本《新五代史》之校勘記引《史匡翰碑》與《輯本舊史》卷八一《晋少帝紀一》，證其妻當爲晋祖之妹。

[8]控鶴都指揮使：官名。所部統兵將領。控鶴爲五代禁軍番號。　和州：州名。治所在今安徽和縣。　駙馬都尉：漢武帝始置，魏晋以後，公主夫婿多加此稱號。從五品下。　鄭州：州名。治所在今河南鄭州市。　義成軍：方鎮名。治所在滑州（今河南滑縣）。　觀察處置：官名。即觀察處置使。唐玄宗以後，採訪、觀察、都統等使加"處置"，賦予處理、決斷權。開元二十二年（734）初置採訪處置使，以御史中丞盧絢等爲之，乾元元年（758）改爲觀察處置使。　河隄使：官名。掌巡護河防事宜。　未幾，遷義成軍節度、滑濮等州觀察處置、管内河隄等使：《輯本舊史》卷七九《晋高祖紀五》天福五年（940）十一月甲子條："以

鄭州防禦使、駙馬都尉史匡翰爲義成軍節度使。”

[9]丁母憂：指遭母親喪事。　起復：官吏服喪未滿而再起用。　丁母憂，尋起復本鎮：《輯本舊史》之原輯者案語：“陶穀撰匡翰碑文云：‘圃田待理，漢殿掄才，功臣旌佐國之名，出守奉專城之寄。’蓋鄭州即在義成軍管内，匡翰雖遷官，不離本鎮也。”

匡翰剛毅有謀略，御軍嚴整，接下以禮，與部曲語，未嘗不稱名，歷數郡皆有政聲。[1]尤好《春秋左氏傳》，每視政之暇，延學者講説，躬自執卷受業焉，時發難問，窮於隱奥，流輩或戲爲“史三傳”。[2]既自端謹，不喜人醉。幕客有關徹者，狂率酣醟。[3]一日使酒，怒目謂匡翰曰：“明公昔刺覃懷，與徹主客道至，事無不可，今領節鉞，數不相容。[4]且書記趙礪，險詖之人也，脅肩諂笑，黷貨無厭，而明公待之甚厚，徹今請死。[5]近聞張彦澤臠張式，未聞史匡翰斬關徹，恐天下談者未有比類。”[6]匡翰不怒，引滿自罰而慰勉之，其寬厚如此。天福六年，白馬河決，匡翰祭之，見一犬有角，浮於水，心甚惡之，後數月遘疾而卒于鎮，年四十。詔贈太保。[7]

[1]未嘗不稱名：《輯本舊史》原無“不”字。中華書局本有校勘記：“《册府》卷三八八作‘未嘗不稱名’，《新五代史》卷二五《史匡翰傳》作‘未嘗不名’。”但未補，今據補。　“匡翰剛毅有謀略”至“歷數郡皆有政聲”：《宋本册府》卷三八八《將帥部·有禮門》：“晋史翰爲義成軍節度使。性剛毅，有沉謀，御軍嚴整，而推恩信於士伍，接下以禮，與部曲語，未嘗不稱名。”《輯本舊史》之原輯者案語：“陶穀撰碑文云：‘齋壇峻而金鼓嚴，麻案宣

而油幢出。控梁苑之西郊，殷乎威望；撫國僑之遺俗，綽有政聲。'與《薛史》合。"

［2］流輩或戲爲"史三傳"：《輯本舊史》之影庫本粘籤："原本作'覶爲'，今從《册府元龜》改正。"見《宋本册府》卷三八八《將帥部·儒學門》。

［3］闞徹：中華書局本有校勘記："闞徹，《册府》卷四三一、卷九一四（明本）同，《新五代史》卷二五《史匡翰傳》，《册府》卷九一四（宋本）、卷九一八作'闞澈'。本卷下文同。"見明本《册府》卷四三一《將帥部·器度門》、卷九一四《總録部·酒失門》，《宋本册府》卷九一四《總録部·酒失門》、卷九一八《總録部·詆訐門》。

［4］怒目謂匡翰曰：《輯本舊史》原無"目"字，今據上述《册府》諸卷補。　覃懷：地名。位於今河南沁陽市。　與徹主客道至：《輯本舊史》之影庫本粘籤："'道至'二字原文疑有舛誤。考《册府元龜》所引《薛史》與《永樂大典》同，今姑仍其舊。"

［5］書記：官名。唐制，唐、五代節度、觀察等使所屬均有掌書記一職，位在副使、判官之下，掌表奏書檄。遼節度使亦置。　趙礪：人名。籍貫不詳。五代官員。事見本書本卷。

［6］張彦澤：人名。突厥人，徙居太原。五代後晋將領，後投降於契丹。傳見本書卷九八、《新五代史》卷五二。　張式：人名。籍貫不詳。五代後晋官員。事見本書卷八〇。　未聞史匡翰斬闞徹：中華書局本有校勘記："'史'字原缺，據劉本，《册府》卷四三一、卷九一四、卷九一八（宋本），《新五代史》卷二五《史匡翰傳》補。"　恐天下談者未有比類：中華書局本有校勘記："'類'字原闕，據殿本，孔本，彭校，《册府》卷四三一、卷九一四、卷九一八補。影庫本批校：'未有比類，脱類字。'"

［7］白馬河：水名。黄河支流，以流經白馬縣而得名。位於今河南滑縣北。　匡翰祭之：《宋本册府》卷九五一《總録部·咎徵門二》作"翰自祭之"。《輯本舊史》卷八〇《晋高祖紀六》天福

七年（942）三月辛未條：“滑州節度使、駙馬都尉史匡翰卒，輟朝，贈太保。” 太保：官名。與太師、太傅並爲三師。唐後期、五代多爲大臣、勳貴加官。正一品。

子彦容，歷宫苑使，凑、單、宿三州刺史。[1]《永樂大典》卷一萬一百八十三。[2]

[1]宫苑使：官名。唐始置，以宦官充，五代改用士人。掌管京師地區宫苑和宫苑所屬的莊田管理事務。 凑：州名。治所在今河南汝南縣。 單：州名。治所在今山東單縣。 宿：州名。治所在今安徽宿州市。

[2]《大典》卷一〇一八三“史”字韻“姓氏（一）”事目。《新輯會證》本傳録《金石萃編》卷一二〇收陶穀撰《義成軍節度使贈太保史匡翰碑銘並序》，可參見。

梁漢顒

梁漢顒，太原人也。少事後唐武皇，初爲軍中小校，善騎射，勇於格戰。莊宗之破劉仁恭、王德明，及與梁軍對壘於德勝，皆預其戰，累功至龍武指揮使、檢校司空。[1]梁平，授檢校司徒、濮州刺史。同光三年，魏王繼岌統軍伐蜀，以漢顒爲魏王中軍馬步都虞候。[2]天成初，授許州兵馬留後、檢校太保，尋爲邠州節度使。[3]歲餘，加檢校太傅，充威勝軍節度、唐鄧等州觀察處置等使，在鎮二年，移鎮洋州。[4]長興四年夏，以眼疾授太子少師致仕。[5]高祖素與漢顒有舊，及即位之初，漢顒進謁，再希任使，除左威衛上將軍。[6]天福七年冬，以疾卒於洛陽，年七十餘。贈太子太保。[7]《永樂大典》卷六千六百十四。[8]

[1]劉仁恭：人名。深州（今河北深州市）人。唐末、五代軍閥，時爲幽州節度使。傳見《新唐書》卷二一二。　王德明：人名。即張文禮。張文禮被王鎔收爲義子後，賜姓王，名德明。燕（今河北北部）人。後唐將領。傳見本書卷六二。　德勝：地名。原爲德勝渡，黄河重要渡口之一。李存勗部將李存審築於黄河津要處德勝口，有南北二城。南城在今河南濮陽市東南五里，北城在今河南濮陽市區。　龍武指揮使：官名。所部統兵將領。龍武爲五代禁軍番號。　“梁漢顒，太原人也”至“檢校司空”：《宋本册府》卷三六〇《將帥部·立功門一三》。

[2]繼岌：人名。即李繼岌。後唐莊宗長子，時封魏王。傳見本書卷五一、《新五代史》卷一四。　蜀：即後蜀。五代十國政權之一。後唐清泰元年（934），蜀王孟知祥稱帝於成都（今四川成都市），國號蜀，史稱後蜀。轄境相當今四川和陝西南部、甘肅東南部、湖北西南部地區。事見本書卷一三六《僭僞列傳》、《新五代史》卷六四《後蜀世家》。　馬步都虞候：官名。五代侍衛親軍馬步軍統兵官，僅次於馬步軍都指揮使、副都指揮使。　“同光三年”至“以漢顒爲魏王中軍馬步都虞候”：《輯本舊史》卷三三《唐莊宗紀七》同光三年（925）九月辛丑條：“繼岌既受都統之命，以梁漢顒充中軍馬步都虞侯兼馬步軍都指揮使。”卷六七《任圜傳》：“即署圜爲招討副使，與都指揮使梁漢顒等率兵攻延孝於漢州，擒之。”卷七四《康延孝傳》同光四年二月己亥條：“繼岌至利州。是夜，守吉柏津使密告魏王曰：‘得紹琛文字，令斷吉柏浮梁。’繼岌懼，乃令梁漢顒以兵控吉柏津。延孝已擁衆急趨西川，繼岌遣人馳書諭之。夜半，令監軍使李延安召任圜，因署爲副招討

使，令圜率兵七千騎，與都指揮使梁漢顒、監軍李延安討之。”亦見《通鑑》卷二七四天成元年（926）二月己亥條。《明本册府》卷二六九《宗室部·將兵門》後唐魏王繼岌條：“伐蜀，置中軍，以梁漢顒充軍馬步都虞侯兼中軍馬步都指揮事。”

［3］許州：州名。治所在今河南許昌市。　兵馬留後：官名。唐五代時，代行方鎮長官之職者稱留後。代行州兵馬使之職者，即爲兵馬留後。掌本州兵馬。

［4］威勝軍：方鎮名。治所在鄧州（今河南鄧州市）。　唐：州名。治所在今河南唐河縣。　鄧：州名。治所在今河南鄧州市。　觀察處置使：官名。即觀察使之全稱。唐代後期出現的地方軍政長官。唐玄宗開元二十一年（733）置十五道採訪使，唐肅宗乾元元年（758）改爲觀察使。無旌節，地位低於節度使。掌一道州縣官的考績及民政。　洋州：州名。治所在今陝西洋縣。中華書局本有校勘記：“原作‘許州’。本書卷四四《唐明宗紀十》：‘前洋州節度使梁漢顒以太子少傅致仕。’知其曾歷洋州。影庫本粘籤：‘“許州”，原本作“詳州”，今從《通鑑》改正。’今檢《通鑑》無此事，‘詳州’係‘洋州’之訛。據改。又梁漢顒墓志（拓片刊《洛陽出土歷代墓志輯繩》）記其自鄧州節度任上‘秩滿歸京，官復環衛’，未記嘗歷許州或洋州。”《宋本册府》卷九三六《總録部·躁競門》作“洋州”，明本作“揚州”。　“天成初”至“移鎮洋州”：《輯本舊史》卷三七《唐明宗紀三》天成元年十一月庚午條：“河陽留後梁漢顒爲邠州節度使。”卷三九《唐明宗紀五》天成三年九月丙申條：“以邠州節度使梁漢顒爲右威衛上將軍。”

［5］長興：後唐明宗李嗣源年號（930—933）。　太子少師：官名。與太子少傅、太子少保合稱“三少”，唐後期、五代多爲大臣、勳貴加官。從二品。　致仕：官員告老辭官。　長興四年夏，以眼疾授太子少師致仕：《輯本舊史》卷四一《唐明宗紀七》長興元年（930）七月甲戌條：“以左威衛上將軍梁漢顒爲鄧州節度使。”並出校勘記引《輯本舊史·唐明宗紀五》，“左”作“右”，其墓志

亦作“右”。卷四四《唐明宗紀十》長興四年四月甲寅條：“前鄧州節度使梁漢顒以太子少師致仕。”同年九月壬戌條：“前洋州節度使梁漢顒以太子少傅致仕。”按是月甲戌朔，無壬戌。《宋本册府》卷九三六《總録部·躁競門》：“後唐長興四年夏，以眼疾授太子少師致仕。”

[6]左威衛上將軍：官名。唐置，掌宫禁宿衛。唐代十六衛之一。從二品。

[7]太子太保：官名。與太子太師、太子太傅統稱太子三師。隋唐以後多作加官或贈官。從一品。　贈太子少保：中華書局本有校勘記：“梁漢顒墓志作‘贈太子太師’。”明本《册府》卷四〇六《將帥部·清儉門》：“梁漢顒爲威衛上將軍。漢顒雖起於行陣，植性温厚，軍政之暇，不倦接納。歷數鎮，家無餘積，亦武臣之廉者。”

[8]《大典》卷六六一四“梁”字韻“姓氏（三）”事目。《新輯會證》本傳録《洛陽出土歷代墓志輯繩》收劉皞撰《晋故左威衛上將軍贈太子太師安定郡梁公墓銘並序》，可參見。

楊思權

楊思權，邠州新平人也。[1]梁乾化初爲軍校，貞明二年，轉弓箭指揮使、檢校左僕射，累遷控鶴右第一軍使。[2]唐莊宗平梁，補右廂夾馬都指揮使。[3]天成初，遷右威衛將軍，加檢校司空。[4]

[1]新平：縣名。治所在今陝西彬縣。

[2]乾化：五代後梁太祖朱温年號（911—912），末帝朱友貞沿用（913—915）。　貞明：後梁末帝朱友貞年號（915—921）。弓箭指揮使：官名。所部統兵將領。“弓箭”或爲遠程箭射部隊。

檢校左僕射：官名。左僕射爲隋唐宰相名號。檢校左僕射爲散官或加官，以示恩寵，無實際執掌。　控鶴右第一軍使：官名。“控鶴”爲禁軍番號。軍使，唐末、五代邊防將領。

[3]右廂夾馬都指揮使：官名。所部統兵將領，“夾馬”爲部隊番號。

[4]右威衛將軍：官名。唐置，掌宫禁宿衛。十六衛之一，從三品。中華書局本有校勘記：“‘將軍’原作‘軍將’，據殿本、劉本、孔本乙正。”

會秦王從榮鎮太原，明宗乃以馮贇爲副留守，以思權爲北京步軍都指揮使，以佐佑之。[1]從榮幼驕狠，不親公務，明宗乃遣紀綱一人素善從榮者，與之遊處，俾從容諷導之。[2]嘗私謂從榮曰：“河南相公恭謹好善，親禮端士，有老成之風，相公處長，更宜自勵，勿致聲問在河南之下。”從榮不悦，因告思權曰：“朝廷人皆推從厚，共非短我，吾將廢棄矣。”思權曰：“請相公勿憂，萬一有變，但思權在處有兵甲，足以濟事。”乃勸從榮招置部曲，調弓礪矢，陰爲之備。思權又謂使者曰：“朝廷教君伴相公，終日言弟賢兄弱，何也？吾輩苟在，豈不能與相公爲主耶？”使者懼，告馮贇，乃密奏之，明宗乃詔思權赴京師，以秦王之故，亦弗之罪也。[3]長興末，爲右羽林都指揮使，遣戍興元。[4]

[1]從榮：人名。即李從榮。沙陀部人。後唐明宗李嗣源次子。傳見本書卷五一、《新五代史》卷一五。　馮贇：人名。太原（今山西太原市）人。五代後唐明宗朝宰相、三司使。傳見本書附録、《新五代史》卷二七。　“會秦王從榮鎮太原”至“以佐佑之”：

《通鑑》卷二七六天成三年（928）四月條："以鄴都留守從榮爲河東節度使、北都留守，以客省使太原馮贇爲副留守，夾馬指揮使新平楊思權爲步軍都指揮使以佐之。"

［2］紀綱：對僕役的一種代稱。

［3］"從榮幼驕狠"至"亦弗之罪也"：亦見《通鑑》卷二七六天成三年條。

［4］興元：府名。治所在今陝西漢中市。

閔帝嗣位，奉詔從張虔釗討鳳翔，洎至岐下，思權首倡倒戈以攻虔釗。尋領部下軍率先入城，[1]謂唐末帝曰："臣既赤心奉殿下，俟京城平定，與臣一鎮，勿置在防禦、團練使内。"乃懷中出紙一幅，謂末帝曰："願殿下親書臣姓名以志之。"末帝命筆，書"可邠寧節度使"。及即位，授推誠奉國保乂功臣、静難軍節度、邠寧慶衍等州觀察處置等使、檢校太保。[2]清泰三年，入爲右龍武軍統軍。[3]高祖即位，除左衛上將軍，進封開國公。[4]天福八年，以疾卒，年六十九。贈太傅。[5]《永樂大典》卷六千五十二。[6]

［1］閔帝：後唐閔帝李從厚。明宗李嗣源第三子。紀見本書卷四五、《新五代史》卷七。　張虔釗：人名。遼州（今山西左權縣）人。後唐、後蜀將領。傳見本書卷七四。　鳳翔：方鎮名。治所在鳳翔府（今陝西鳳翔縣）。　思權首倡倒戈以攻虔釗。尋領部下軍率先入城：《輯本舊史》卷四五《唐閔帝紀》應順元年（934）三月庚申條："西面步軍都監王景從等自軍前至，奏：'今月十五日，大軍進攻鳳翔。十六日，嚴衛右厢都指揮使尹暉引軍東面入城，右羽林都指揮使楊思權引軍西面入城，山南軍潰。'"卷四六《唐末

帝紀上》應順元年三月十六日條："時羽林都指揮使楊思權謂衆曰：'大相公，吾主也。'遂引軍自西門入。"《新五代史》卷四八《楊思權傳》："潞王從珂反鳳翔，興元張虔釗會諸鎮兵討賊。諸鎮兵圍鳳翔，思權攻城西，嚴衛指揮使尹暉攻城東，破其兩關城。從珂登城呼外兵，告以己非反者，其語甚哀，外兵聞者皆悲之，而虔釗督戰甚急，軍士反兵逐虔釗。思權因呼其衆曰：'潞王真吾主也。'即擁軍士入城降。暉聞思權已降，亦麾其軍使解甲，由是諸鎮之兵皆潰。"亦見明本《册府》卷四三九《將帥部·要君門》。《新五代史》卷七《唐本紀》應順元年三月丙辰條："思同兵潰，嚴衛指揮使尹暉、羽林指揮使楊思權以其軍叛降于從珂。"

[2]静難軍：方鎮名。唐光啓元年（885）以邠寧節度使號静難軍，治所在今陝西彬縣。北宋初廢。　邠寧：方鎮名。治所在今陝西彬縣。　寧：州名。治所在今甘肅寧縣。　慶：州名。治所在今甘肅慶城縣。　衍：州名。治所在今甘肅寧縣南六十里政平鄉。　"及即位"至"檢校太保"：《輯本舊史》卷四六《唐末帝紀上》應順元年五月戊申條："以羽林右第一軍都指揮使、春州刺史楊思權爲邠州節度使。"明本《册府》卷四三九《將帥部·要君門》："及即位，授推誠奉國保乂功臣、静難軍節度、邠寧慶衍等州觀察處置等使、檢校太保。"《通鑑》卷二七九清泰元年（934）五月戊申條："以羽林軍使楊思權爲静難節度使。"《宋本册府》卷六九七《牧守部·邪佞門》："楊思權爲邠州節度使，進新修佛寺圖。思權前帥禁軍倒戈入岐州，違負朝廷，獲節旄之賞，心常媿畏。邠即思權故里，遂率民修寺，冀銷陰禍故也。"

[3]清泰三年，入爲右龍武軍統軍：《輯本舊史》卷四八《唐末帝紀下》清泰三年閏十一月辛酉條："以前邠州節度使楊思權爲右龍武統軍。"

[4]左衛上將軍：官名。唐置，掌宫禁宿衛。唐代十六衛之一。從二品。　"高祖即位"至"進封開國公"：《輯本舊史》卷七六《晋高祖紀二》天福二年（937）三月甲戌條："以右龍武統軍楊思

權爲左衛上將軍。"

[5]太傅：官名。與太師、太保並爲三師。唐後期、五代多爲大臣、勳貴加官。正一品。　"天福八年"至"贈太傅"：《輯本舊史》卷八二《晉少帝紀二》天福八年八月戊申條："左衛上將軍楊思權卒，贈太傅。"《新五代史》卷四八："天福八年，卒於京師。"

[6]《大典》卷六〇五二"楊"字韻"姓氏（一二）"事目。

尹暉

尹暉，魏州人也。[1]少以勇健事魏帥楊師厚爲軍士，唐莊宗入魏，擢爲小校，從征河上，每於馬前步鬬有功。[2]莊宗即位，連改諸軍指揮使。天成、長興中，領數郡刺史，累遷嚴衛都指揮使。[3]唐應順中，王師討末帝於岐下，暉與楊思權首歸，末帝約以鄴都授之。[4]末帝即位，高祖入洛，嘗遇暉於通衢，暉馬上横鞭以揖高祖。高祖忿之，後因謁謂末帝曰："尹暉常才，以歸命稱先，陛下欲令出鎮名藩，外論皆云不當。"末帝乃授暉應州節度使。[5]高祖即位，改右衛大將軍。[6]時范延光據鄴謀叛，以暉失意，密使人齎蠟彈，[7]以榮利啖之。暉得延光文字，懼而思竄，[8]欲沿汴水奔於淮南。[9]高祖聞之，尋降詔招唤，未出王畿，爲人所殺。子勳，事皇朝，累歷軍職，遷内外馬步都軍頭，見爲郢州防禦使。[10]《永樂大典》卷一萬八千一百三十一。[11]

[1]魏州：州名。治所在今河北大名縣。　魏州人也：《新五

代史》卷四八《尹暉傳》作“魏州大名人”。

［2］楊師厚：人名。潁州斤溝（今安徽太和縣阮橋鎮斤溝村）人。唐末、五代將領。傳見本書卷二二、《新五代史》卷二三。

［3］嚴衛都指揮使：官名。嚴衛爲五代後晋禁軍名。

［4］應順：後唐愍帝（閔帝）李從厚年號（934）。　楊思權：人名。邠州新平（今陝西彬縣）人。五代後唐、後晋將領。傳見本書本卷、《新五代史》卷四八。　鄴都：地名。治所在今河北大名縣。五代後唐同光元年（923）改魏州爲興唐府，建號東京。三年，改東京爲鄴都。　“唐應順中”至“末帝約以鄴都授之”：《輯本舊史》卷四五《唐閔帝紀》應順元年（934）三月：“庚申，西面步軍都監王景從等自軍前至，奏：‘今月十五日，大軍進攻鳳翔。十六日，嚴衛右廂都指揮使尹暉引軍東面入城，右羽林都指揮使楊思權引軍西面入城，山南軍潰。’”卷六五《王思同傳》：“時羽林指揮使楊思權引軍自西門先入，思同未之知，猶督士登城。俄而嚴衛指揮使尹暉呼曰：‘西城軍已入城受賞矣，軍士可解甲！’棄仗之聲，振動天地。”亦見《輯本舊史》卷四六《唐末帝紀上》應順元年三月十六日條，《新五代史》卷七《唐愍帝紀》，明本《册府》卷一一《帝王部·繼統門》唐末帝條。《輯本舊史》卷四六《唐末帝紀上》清泰元年（934）五月：“辛亥，以嚴衛都指揮使尹暉爲齊州防禦使。”同年十二月丁卯條：“以齊州防禦使尹暉爲彰國軍節度使。”

［5］應州：州名。治所在今山西應縣。

［6］高祖即位，改右衛大將軍：《輯本舊史》卷七六《晋高祖紀二》天福二年（937）正月乙丑條：“以前彰國軍節度使尹暉爲左千牛衛上將軍。”《通鑑》卷二八〇天福元年七月丁酉條：“雲州步軍指揮使桑遷奏應州節度使尹暉逐雲州節度使沙彦珣，收其兵應河東。丁酉，彦珣表遷謀叛應河東，引兵圍子城。彦珣犯圍走出西山，據雷公口，明日，收兵入城擊亂兵，遷敗走，軍城復安。是日，尹暉執遷送洛陽，斬之。”《新五代史》卷八《晋本紀》天福

二年七月壬子條："右衛大將軍尹暉叛奔于吴，不克，伏誅。"亦見明本《册府》卷四三八《將帥部·奔亡門》。

［7］蠟彈：古代一種用於情報交换或傳遞的秘密工具。詳見孫方圓《兵道尚詭：試説宋代的軍用蠟丸》，《軍事歷史》2018 年第 2 期。　密使人齎蠟彈：中華書局本有校勘記："'蠟彈'，原作'臘彈'，據殿本、劉本、彭校、《册府》卷四三八改。"

［8］懼而思竄："思"，中華書局本有校勘記："《册府》卷四三八作'私'。"

［9］汴水：水名。隋開通濟渠，因其自滎陽至開封一段即原來的汴水，故唐、宋人將出自河至入淮之通濟渠東段全流統稱爲汴水或汴渠。　淮南：方鎮名。治所在揚州（今江蘇揚州市）。

［10］勳：人名。即尹勳。魏州大名（今河北大名縣）人。事見本書本卷。　内外馬步都軍頭：官名。禁軍軍職，掌宿衛。　郢州：州名。治所在今湖北鍾祥市。

［11］《大典》卷一八一三一"將"字韻"後晋將（二）"事目。《宋本册府》卷一六六《帝王部·招懷門四》晋高祖條天福二年七月條："勑：'……近聞尹暉忽然出外，不赴朝參，又婁繼英誤有傳聞，亦兹潛匿。且尹暉、婁繼英位居班列，事合審詳，不謂此持，偶乖斟酌。'"又："暉，魏州人也。少以勇健事連帥楊師厚爲爪牙。莊宗並其地（弟）昇爲小校。從戰河上，每於馬前步鬬有功。莊宗即位，連改諸軍指揮使。明宗天成後，領數郡刺史。應順中，王師討潞王於岐下，暉與楊思權首歸潞王，潞王約以鄰園授之。潞王即僞位，帝入洛，嘗遇暉通衢。暉馬上横鞭揖帝，帝甚怒之。及因朝謁，謂僞主曰：'尹暉常才，以歸命稍先，陛下欲令出鎮名藩，外論皆云不當。'僞主乃授應州節度。帝即位，改西衛將軍。時延光以暉失意，密使間人以榮利啖之。暉懼，沿汴水欲奔歸淮南，未出王畿，爲人所殺。"

李從璋 子重俊

李從璋，字子良，後唐明宗皇帝之猶子也。少善騎射，從明宗歷戰河上，有平梁之功。唐同光末，魏之亂軍迎明宗爲帝，從璋時引軍自常山過邢，邢人以從璋爲留後。[1]踰月，明宗即位，受詔領捧聖左廂都指揮使，時天成元年五月也。[2]八月，改大内皇城使，加檢校司徒、彰國軍節度使，賜竭忠建策興復功臣。[3]旋以達靼諸部入寇，從璋率麾下出討，一鼓而破，有詔褒之。[4]

[1]常山：即鎮州，治所在今河北正定縣。　從璋時引軍自常山過邢，邢人以從璋爲留後：《輯本舊史》卷三二《唐莊宗紀六》同光二年（924）十月甲午條："以宣武軍節度押牙李從温、李從璋、李從榮、李從厚、李從璨並銀青光禄大夫，檢校右散騎常侍兼御史大夫。"《通鑑》卷二七四天成元年（926）三月辛未條："嗣源從子從璋自鎮州引兵而南，過邢州，邢人奉爲留後。"

[2]捧聖左廂都指揮使：官名。捧聖左廂，禁軍番號。五代軍隊編制，五百人爲一指揮，設指揮使、副指揮使；十指揮爲一軍，設都指揮使、副都指揮使。

[3]大内皇城使：官名。唐末始置，爲皇城司長官，一般由君主的親信充任，以拱衛皇城。　"踰月"至"賜竭忠建策興復功臣"：《輯本舊史》卷三六《唐明宗紀二》天成元年（926）七月辛巳條："以捧聖嚴衛左廂馬步軍都指揮使李從璋領饒州刺史，充大内皇城使。"卷三八《唐明宗紀四》天成二年三月甲子條："以大内皇城使、守饒州刺史李從璋爲應州節度使。"同年十二月乙酉條："以彰國軍節度使李從璋昧於政理，詔歸闕。"《宋本册府》卷六九八《牧守部·失政門》："李從璋爲彰國軍節度使。明宗天成中，以

璋昧於政理，詔歸闕。”《新五代史》卷一五《李從璋傳》：“明宗即位，以爲捧聖左廂都指揮使，改皇城使，領饒州刺史，拜彰國軍節度使，徙鎮義成。”

[4]達靼：部族名。其名始見於唐開元二十年（732）突厥文《闕特勤碑》。唐末活躍於陰山一帶。參見白玉冬《九姓達靼游牧王國史研究》，中國社會科學出版社2017年版。　“旋以達靼諸部入寇”至“有詔褒之”：《宋本册府》卷三六〇《將帥部·立功門一三》繫此事於天成二年。

三年四月，移鎮滑臺。[1]時明宗駐蹕於大梁，從璋嘗召幕客謀曰：“車駕省方，藩臣咸有進獻，吾爲臣爲子，安得後焉。欲取倉廩羨餘，以助其用，諸君以爲何如？”内有賓介白曰：“聖上寬而難犯，行宫在近，忽致上達，則一幕俱罹其罪。”從璋怒，翌日，欲引弓射所言者，朝廷知之，改授右驍衛上將軍。[2]

[1]滑臺：《輯本舊史》之影庫本粘籤：“原本作‘體臺’，今從《通鑑》改正。”查《通鑑》，未見此記載。《輯本舊史》卷三九《唐明宗紀五》天成三年（928）二月乙未條：“應州節度使李從璋移鎮滑州。”

[2]右驍衛上將軍：官名。唐置，掌宫禁宿衛。唐代十六衛之一。從二品。

長興元年十月，出鎮陝州。[1]二年五月，遷河中節度使。[2]三年，就加檢校太傅，[3]賜忠勤静理崇義功臣。四年五月，制封洋王。[4]是歲，明宗厭代，閔帝嗣位，尋受命代潞王於岐下，會潞王舉兵入洛，事遂寢。[5]高祖即位之元年十二月，授威勝軍節度使，降封隴西郡公。二年九月，終於任，年五十一。鄧人爲之罷市，思遺愛也。詔贈太師。[6]

[1]出鎮陝州：《輯本舊史》卷四一《唐明宗紀七》長興元年(930)五月壬辰條："以前滑州節度使李從璋爲右驍衛上將軍。"同年十月己亥條："以左驍衛上將軍李從璋爲陝州節度使。"

[2]遷河中節度使：《輯本舊史》卷四二《唐明宗紀八》長興二年閏五月壬辰條："陝州節度使李從璋移鎮河中。"《通鑑》卷二七七長興二年閏五月壬辰條："以保義節度使李從璋爲護國節度使。"《新五代史》卷七《唐本紀》長興三年："初，安重誨得罪，罷河中，以從璋爲代。"卷一五《李從璋傳》："居久之，出鎮保義，徙河中。"

[3]三年，就加檢校太傅：《舊五代史考異》："從璋爲河中節度，以代安重誨也。《五代史闕文》：從璋見重誨，拜于庭下，重誨驚曰：'太傅過禮。'據此傳，從璋至三年始加檢校太傅，徙鎮河中時，不應先稱爲太傅。"見《輯本舊史》卷六六《安重誨傳》。《輯本舊史》卷四三《唐明宗紀九》長興三年十一月己亥條："河中節度使李從璋加檢校太傅。"《宋本册府》卷九四六《總録部·失禮門》："後唐李從璋爲河中節度使。明宗長興四年七月，從璋奏：'臣母亡，請准式假，仍請定服制。'從璋，帝從子，今屬籍如皇子而請爲母服，失禮也。禮寺知其不可無所，上聞而止。"《通鑑》卷二七七長興二年閏五月："光鄴至河中，李從璋以甲士圍其第，自入見重誨，拜于庭下。重誨驚，降階答拜，從璋奮撾擊其首；妻張氏驚救，亦撾殺之。"亦見《新五代史》卷二四《安重誨傳》。

[4]四年五月，制封洋王：《輯本舊史》卷四四《唐明宗紀十》長興四年五月戊寅條："河中節度使李從璋封洋王。"亦見《新五代史》卷六《唐明宗紀》長興四年五月條。

［5］“是歲”至“事遂寢”：《輯本舊史》卷四五《唐閔帝紀》應順元年二月己卯條：“以前河中節度使、洋王從璋權知鳳翔軍軍府事。”同年三月辛亥條：“前河中節度使、洋王從璋加檢校太傅。”明本《册府》卷三九《帝王部·睦親門》：“閔帝應順元年正月，陝州康思立言：河中節度使洋王從璋在任日用内省絹未填，帝以昆仲不之報。”卷二六八《帝王部·來朝門》：“後唐閔帝應順元年閏正月癸亥，洋王從璋自河中入覲，獻甲馬二十匹。”卷二七七《宗室部·褒寵門三》：“洋王從璋，明宗猶子。清泰元年，詔從璋及涇王從敏月各給俸錢一十萬，米麥各五十石，傔三十人，衣糧馬五十匹芻粟。二王自方鎮入朝，自是留雒陽私第。”此條卷五〇八《邦計部·俸禄門四》“五十”作“十五”。卷一六九《帝王部·納貢獻門》唐廢帝清泰元年（934）十月丙戌條：“皇子河南尹重美、洋王從璋、涇王從敏、宣徽使李專美獻煖帳、羊酒、爐餅、火具。”《通鑑》卷二七九清泰元年二月乙酉條：“潞王既與朝廷猜阻，朝廷又命洋王從璋權知鳳翔。從璋性粗率樂禍，前代安重誨鎮河中，手殺之。”同月丁酉條：“洋王從璋行至關西，聞鳳翔拒命而還。”

［6］太師：官名。與太保、太傅並爲三師。唐後期、五代多爲大臣、勳貴加官。正一品。　“二年九月”至“詔贈太師”：《輯本舊史》卷七六《晉高祖紀二》天福元年（936）十二月己亥條：“以前河中節度使李從璋爲鄧州節度使。”同卷天福二年九月乙丑條：“鄧州節度使李從璋卒，贈太師。”

從璋性貪黷，懼明宗嚴正，自滑帥入居環衛之後，以除拜差跌，心稍悛悟，後歷數鎮，與故時幕客不足者相遇，無所憾焉。蒲、陝之日，政有善譽，改賜“忠勤静理”之號，良以此也。及高祖在位，愈畏其法，故歿於南陽，人甚惜之，[1]亦明宗宗室之白眉也。子重俊。《永樂大典》卷一萬八千一百二十。[2]

［1］南陽：縣名。治所在今河南南陽市。　“從璋性貪黷”至“人甚惜之”：亦見《宋本册府》卷八九七《總録部·改過門》。

［2］《大典》卷一八一二〇“將”字韻“唐將（一二）”事目。中華書局本有校勘記：“與本則内容不符，恐有誤記。陳垣《舊五代史輯本引書卷數多誤例》謂應作卷一八一三〇‘將’字韻‘後晋將（一）’。”

重俊，唐長興、清泰中，歷諸衛將軍；高祖即位，遥領池州刺史；少帝嗣位，授虢州刺史。[1]性貪鄙，常爲郡人所訟，下御史臺，抵贓至重，太后以猶子之故救之，乃歸罪於判官高獻，止罷其郡。[2]未幾，復居環列，出典商州。[3]商民素貧，重俊臨之，割剥幾盡。復御家不法，其奴僕若履湯蹈火，忤其意者，或鞭之，或刃之。又殺從人孫漢榮，掠其妻，及受代歸洛，漢榮母燕氏獲其子婦，以訴於府尹景延廣。[4]牙將張守英謂燕曰：“重俊前朝枝葉，今上中表，河南尹其何以理？不若邀其金帛，私自和解，策之上也。”[5]從其言，授三百緡而止。後以青衣趙滿師因不勝楚毒，踰垣訴景延廣，云重俊與妹私姦及前後不法事，延廣奏之。[6]詔遣刑部郎中王瑜鞫之，盡得其實，併以穢跡彰露，而賜死於家。[7]《永樂大典》卷一萬三百八十九。[8]

［1］池州：州名。治所在今安徽池州市。　虢州：州名。治所在今河南靈寶市。

［2］御史臺：官署名。秦漢始置。古代國家的監察機構。掌糾察官吏違法、肅正朝廷綱紀。大事廷辨，小事奏彈。　高獻：人名。籍貫不詳。五代後唐官員。事見本書本卷。

［3］商州：州名。治所在今陝西商洛市商州區。

［4］孫漢榮：人名。籍貫不詳。五代後唐時人。事見本書本卷、卷八四。　景延廣：人名。陝州（今河南三門峽市陝州區）人。五代後晋將領。傳見本書本卷、《新五代史》卷二九。

［5］牙將：官名。古代軍隊中的中低級軍官。　張守英：人名。籍貫不詳。五代藩鎮軍官。事見本書本卷。

［6］青衣：婢女的一種代稱。　趙滿師：人名。籍貫不詳。李府婢女。事見本書本卷。

［7］刑部郎中：官名。尚書省刑部頭司刑部司長官。掌司法及審覆大理寺及州府刑獄。從五品上。　王瑜：《輯本舊史》之影庫本粘籤："'王瑜'，原本作'王踰'，今從《通鑑》改正。"查《通鑑》，未見此記載。　"性貪鄙"至"而賜死於家"：《輯本舊史》卷八四《晋少帝紀四》開運二年（945）十一月丙辰條："前商州刺史李俊除名，坐受財枉法也。"此句中華書局本引影庫本粘籤："李俊，《歐陽史》作重俊，蓋少帝時避御名，故去'重'字，今仍其舊。"同卷開運三年九月："乙未，前商州刺史李俊賜自盡，坐與親妹姦及行劍斫殺女使，又殺部曲孫漢榮，强姦其妻，準法棄市，詔賜死於家。"《新五代史》卷一五《李從温傳》開運二年："是時，從璋子重俊爲虢州刺史，坐贓，亦以太后故，罪其判官高獻而已。重俊復爲商州刺史。坐與其妹姦及殺其僕孫漢榮掠其妻，賜死。"明本《册府》卷九四二《總録部・黷貨門》："晋王瑜爲太府少卿，杜重威之鎮東平也，瑜父欽祚爲節度使，及重威移帥崇山，瑜乃僥求苟合。代其父位後，自常州一載，再遷刑部郎中。"明本《册府》卷四四九《將帥部・專殺門》："李俊爲商州刺史。少帝開運二年，俊奏：'元隨吴漢筠監軍資庫擅用官錢二十貫文，已處斬訖。'刺史無軍權。部曲有罪，奏聽進止可也。不奏而殺，物議非之。"

［8］《大典》卷一〇三八九"李"字韻"姓氏（三四）"事目。《新輯會證》本傳録《洛陽出土歷代墓志輯繩》收楊敏昇傳《晋故隴西□李公墓志銘并序》，可參見。

李從温

李從温，字德基，代州崞縣人，後唐明宗之猶子也。[1]明宗微時，從温執僕御之役，後養爲己子，及歷諸藩，署爲牙校，命典廐庫。[2]唐同光中，奏授銀青光禄大夫、檢校右散騎常侍，累加檢校司空，充北京副留守。[3]明宗即位，授安國節度使、檢校司徒。[4]長興元年四月，入爲右武衛上將軍。[5]是歲，復出鎮許田。[6]明年，移北京留守，加太傅。[7]四年正月，改天平軍節度使。五月，制封兖王。十一月，移鎮定州，兼北面行營副招討使，尋又移鎮常山。[8]清泰中，加同平章事，改鎮彭門。[9]高祖即位之明年，就加侍中。[10]七年，加兼中書令。[11]八年，再爲許州節度使、開府儀同三司，封趙國公，累加食邑一萬户，實食封一千二百户。[12]開運二年，改河陽三城節度使。[13]三年二月，卒于任，年六十三。贈太師，[14]追封隴西郡王。

[1]崞縣：縣名。治所在今山西原平市。

[2]牙校：即軍校。爲低級武職。

[3]銀青光禄大夫：官名。漢代置光禄大夫。魏晋以後，光禄大夫之位重者，加銀章青綬，因稱銀青光禄大夫。北周、隋爲散官。唐貞觀後列入文散官。從三品。　檢校右散騎常侍：官名。爲散官或加官，以示恩寵，無實際執掌。　“唐同光中”至“充北京副留守”：《輯本舊史》卷三二《唐莊宗紀六》同光二年（924）十月甲午條：“以宣武軍節度押牙李從温、李從璋、李從榮、李從璨並銀青光禄大夫、檢校右散騎常侍兼御史大夫。”

［4］“明宗即位”至“檢校司徒”：《輯本舊史》卷三六《唐明宗紀二》天成元年（926）五月己未條：“北京馬步都指揮使李從温奏，準詔誅宦官。”卷三九《唐明宗紀五》天成三年三月丁巳條：“以前北京副留守李從温爲邢州節度使。”《通鑑》卷二七五天成元年五月丁巳條：“宦官數百人竄匿山林，或落髮爲僧，至晋陽者七十餘人，詔北都指揮使李從温悉誅之。從温，帝之姪也。”

［5］長興元年四月，入爲右武衛上將軍：中華書局本有校勘記：“‘右’，本書卷四一《唐明宗紀七》作‘左’。”《輯本舊史》卷四一《唐明宗紀七》長興元年（930）四月癸丑條：“以前邢州節度使、檢校司徒李從温爲左武衛上將軍。”

［6］是歲，復出鎮許田：《輯本舊史》卷四一長興元年六月丁巳條：“以左武衛上將軍李從温爲許州節度使。”

［7］明年，移北京留守，加太傅：《輯本舊史》卷四二《唐明宗紀八》長興二年九月癸卯條：“許州節度使李從温移鎮河東。”

［8］天平軍：方鎮名。治所在鄆州（今山東東平縣）。　天平軍節度使：中華書局本有校勘記：“‘天平軍’，原作‘太平軍’，據劉本、邵本校、彭本改。按本書卷四四《唐明宗紀十》：‘以前河東節度使李從温爲鄆州節度使。’按天平軍治鄆州。”《輯本舊史》卷四四《唐明宗紀十》長興四年正月庚子條：“以前河東節度使李從温爲鄆州節度使。”同年五月戊寅條：“鄆州節度使李從温封兗王。”同年十一月乙酉條：“以鄆州節度使李從温爲定州節度使。”《通鑑》卷二七八長興四年五月戊寅條：“從子天平節度使從温爲兗王。”

［9］彭門：地名。彭城縣代稱。治所在今江蘇徐州市。　“清泰中”至“改鎮彭門”：《輯本舊史》卷四七《唐末帝紀中》清泰二年（935）二月庚午條：“定州節度使、兗王從温移鎮兗州。”卷四八《唐末帝紀下》清泰三年五月丙申條：“以雍王重美與汴州節度使范延光結婚，詔兗王從温主之。”

［10］高祖即位之明年，就加侍中：《輯本舊史》卷七六《晋高祖紀二》天福二年（937）正月丙寅條：“泰寧軍節度使李從温加食

邑實封，改功臣名號。”同年三月己未條：“兖州李從温奏，節度副使王謙搆軍士作亂，尋已處置。”卷七七《晋高祖紀三》天福三年四月甲午條：“泰寧軍節度使李從温加兼侍中。”卷七九《晋高祖紀五》天福五年三月辛未條：“以兖州節度使李從温爲徐州節度使。”

[11]七年，加兼中書令：《輯本舊史》卷八一《晋少帝紀一》天福七年七月乙巳條：“徐州節度使李從温加兼中書令。”

[12]“八年”至“實食封一千二百户”：《輯本舊史》卷八一天福八年四月庚戌條：“以徐州節度使李從温爲許州節度使。”卷八二《晋少帝紀二》天福八年七月辛巳條：“許州節度使李從温來朝，進封楚國公。”此句中華書局本有校勘記：“‘楚國公’，本書卷八八《李從温傳》作‘趙國公’。按本書卷九〇《趙在禮傳》記其天福八年四月進封楚國公。”則《李從温傳》作“趙國公”是。

[13]開運二年，改河陽三城節度使：《輯本舊史》卷八三《晋少帝紀三》開運二年（945）正月己未條：“以前許州節度使李從温爲北面行營都招撫使。”卷八四《晋少帝紀四》開運二年十月戊寅條：“以許州節度使李從温爲河陽節度使。”此句《輯本舊史》之影庫本粘籤：“戊寅，以《長曆》推之，當作‘戊辰’，今無别本可校，姑仍其舊。”《新五代史》卷一五《李從温傳》：“歷安國、忠武、義武、成德、武寧五節度使，封兖王。晋高祖立，復爲忠武軍節度使。”又：“開運二年，徙河陽三城，卒於官。”

[14]贈太師：《輯本舊史》卷八四開運三年二月甲申條：“河陽節度使李從温薨，輟朝，贈太師。”

從温始以明宗本枝，歷居藩翰，無文武才畧資濟代之用，凡臨民以貨利爲急。在常山日，覩牙署池潭凡十餘頃，皆立木爲岸，而以脩篁環之，從温曰：“此何用爲？”悉命伐竹取木，鬻於列肆，獲其直以實用帑焉。高祖即位，從温時在兖州，多創乘輿器服，爲宗族切戒，從温弗聽。其妻關氏，素耿介，一日厲聲於牙門云："李從温欲爲亂，擅造天子法物。"[1]從温敬謝，悉命焚之，家無敗累，關氏之力也。[2]後以多畜駝馬，縱牧近郊，民有訴其害稼者，從温曰："若從爾之意，則我産畜何歸乎？"其昏愚多此類也。高祖性至察，知而不問。少帝嗣位，太后教曰："吾只有此兄，慎勿繩之。"故愈加姑息，以致年逾耳順，終于牖下，乃天幸也。[3]《永樂大典》卷一萬三百八十九。[4]

[1]兖州：州名。治所在今山東濟寧市兖州區。　關氏：人名。籍貫不詳。李從温之妻。事見本書本卷。　牙門：古代軍中主帥帳前大門的别稱。

[2]"高祖即位"至"關氏之力也"：《新五代史》卷一五《李從温傳》："晋高祖立，復爲忠武軍節度使。從温爲人貪鄙，多作天子器服以自僭。宗族、賓客諫之，不聽。其妻關氏大呼于牙門曰：'從温欲反，而造天子服器。'從温大恐，乃悉毁之。"

[3]"少帝嗣位"至"乃天幸也"：《新五代史》卷一五："明宗諸子八人，至晋出帝時六已亡殁，惟從温、從敏在。太后常曰：'吾惟有一兄，豈可繩之以法！'從温由此益驕。嘗誣親吏薛仁嗣等爲盗，悉籍没其家貲數千萬。仁嗣等詣闕自訴，事下有司。從温具伏。出帝懼傷太后意，釋之而不問。"

[4]《大典》卷一〇三八九"李"字韻"姓氏（三四）"事目。

張萬進

張萬進，突厥南鄙人也。[1]祖拽斤，父臘。[2]萬進白晳美髯，少而無賴。事唐武皇，以騎射著名，攻城野戰，奮不顧命。嘗與梁軍對陣，持鋭首短刀，躍馬獨進，及兵刃既刓，則易以大鎚，左右奮擊，出没進退，無敢當者。唐莊宗、明宗素憐其雄勇，復奬其戰功，故累典大郡。[3]天成、長興中，歷威勝、保大兩鎮節制。[4]

[1]突厥：部族名。6世紀至8世紀活躍於北亞和中亞，稱雄於漠北、西域。隋文帝開皇二年（582），突厥汗國分裂爲東、西突厥。唐中期時西突厥、東突厥均已衰落。此處的突厥當爲其某一餘部。

[2]拽斤：人名。張萬進祖父。本書僅此一見。　臘：人名。即張臘。張萬進父。本書僅此一見。

[3]“少而無賴”至“故累典大郡”：《宋本册府》卷三九六《將帥部·勇敢門三》作“少而無賴。初事唐武皇，以騎射著名，攻城野戰，勇不顧命。嘗與梁師對陣，持鋭首短刀，躍馬獨進，務逞其志，殺而不獲。及兵刃毁弱，則易以大鎚，左右奮擊，出没往返，彌縫皆斷，無敢當者。莊宗、明宗素憐其雄武，復奬其戰功，故累典大郡”。

[4]威勝：方鎮名。治所在乾州（今陝西乾縣）。　保大：方鎮名。治所在鄜州（今陝西富縣）。　天成、長興中，歷威勝、保大兩鎮節制：《輯本舊史》卷四〇《唐明宗紀六》天成四年（929）六月丙午條：“以沂州刺史張萬進爲安北都護，充振武軍節度使。”卷四三《唐明宗紀九》長興三年（932）八月甲寅條：“以前振武節度使張萬進爲鄧州節度使。”卷四七《唐末帝紀中》清泰二年（935）四月乙酉條：“以前武勝軍節度使張萬進爲鄜州節度使。”明本《册府》卷四四八《將帥部·殘酷門》：“張萬進，歷威勝、保大、彰義三軍節度使。”

高祖有天下，命爲彰義軍節度使，[1]所至不治，政由羣下。洎至涇原日，[2]凶恣彌甚，每日於公庭列大鼎，烹肥羜，割胾方寸以噉賓佐，皆流淚不能大嚼，俟其他顧，則致袂中。又命巨觶行酒，訴則辱之，乃有持杯僞飲，褰領褖而納之者。既沉湎無節，唯婦言是用，其妻與幕吏張光載干預公政，納錢數萬，補一豪民爲捕賊將，領兵數百人入新平郡境。[3]邠帥以其事上奏，有詔詰之，光載坐流罪，配于登州。[4]

[1]彰義軍：方鎮名。治所在涇州（今甘肅涇川縣）。　命爲彰義軍節度使：《輯本舊史》卷七六《晋高祖紀二》天福二年（937）三月乙亥條："前鄜州節度使張萬進加檢校太傅。"同年九月甲寅條："以前保大軍節度使、檢校太傅張萬進爲右龍衛軍統軍。"

[2]涇原：方鎮名。治所在涇州（今甘肅涇川縣）。　洎至涇原日：《輯本舊史》之影庫本粘籤："原本作'陘厚'，今從《册府元龜》改正。"見明本《册府》卷四五四《將帥部·豪横門》。

[3]張光載：人名。籍貫不詳。五代藩鎮官員。事見本書本卷。　新平郡：縣名。治所在今陝西彬縣。　領兵數百人入新平郡境：中華書局本有校勘記："句上《册府》卷四五四有'後'字。"

[4]流罪：隋朝確定死、流、徒、杖、笞爲"五刑"。唐律規定，流刑分三等：二千里、二千五百里、三千里。直至明清相沿不變。　登州：州名。治所在今山東蓬萊市。

天福四年三月，萬進疾篤，月餘，州兵將亂，乃召副使萬庭圭委其符印。[1]記室李昇素憾凌虐，知其將亡，謂庭圭曰："氣息將奄，不保晨暮，促移就第，豈不宜乎！"[2]庭圭從之，萬進尋卒，遂以籃轝祕屍而出，[3]即馳騎而奏之，詔命既至，而後發喪。其妻素狠戾，謂長子彦球曰："萬庭圭逼迫危病，驚擾而死，不手戮之，奚爲生也！"[4]庭圭聞之，不敢往弔。萬進假殯於精舍之下，至轜車東轅，凡數月之間，郡民數萬，無一饋奠者。[5]爲不善者，衆必棄之，信矣夫！《永樂大典》卷六千三百五十一。[6]

[1]萬庭圭：人名。籍貫不詳。五代藩鎮官員。事見本書本卷。

[2]記室：官名。或稱記室令史、記室督、記室參軍等。東漢始置，後代因之。王公及大將軍府多設此官，掌章表書記文檄諸事。李昇：人名。籍貫不詳。五代藩鎮官員。事見本書本卷。

[3]籃（lán）轝（yú）：古代的竹制交通工具，形製不一，需人力扛舉，類似簡易轎子。

[4]彦球：人名。張萬進之子。突厥人。事見本書本卷。

[5]"天福四年三月"至"無一饋奠者"：中華書局本有校勘記："'乃召副使萬庭圭委其符印'，'召'原作'詔'，據《册府》卷四四八、卷四五四改。'萬庭圭'，《册府》卷四四八作'萬廷圭'，卷四五四作'萬廷珪'。'遂以籃轝祕屍而出'，'籃'原作'藍'，據劉本、邵本校，《册府》卷四四八、卷四五四改。"見明本《册府》卷四四八《將帥部·殘酷門》、卷四五四《將帥部·豪横門》。明本《册府》卷四四八，"疾篤"作"疾羸綿目"，"將奄"作"奄奄"，"祕屍而出"作"祕屍而出，浹旬不舉"，"即馳騎而奏之"作"馳騎而奏，慮其有變"，"郡民數萬無一饋奠者"作"郡民百萬無涕洟饋奠者"。《輯本舊史》卷七八《晉高祖紀四》天福四年（939）三月丙午條："涇州節度使張萬進卒，贈太師。"

[6]《大典》卷六三五一"張"字韻"姓氏（二一）"事目。

史臣曰：延廣功扶二帝，任掌六師，亦可謂晋之勳臣矣。然而昧經國之遠圖，肆狂言於强敵，卒使邦家蕩覆，宇縣丘墟，書所謂"唯口起羞"者，其斯人之謂歟！彦韜既負且乘，任重才微，盜斯奪之，固其宜矣。希崇蔚有雄幹，老於塞垣，未盡其才，良亦可惜。楊、尹二將，因倒戈而仗鉞，豈義士之所爲。其餘蓋以勳以親，咸分屏翰，唯萬進之醜德，又何暇於譏焉！《永樂大典》卷六千三百五十一。[1]

[1]《大典》卷六三五一"張"字韻"姓氏（二一）"事目。

舊五代史　卷八九

晉書十五

列傳第四

桑維翰

桑維翰，字國僑，洛陽人也。父珙，[1]事河南尹張全義爲客將。[2]維翰身短面廣，殆非常人，既壯，每對鑑自歎曰："七尺之身，安如一尺之面！"由是慨然有公輔之望。[3]性明惠，善詞賦。[4]

[1]父珙：中華書局本有校勘記："'珙'，原作'拱'，據殿本、《册府》卷一五四、卷七七二改。按本書卷九六《張繼祚傳》：'宰臣桑維翰以父珙早事齊王，奏欲雪之。'"見《宋本册府》卷一五四《帝王部·明罰門三》廣順三年（953）二月條、卷七七二《總録部·志節門》桑維翰條。

[2]河南尹：官名。唐玄宗開元元年（713）改洛州爲河南府，治所在今河南洛陽市。以河南府尹總其政務。從三品。　張全義：人名。濮州臨濮（今山東鄄城縣）人。唐末將領，後降於諸葛爽。

傳見本書卷六三、《新五代史》卷四五。　客將：官名。亦稱典客。唐末、五代方鎮負責接待使節、賓客、出使等外交職責的武官。詳見吴麗娱《試論晚唐五代的客將、客司與客省》，《中國史研究》2002 年第 4 期。

[3]由是慨然有公輔之望：亦見《宋本册府》卷七七二。《舊五代史考異》："《三楚新録》云：馬希範入覲，途經淮上，時桑維翰旅遊楚、泗間，知其來，遽謁之曰：'僕聞楚之爲國，挾天子而令諸侯，其勢不可謂卑也；加以利盡南海，公室大富。足下之來也，非傾府庫之半，則不足以供芻粟之費。今僕貧者，敢以萬金爲請，惟足下濟之。'希範輕薄公子，覩維翰形短而腰長，語魯而且醜，不覺絶倒而笑。既而與數百緡，維翰大怒，拂衣而去。"見《三楚新録》卷一。其中，"公室大富"前有"而"字，"足下之來也"無"也"字，"與數百緡"上有"贈"字。

[4]善詞賦：《舊五代史考異》："《春渚記聞》云：桑維翰試進士，有司嫌其姓，黜之。或勸勿試，維翰持鐵硯示人曰：'鐵硯穿，乃改業。'著《日出扶桑賦》以見志。"今查《春渚記聞》，未見此記載。《新五代史》卷二九《桑維翰傳》："初舉進士，主司惡其姓，以'桑''喪'同音。人有勸其不必舉進士，可以從佗求仕者，維翰慨然，乃著《日出扶桑賦》以見志。又鑄鐵硯以示人曰：'硯弊則改而佗仕。'卒以進士及第。"

唐同光中，登進士第。[1]高祖領河陽，辟爲掌書記，歷數鎮皆從，及建義太原，首預其謀。[2]復遣爲書求援於北虜，虜果應之。俄以趙德鈞發使聘虜，高祖懼其改謀，命維翰詣虜帳，述其始終利害之義，虜心乃定。[3]及高祖建號，制授翰林學士、禮部侍郎，知樞密院事，[4]尋改中書侍郎、平章事、集賢殿大學士，充樞密院使。[5]高祖幸夷門，范延光據鄴叛，張從賓復自河、洛舉兵向闕，人心恟恟。[6]時有人候於維翰者，維翰從容談論，怡怡如也，時皆服其度量。[7]

[1]同光：後唐莊宗李存勗年號（923—926）。　登進士第：古代科舉殿試及第即爲進士。隋煬帝大業年間始置進士科，唐亦設此科，中試者皆稱進士。　唐同光中，登進士第：《舊五代史考異》："張齊賢《張齊王全義外傳》云：桑魏公將應舉，父乘間告王云：'某男粗有文性，今被同人相率取解，俟王旨。'齊王曰：'有男應舉，好事，將卷軸來，可令秀才來。'桑相之父趨下再拜。既歸，令子侵早投書啓，獻文字數軸。王令請桑秀才，其父教之趨階，王曰：'不可，既應舉便是貢士。'以客禮見，王一見奇之，禮待頗厚。是年，王力言于當時儒臣，且推薦之，由是擢上第。"見《洛陽縉紳舊聞記》卷二《齊王張令公外傳》。其中，"今被同人相率取解"，"取解"上有"欲"字；"可令秀才來"，"令"作"教"；"其父教之趨階"，無"其"字；"以客禮見"，前有"可歸客司謂魏公父曰他道路不同莫管他終"十八字；"王一見奇之"，"見"下有"甚"字。《輯本舊史》卷三二《唐莊宗紀六》同光三年（925）四月丁亥條："禮部貢院新及第進士四人，其王澈改爲第一，桑維翰第二，符蒙正第三，成僚第四。"卷九二《裴皞傳》："皞累知貢舉，稱得士，宰相馬裔孫、桑維翰皆其所取進士也。"

[2]高祖：即石敬瑭。太原（今山西太原市）人。沙陀部人。後晋開國君主。紀見本書卷七五至卷八〇、《新五代史》卷八。　河陽：縣名。治所在今河南孟州市。　掌書記：官名。唐、五代方鎮僚屬，位在判官下。掌表奏書檄、文辭之事。《新五代史》卷二九《桑維翰傳》作"河陽節度掌書記"。《宋本册府》卷三〇九《宰輔部·佐命門二》："桑維翰，自後唐末帝清泰三年爲太原掌書記。"《輯本舊史》卷七五《晋高祖紀一》清泰三年（936）代五月："掌書記桑維翰、都押牙劉知遠贊成密計，遂拒末帝之命。"亦

見《新五代史》卷一〇《漢本紀》。

［3］趙德鈞：人名。幽州（今北京市）人。初爲幽州節度使劉守光部將，再爲後唐將領，後投降遼國。傳見本書卷九八。《輯本舊史》之影庫本粘籤："原本作'得均'，今從《歐陽史》改正。"見《新五代史》卷二九《桑維翰傳》。　"復遣爲書求援於北虜"至"虜心乃定"："發使聘虜"《輯本舊史》作"發使聘契丹"，"詣虜帳"作"詣幕帳"，"虜心乃定"作"其約乃定"，中華書局本有校勘記僅校出："'其約'，《册府》卷六五五作'虜心'。"且未改。此皆因四庫館臣忌清諱而改。今據《宋本册府》卷六五五《奉使部·智識門》回改。《舊五代史考異》："《通鑑》云：趙德鈞以金帛賂契丹主，云：'若立己爲帝，請即以見兵南平洛陽，與契丹爲兄弟之國，仍許石氏常鎮河東。'契丹主自以深入敵境，晋安未下，德鈞兵尚强，范延光在其東，又恐山北諸州邀其歸路，欲許德鈞之請。帝聞之，大懼，亟使維翰見契丹主，説之曰：'大國舉義兵以救孤危，一戰而唐兵瓦解，退守一栅，食盡力窮。趙北平父子不忠不信，畏大國之强，且素蓄異志，按兵觀變，非以死徇國之人，何足可畏，而信其誕妄之辭，貪豪末之利，棄垂成之功乎！且使晋得天下，將竭中國之財以奉大國，豈此小利之比乎！'契丹主曰：'爾見捕鼠者乎，不備之，猶或齧傷其手，况大敵乎！'對曰：'今大國已扼其喉，安能齧人乎！'契丹主曰：'吾非有渝前約也，但兵家權謀不得不爾。'對曰：'皇帝以信義救人之急，四海之人俱屬耳目，奈何二三其命，使大義不終，臣竊爲皇帝不取也。'跪于帳前，自旦之暮，涕泣争之。契丹主乃從之，指帳前石謂德鈞使者曰：'我已許石郎，此石爛，可改矣。'"見《通鑑》卷二八〇天福元年（936）閏十一月條。《舊五代史考異》所引《通鑑》中"契丹主乃從之"，中華書局本有校勘記："'主'字原闕，據孔本、《通鑑》卷二八〇補。"

［4］翰林學士：官名。由南北朝始設之學士發展而來，唐玄宗改翰林供奉爲翰林學士，備顧問、代王言。掌拜免將相，號令征伐

等詔令的起草。　禮部侍郎：官名。尚書省禮部次官。協助禮部尚書掌禮儀、祭享、貢舉之政。正四品下。　知樞密院事：官名。後晋高祖天福元年（936）始置，主管樞密院政務。　“及高祖建號”至“知樞密院事”：《輯本舊史》卷七六《晋高祖紀二》天福元年十一月己亥條：“以節度掌書記桑維翰爲翰林學士、守尚書禮部侍郎、知樞密院事。”《新五代史》卷八《晋本紀》天福元年十一月己亥條：“掌書記桑維翰爲翰林學士、尚書禮部侍郎，知樞密使事。”《通鑑》卷二八〇天福元年十一月己亥條：“以掌書記桑維翰爲翰林學士、禮部侍郎、權知樞密使事。”

［5］中書侍郎：官名。中書省副長官。唐後期三省長官漸爲榮銜，中書、門下侍郎却因參議朝政而職位漸重，常常用爲以“同三品”或“同平章事”任宰相者的本官。正三品。　平章事：官名。即“同中書門下平章事”，亦稱“同平章事”。唐高宗以後，凡實際任宰相之職者，常在其本官後加同平章事的職銜。後成爲宰相專稱。後晋天福五年（940），升中書門下平章事爲正二品。　集賢殿大學士：官名。唐中葉置，位在學士之上，以宰相兼。掌修書之事。　樞密院使：官名。樞密院長官，五代時以士人爲之，備顧問，參謀議，出納詔奏，權侔宰相。參見李全德《唐宋變革期樞密院研究》，國家圖書館出版社 2009 年版。　尋改中書侍郎、平章事、集賢殿大學士，充樞密院使：《輯本舊史》卷七六《晋高祖紀二》天福元年閏十一月丙寅條：“制……以翰林學士、權知樞密事、禮部侍郎、知制誥桑維翰爲中書侍郎、同中書門下平章事、集賢殿大學士，依前知樞密院事，賜推忠興運致理功臣。”同卷天福二年正月戊寅條：“以權知樞密使事、中書侍郎、同中書門下平章事、集賢殿學士桑維翰爲樞密使。”《新五代史》卷八天福元年閏十一月丙寅條：“桑維翰爲中書侍郎、同中書門下平章事，兼樞密使。”《新五代史》卷二九《桑維翰傳》：“遷中書侍郎、同中書門下平章事，兼樞密使。”《通鑑》卷二八〇天福元年閏十一月丙寅條：“以趙瑩爲門下侍郎，桑維翰爲中書侍郎，並同平章事；維翰仍權知樞

密使事。”

[6]夷門：原指戰國魏都大梁城東門，故址在今河南開封城内東北隅。夷門位於夷山，夷山因山勢平夷而得名，故門亦以山爲名。此處代指開封。　范延光：人名。鄴郡臨漳（今河北臨漳縣）人。後唐、後晋將領。傳見本書卷九七。　鄴：地名。即鄴都。治所在今河北大名縣。後唐莊宗同光元年（923），改魏州爲興唐府，建號東京。三年，改東京爲鄴都。　張從賓：人名。籍貫不詳。後唐、後晋將領。傳見本書卷九七。

[7]“高祖幸夷門”至“時皆服其度量”：《輯本舊史》卷七七《晋高祖紀三》天福三年七月壬戌條：“宰臣趙瑩、桑維翰、李崧各改鄉里名號。”同年九月乙卯條：“詔……中書侍郎平章事桑維翰、李崧給門戟十二枝。”同年十月壬辰條：“以樞密使、中書侍郎平章事、集賢殿大學士桑維翰兼兵部尚書，皆罷樞密使。”此句有《輯本舊史》之原輯者案語：“以上疑有闕文。據《通鑑考異》引《晋高祖實録》，維翰與李崧並罷樞密使。”見《通鑑》卷二八一天福三年十月戊子日之《考異》。《輯本舊史》卷七八《晋高祖紀四》天福四年四月甲申條：“先是，桑維翰免樞密之務，以劉處讓代之，奏議多不稱旨，及處讓丁母憂，遂以密院印付中書，故密院廢焉。”《通鑑》卷二八一天福二年三月丙寅條：“范延光聚卒繕兵，悉召巡内刺史集魏州，將作亂。會帝謀徙都大梁，桑維翰曰：‘大梁北控燕、趙，南通江、淮，水陸都會，資用富饒。今延光反形已露，大梁距魏不過十驛，彼若有變，大軍尋至，所謂疾雷不及掩耳也。’丙寅，下詔，託以洛陽漕運有闕，東巡汴州。”同年六月條：“時羽檄縱横，從官在大梁者無不恟懼，獨桑維翰從容指畫軍事，神色自若，接對賓客，不改常度，衆心差安。”

及楊光遠平鄴，[1]朝廷慮兵驕難制，維翰請速散其衆，尋移光遠鎮洛陽，光遠由是怏怏，上疏論維翰去公徇私，除改不當，復營邸肆於兩都之下，與民争利。高祖方姑息外將，事不獲已，因授維翰檢校司空、兼侍中，出爲相州節度使，時天福四年七月也。[2]先是，相州管内所獲盜賊，皆籍没其財産，云是河朔舊例。[3]及維翰作鎮，以律無明文，具事以奏之。詔曰："桑維翰佐命功全，臨戎寄重，舉一方之往事，合四海之通規。況賊盜之徒，律令具載，比爲撫萬姓而安萬國，豈忍罪一夫而破一家。聞將相之善言，成國家之美事，既資王道，實契人心。今後凡有賊人，准格律定罪，不得没納家貲，天下諸州皆准此處分。"自是劫賊之家，皆免籍没，維翰之力也。[4]歲餘，移鎮兖州。[5]

[1]楊光遠：人名。沙陀部人。後唐、後晋將領。傳見本書卷九七、《新五代史》卷五一。

[2]檢校司空：官名。爲散官或加官，以示恩寵，無實際執掌。　侍中：官名。秦始置。隋、唐前期爲門下省長官。唐後期多爲大臣加銜，不參與政務，實際職務由門下侍郎執行。正二品。　相州：州名。治所在今河南安陽市。　節度使：官名。唐宋時期在重要地區所設掌握一州或數州軍、民、財政的長官。　天福：五代後晋高祖石敬瑭年號（936—942）。出帝石重貴沿用至九年（944）。後漢高祖劉知遠繼位後沿用一年，稱天福十二年（947）。　"及楊光遠平鄴"至"時天福四年七月也"：中華書局本有校勘記："本書卷七八《晋高祖紀四》、《通鑑》卷二八一《考異》引《晋高祖實録》繫其事於天福四年閏七月。"《通鑑》卷二八一天福三年（938）十月戊子條《考異》："竇貞固《晋少帝實録》及《薛史·劉處讓傳》云：'楊光遠入朝，遂於高祖前面言執政之失；乃罷維翰等樞密使，以處讓爲之。'《楊光遠傳》云：'范延光降，光遠面

奏維翰擅權；高祖以光遠方有功於國，乃出維翰領安陽，光遠爲西京留守。’今按《晋高祖實録》，天福三年十月壬辰，維翰、崧罷樞密使。庚子，光遠始入朝，對於便殿；十一月戊申，光遠爲西京留守。天福四年閏七月壬申，維翰出爲相州節度使。蓋《處讓》《光遠傳》之誤。《晋少帝實録》及《薛史·桑維翰傳》敘光遠鎮洛陽後疏維翰出相州，是也。”《輯本舊史》卷七八《晋高祖紀四》天福四年閏七月壬申條：“以中書侍郎、平章事、集賢殿大學士桑維翰爲檢校司空、兼侍中、相州彰德軍節度使。”卷九七《楊光遠傳》：“桑維翰爲樞密使，往往彈射其事，光遠心銜之。及延光降，光遠入朝，面奏維翰擅權，高祖以光遠方有功於國，乃出維翰鎮相州，光遠爲西京留守，兼鎮河陽，因罷其兵權。”此句有《舊五代史考異》：“《通鑑考異》云：《晋高祖實録》：‘天福三年十月壬辰，維翰、崧罷樞密使。庚子，光遠始入朝，對于便殿。十一月戊申，光遠爲西京留守。天福四年閏七月壬申，維翰出爲相州節度使。’與此傳先後互異。”卷一〇八《李崧傳》：“（崧）與桑維翰並兼樞密使。維翰鎮相州，未幾，廢樞密院。”又：“晋少帝嗣位，復用桑維翰爲樞密使，命崧兼判三司。未幾，代維翰爲樞密使。與馮玉對掌機密。”《新五代史》卷五一《楊光遠傳》：“光遠自魏來朝，屢指維翰擅權難制，高祖不得已，罷出維翰於相州，亦徙光遠西京留守，兼鎮河陽，奪其兵職。”《通鑑》卷二八二天福四年閏七月：“西京留守楊光遠疏中書侍郎、同平章事桑維翰遷除不公及營邸肆於兩都，與民争利；帝不得已，閏月壬申，出維翰爲彰德節度使兼侍中。”明本《册府》卷三二二《宰輔部·出鎮門》桑維翰條：“天福四年七月，出爲檢校司空、兼侍中、相州節度使。”

［3］河朔：古地區名。泛指黄河以北地區。

［4］“先是，相州管内所獲盗賊”至“維翰之力也”：《輯本舊史》卷一四七《刑法志》天福四年九月：“相州節度使桑維翰奏：‘管内所獲賊人，從來籍没財産，云是鄴都舊例，格律未見明文。’敕：‘今後凡有賊人，准格定罪，不得没納家貲。天下諸州，准此

處分。’”《宋本册府》卷六一三《刑法部·定律令門五》天福四年九月條：“相州節度使桑維翰上言：‘管内獲賊人，從來籍没財産，云是鄴都舊例，格律未見明文。’”

[5]兖州：州名。治所在今山東濟寧市兖州區。　歲餘，移鎮兖州：《輯本舊史》卷七九《晋高祖紀五》天福五年三月乙亥條：“相州節度使桑維翰加檢校司徒，改兖州節度使。”桑維翰於相州任上不足一年。

時吐渾都督白承福爲契丹所迫，舉衆内附，高祖方通好於契丹，拒而不納。[1]鎮州節度使安重榮患契丹之强，欲謀攻襲，戎使往返路出於真定者，[2]皆潛害之，密與吐渾深相結，至是納焉，而致於朝。既而安重榮抗表請討契丹，且言吐渾之請。是時安重榮握强兵，據重鎮，恃其驍勇，有飛揚跋扈之志。晋祖覽表，猶豫未决。維翰知重榮已畜奸謀，且懼朝廷違其意，乃密上疏曰：

[1]吐渾：部族名。吐谷渾的省稱。源出鮮卑，後游牧於今甘肅、青海一帶。參見周偉洲《吐谷渾資料輯録》（增訂本），商務印書館2017年版。　都督：官名。唐前期在邊疆地區和戰略要地設置都督府，管理地方軍政。掌管數州兵馬、甲械、城隍、鎮戍、糧廪，總判府事，一般兼任所在州刺史，兼理民政。到唐玄宗以後，都督逐漸爲節度使所取代。大都督爲從二品，中都督爲正三品，下都督爲從三品。　白承福：五代時北吐谷渾首領。吐谷渾族。後唐莊宗同光元年（923），被任爲寧朔、奉化兩府都督，賜姓名爲李紹魯。事見《新五代史》卷七四《四夷附録·吐渾》。　契丹：部族名、政權名。公元4世紀中葉鮮卑族宇文部爲前燕攻破，

始分離而成單獨的部落，自號契丹。唐貞觀中，置松漠都督府，以其首領爲都督。唐末强盛，916 年迭剌部耶律阿保機建立契丹國（遼）。先後與五代、北宋並立，遼天祚帝保大五年（1125）爲金所滅。參見張正明《契丹史略》，中華書局 1979 年版。

[2]鎮州：州名。治所在今河北正定縣。　安重榮：人名。朔州（今山西朔州市朔城區）人。後唐、後晉將領。傳見本書卷九八、《新五代史》卷五一。　戎使：中華書局本有校勘記："'使'原作'師'，據《册府》卷九九四、《通鑑》卷二八二、《契丹國志》卷二改。"見《宋本册府》卷九九四《外臣部·備禦門七》。《通鑑》卷二八二天福六年（941）六月條："成德節度使安重榮耻臣契丹，見契丹使者，必箕踞慢駡，使過其境，或潛遣人殺之。契丹以讓帝，帝爲之遜謝。"《通鑑》所載此句亦見於《契丹國志》卷二，其中"契丹"均作"遼"。按："師"者人數衆多，與"潛害"不合，故"戎使"較爲妥當。　真定：縣名。治所在今河北正定縣。

竊以防未萌之禍亂，立不拔之基扃，上繫聖謀，動符天意，非臣淺陋所可窺圖。然臣逢世休明，致位通顯，無功報國，省己愧心，其或事繫安危，理關家國，苟猶緘默，實負君親，是以區區之心，不能自已。

近者，相次得進奏院狀報：吐渾首領白承福已下舉衆内附，鎮州節度使安重榮上表請討契丹。臣方遥隔朝闕，[1]未測端倪。竊思陛下頃在并、汾，[2]初罹屯難，師少糧匱，援絶計窮，勢若綴旒，困同懸磬。契丹控弦玉塞，躍馬龍城，直度陰山，徑絶大漠，萬里赴難，一戰夷凶，救陛下累卵之危，成陛下覆盂之業。[3]皇朝受命，於此六年，夷夏通歡，亭障無事。[4]雖卑辭降節，屈萬乘之尊；而庇國息民，實數世之利。今者，安重榮表契丹之罪，方恃勇以請行；白承福畏契丹之强，將假手以報怨。恐非遠慮，有惑聖聰。

［1］臣方遥隔朝闕：中華書局本有校勘記："'隔'字原闕，據《册府》卷九九四補。"見《宋本册府》卷九九四《外臣部·備禦門七》。

［2］并：州名。治所在今山西太原市。　汾：州名。治所在今山西汾陽市。

［3］覆盂：《輯本舊史》之影庫本粘籤："原本作'復于'，今從《通鑑》改正。"查《通鑑》，未見此記載。見《宋本册府》卷九九四。

［4］夷夏：《輯本舊史》原作"彼此"。中華書局本有校勘記："'彼此'，《册府》卷九九四作'夷夏'。"見《宋本册府》卷九九四。此爲輯者因忌清諱而改，今回改。

方今契丹未可與争者，有其七焉：契丹數年來最强盛，侵伐鄰國，吞滅諸蕃，救援河東，功成師克。山後之名藩大郡，盡入封疆；中華之精甲利兵，悉歸虜北。[1]即今土地廣而人民衆，戎器備而戰馬多。此未可與争者一也。[2]契丹自告捷之後，鋒鋭氣雄；南軍因敗衄已來，心沮膽怯。況今秋夏雖稔，而帑廪無餘；黎庶雖安，而貧弊益甚；戈甲雖備，而鍛礪未精；士馬雖多，而訓練未至。此未可與争者二也。契丹與國家恩義非輕，信誓甚篤，雖多求取，未至侵凌，豈可先發釁端，自爲戎首。縱使因兹大克，則後患仍存；其或偶失沉機，則追悔何及。兵者凶器也，戰者危事也，苟議輕舉，安得萬全。此未可與争者三也。[3]王者用兵，觀釁而動。是以漢宣帝得志於匈奴，因單于之争立；唐太宗立功於突厥，由頡利之不道。[4]方今契丹主抱雄武之量，[5]有戰伐之機，部族輯睦，蕃國畏伏，土地無災，孳畜繁庶，蕃漢雜用，國無釁隙。此未可與争者四也。引弓之民，遷徙鳥舉，行逐水草，軍無饋運，居無竈幕，住無營栅，[6]便苦澀，任勞役，不畏風霜，不顧饑渴，皆華人之所不能。此未可與争者五也。戎人皆騎士，利在坦途；中國用徒兵，喜於隘險。趙、魏之北，燕、薊之南，千里之間，地平如砥，步騎之便，較然可知。國家若與契丹相持，則必屯兵邊上。少則懼夷狄之衆，[7]固須堅壁以自全；多則患飛輓之勞，必須逐寇而速返。我歸而彼至，我出而彼迴，則禁衛之驍雄，疲於奔命，鎮、定之封境，略無遺民。此未可與争者六也。議者以陛下於契丹有所供億，謂之耗蠹，有所卑遜，謂之屈辱，微臣所見，則曰不然。且以漢祖英雄，猶輸貨於冒頓；神堯武略，尚稱臣於可汗。[8]此謂達於權變，善於屈伸，所損者微，所利者大。必若因兹交搆，遂成釁隙，自此則歲歲徵發，日日轉輸，困天下之生靈，空國家之府藏，此謂耗蠹，不亦甚乎！兵戈既起，將帥擅權，武吏功臣，過求姑息，邊藩遠郡，得以驕矜，外剛内柔，上凌下僭，此爲屈辱，又非多乎！此未可與争者七也。

[1]虜北：《輯本舊史》原作“廬帳”。中華書局本有校勘記：“‘廬帳’，《册府》卷九九四作‘虜北’。”見《宋本册府》卷九九四《外臣部·備禦門七》。此因輯者忌清諱而改，今回改。

[2]此未可與争者一也：中華書局本有校勘記：“‘者’字原闕，據殿本、《册府》卷九九四及本卷下文補。”見《宋本册府》卷九九四。

[3]此未可與争者三也：中華書局本有校勘記：“‘此’字原闕，據殿本、《册府》卷九九四及本卷下文補。”見《宋本册府》卷九九四。

[4]漢宣帝：即劉詢，原名劉病已，漢武帝劉徹曾孫，西漢第十位皇帝，前74年至前49年在位。以賢明著稱。紀見《漢書》卷八。　匈奴：部族名、政權名。西周、春秋時稱獫狁、戎狄。戰國時游牧於燕、趙、秦以北地區。秦漢之際，匈奴冒頓單于統一各部，擊敗東胡、月氏，勢力强盛，建立起匈奴政權。漢和帝時，遣大將軍竇憲率軍擊敗北匈奴，迫使其部分西遷，越過中亞後到達歐洲，留居漠北的餘部匯入鮮卑部落。南匈奴屯居朔方、五原、雲中（今内蒙古境内）等郡，東漢末分爲五部。兩晋十六國時匈奴族先後在黄河流域建立漢（前趙）、夏、北凉等國，經過南北朝時代北方的民族大融合，逐漸在歷史上消失。參見陳序經《匈奴史稿》，中國人民大學出版社2007年版。　單于：古代北方少數民族首領的名號。　唐太宗：即李世民，隴西成紀（今甘肅秦安縣）人。626年至649年在位。通過“玄武門之變”掌權，開創史稱“貞觀之治”的歷史時期。紀見《舊唐書》卷二、卷三及《新唐書》卷二。　突厥：部族名、政權名。公元6至8世紀活躍於北亞和中亞，稱雄於漠北、西域。西魏廢帝元年（552），首領土門大破柔

然，自號伊利可汗，建立突厥汗國，置汗庭於鬱督軍山（今蒙古國杭愛山東段）。隋文帝開皇二年（582），突厥汗國分裂爲東、西突厥。唐中期以後西突厥、東突厥均已衰落。參見吴玉貴《突厥汗國與隋唐關係史研究》，中國社會科學出版社2007年版。　頡利：人名。即東突厥頡利可汗。複姓阿史那氏，名咄苾，突厥族。東突厥啓民可汗之子。與唐朝多有争戰，後兵敗被俘，東突厥由是滅亡。事見《舊唐書》卷一九四上、《新唐書》卷二一五上。

[5]方今契丹主抱雄武之量：中華書局本有校勘記："'主'，原作'王'，據殿本、劉本、邵本校、彭本改。"

[6]住無營柵：中華書局本有校勘記："'住'，原作'往'，據殿本、劉本、《册府》卷九九四改。"見《宋本册府》卷九九四。

[7]夷狄：《輯本舊史》原作"强敵"。中華書局本有校勘記："'强敵'，《册府》卷九九四作'夷狄'。"見《宋本册府》卷九九四。此因輯者忌清諱而改，今回改。

[8]漢祖：即漢高祖劉邦。前206年至前195年在位。紀見《史記》卷八、《漢書》卷一。　冒頓：人名。匈奴族。著名軍事統帥。統一北方草原，建立匈奴帝國。事見《史記》卷一一〇、《漢書》卷九四上。　神堯：對唐高祖李淵的敬稱。　可汗：古代北方少數民族首領的名號。

願陛下思社稷之大計，採將相之善謀，勿聽樊噲之空言，宜納婁敬之逆耳。[1]然後訓撫士卒，養育黔黎，積穀聚人，勸農習戰，以俟國有九年之積，兵有十倍之强，主無内憂，民有餘力，[2]便可以觀彼之變，待彼之衰，用己之長，攻彼之短，舉無不克，動必成功。此計之上者也，惟陛下熟思之。

[1]樊噲：人名。泗水郡沛縣（今江蘇沛縣）人。西漢開國將帥。傳見《史記》卷九五、《漢書》卷四一。　婁敬：人名。齊（今山東濟南市）人。西漢初期大臣。傳見《史記》卷九九、《漢書》卷四三。

[2]民有餘力：中華書局本有校勘記："'有'，原作'無'，據殿本、劉本、邵本校、《册府》卷九九四改。"見《宋本册府》卷九九四《外臣部·備禦門七》。

臣又以鄴都襟帶山河，表裏形勝，原田沃衍，户賦殷繁，乃河朔之名藩，實國家之巨屏。即今主帥赴闕，軍府無人，臣竊思慢藏誨盜之言，恐非勇夫重閉之意，願迴深慮，免起奸謀。欲希陛下暫整和鑾，略謀巡幸。雖櫛風沐雨，上勞於聖躬；而杜漸防微，實資於睿略。省方展義，今也其時。臣受主恩深，憂國情切，智小謀大，理淺詞繁，俯伏惟懼於僭踰，裨補或希於萬一，謹冒死以聞。

疏奏，留中不出。[1]高祖召使人於内寢，傳密旨於維翰曰："朕比以北面事之，煩懣不快，今省所奏，釋然如醒，朕計已决，卿可無憂。"[2]

[1]留中不出：皇帝將朝臣的奏章留於宫中，不交議亦不批答。詳見傅禮白《宋朝的章奏制度與政治决策》，《文史哲》2004年第4期。

[2]事之：中華書局本有校勘記："'事之'，《册府》卷九九四、《新五代史》卷二九《桑維翰傳》作'之事'。"《宋本册府》卷九九四《外臣部·備禦門七》此句作"朕比日於南面之事"。

《新五代史》卷二九《桑維翰傳》："高祖召維翰使者至卧内，謂曰：'北面之事，方撓吾胸中，得卿此疏，計已决矣，可無憂也。'"兩者均誤，不取。

七年夏，高祖駕在鄴都，維翰自鎮來朝，改授晋昌軍節度使。[1]少帝嗣位，徵拜侍中、監修國史，頻上言請與契丹和，爲上將景延廣所否。[2]明年，楊光遠搆契丹，有澶淵之役，凡制敵下令，皆出於延廣，維翰與諸相無所與之。及契丹退，維翰使親黨受寵於少帝者密致自薦，曰："陛下欲制北戎以安天下，非維翰不可。"[3]少帝乃出延廣守洛，以維翰守中書令，再爲樞密使、弘文館大學士，繼封魏國公。[4]事無巨細，一以委之，數月之間，百度寖理。然權位既重，而四方賂遺，咸湊其門，故仍歲之間，積貨鉅萬，由是澆競輩得以興謗。未幾，内客省使李彦韜、端明殿學士馮玉皆以親舊用事，與維翰不協，間言稍入，維翰漸見疏忌，將加黜退，[5]賴宰相劉昫、李崧奏云：[6]"維翰元勳，且無顯過，不宜輕有進退。"少帝乃止。尋以馮玉爲樞密使，以分維翰之權。[7]

[1]晋昌軍：方鎮名。治所在雍州京兆府（今陝西西安市）。改授晋昌軍節度使：《輯本舊史》卷八〇《晋高祖紀六》天福七年（942）正月丙寅條："兖州節度使桑維翰加檢校太保。"同年閏三月戊子條："兖州節度使桑維翰加特進，封開國公。"同年六月丁巳條："以兖州節度使桑維翰爲晋昌軍節度使。"卷八一《晋少帝紀一》天福七年八月壬戌條："晋昌軍節度使桑維翰加檢校太傅。"

《宋本册府》卷八二一《總録部·崇釋氏門》："桑維翰爲侍中，天福末奏：'臣洛京章善坊捨宅爲僧院，乞賜名額。'勑以奉先禪院爲名。"

［2］少帝：即後晋少帝石重貴。石敬瑭從子。紀見本書卷八一至卷八五、《新五代史》卷九。　監修國史：官名。北齊始置史館，以宰相爲之。唐史館沿置，爲宰相兼職。　景延廣：人名。陝州（今河南三門峽市陝州區）人。後晋將領。傳見本書卷八八、《新五代史》卷二九。　少帝嗣位，徵拜侍中：《輯本舊史》卷八一《晋少帝紀一》天福八年三月己卯條："以晋昌軍節度使桑維翰爲侍中、監修國史。"此句有《舊五代史考異》："《通鑑》作晋昌節度使、兼侍中桑維翰爲侍中。胡三省注云：'桑維翰始居藩鎮而兼侍中，今入朝，正爲門下省長官。'"見《新五代史》卷九《晋本紀》天福八年三月己卯條、《通鑑》卷二八三天福八年三月己卯條。

［3］"及契丹退"至"非維翰不可"：據《舊五代史考異》載："《歐陽史》作維翰陰使人説帝，與《薛史》同。《通鑑》作或謂帝曰：'欲安天下，非桑維翰不可。'與《薛史》異。"見《新五代史》卷二九《桑維翰傳》、《通鑑》卷二八四開運元年（944）六月乙巳條。《輯本舊史》卷八二《晋少帝紀二》開運元年正月己亥條之原輯者案語："《遼史》云：辛丑，晋遣使來修舊好，詔割河北諸州及遣桑維翰、景延廣來議。與《薛史》微異。"見《遼史》卷四《太宗紀下》會同七年（944）三月辛丑。《輯本舊史》卷一三七《契丹傳》："晋相桑維翰勸少帝求和於契丹，以紓國難，少帝許之，乃遣使奉表稱臣，卑辭首過。使迴，德光報曰：'但使桑維翰、景延廣自來，并割鎮、定與我，則可通和也。'朝廷知其不可，乃止。"

［4］中書令：官名。漢代始置，隋、唐前期爲中書省長官，屬宰相之職；唐後期多爲授予元勳大臣的虚銜。正二品。　樞密使：官名。樞密院長官。五代時以士人爲之，備顧問，參謀議，出納詔

奏，權侔宰相。參見李全德《唐宋變革期樞密院研究》，國家圖書館出版社2009年版。　弘文館：官署名。弘文館爲唐代中央官學之一。設館主一人，總領館務；判館事一人，管理日常事務。學士無員限，掌校正圖籍，教授生徒，並參議政事。五品以上稱爲學士，六品以下稱爲直學士，又有文學直館學士，均以他官兼領。"少帝乃出延廣守洛"至"再爲樞密使、弘文館大學士"：《輯本舊史》卷八二開運元年六月丁未條："以侍中桑維翰爲中書令，充樞密使。"卷八三《晉少帝紀三》開運元年七月己丑條："以樞密使、中書令桑維翰充弘文館大學士。"《新五代史》卷九《晉本紀九》開運元年六月丁未條："侍中桑維翰爲中書令，充樞密使。"

[5]内客省使：官名。中書省内客省長官。　李彦韜：人名。太原（今山西太原市）人。後晉少帝寵臣，與宦官近臣相勾結，排擠文臣。傳見本書卷八八。　端明殿學士：官名。後唐明宗始置，以翰林學士充任，負責誦讀四方書奏。　馮玉：人名。定州（今河北定州市）人。後晉外戚、宰相。傳見本書本卷、《新五代史》卷五六。

[6]劉昫：人名。涿州歸義縣（今河北容城縣）人。五代大臣，曾任宰相、監修國史，領銜撰進《舊唐書》。傳見本書本卷、《新五代史》卷五五。　李崧：人名。深州饒陽（今河北饒陽縣）人。後晉宰相，歷仕後唐至後漢。傳見本書卷一〇八、《新五代史》卷五七。

[7]尋以馮玉爲樞密使，以分維翰之權：《輯本舊史》卷八九《趙瑩傳》："開運末，馮玉、李彦韜用事，以桑維翰才望素重，而瑩柔而可制，因共稱之，乃出維翰，復瑩相位，加弘文館大學士。"卷九四《劉處讓傳》："先是，桑維翰、李崧兼充樞密使，處讓以莊宗已來樞密使罕有宰臣兼者，因萌心以覬其位。及楊光遠討伐鄴城，軍機大事，高祖每命處讓宣達。時光遠恃軍權，多有越體論奏，高祖依違而已，光遠慊之，頻與處讓宴語及之，處讓訴曰：'非聖旨也，皆出維翰等意。'及楊光遠入朝，遂於高祖前面言執政

之失，高祖知其故，不得已乃罷維翰等，以處讓爲樞密使。”卷一〇九《李守貞傳》：“桑維翰以元勳舊德爲樞密使，守貞位望素處其下，每憚之，與李彦韜、馮玉輩協力排斥，維翰竟罷樞務。”並可參考卷一四九《職官志·内職》晋天福四年四月、開運元年六月條。《新五代史》卷二九《桑維翰傳》：“以玉爲樞密使，既而以爲相。維翰日益見疎。”《通鑑》卷二八四開運二年二月丙申條：“中旨以玉爲户部尚書、樞密使，以分維翰之權。”

後因少帝微有不豫，維翰曾密遣中使達意於太后，請爲皇弟重睿擇師傅以教導之，少帝以此疑其有他。[1]俄而馮玉作相，與維翰同在中書，會舍人盧價秩滿，玉乃下筆除價爲工部侍郎，[2]維翰曰：“詞臣除此官稍慢，恐外有所議。”因不署名，屬維翰休假，玉竟除之，自此維翰與玉尤不相協。俄因少帝以重睿擇師傅事言於玉，[3]玉遂以詞激帝，帝尋出維翰爲開封府尹，維翰稱足疾，罕預朝謁，不接賓客。[4]

[1]中使：官名。泛指朝廷派出的使臣。多由宦官擔任。　重睿：人名。即石重睿。後晋高祖石敬瑭之子。傳見《新五代史》卷一七。　教導：《輯本舊史》原作“教道”，據明本《册府》卷三三七《宰輔部·不協門》改。　“後因少帝微有不豫”至“少帝以此疑其有他”：《通鑑》卷二八五開運二年（945）十二月條：“初，帝疾未平，會正旦，樞密使、中書令桑維翰遣女僕入宫起居太后，因問：‘皇弟睿近讀書否？’帝聞之，以告馮玉，玉因譖維翰有廢立之志；帝疑之。”明本《册府》卷三三七“以此”作“由此”。

[2]舍人：官名。中書省屬官。掌起草文書、呈遞奏章、傳宣

詔命等。正五品上。　盧價：人名。祖籍范陽（今河北涿州市），世居懷州河内（今河南沁陽市）。五代大臣。參見羅火金《五代時期盧價墓誌考》，《中國歷史文物》2009年第2期。《輯本舊史》之影庫本粘籤："原本作'盧侍'，今從《歐陽史》改正。"見《新五代史》卷五六《馮玉傳》。《輯本舊史》卷八四《晉少帝紀四》開運二年九月丁酉條："以中書舍人盧價爲工部侍郎。價久次綸闈，舊例合轉禮部侍郎或御史中丞，宰臣馮玉擬此官，桑維翰以爲資望淺，不署狀。無何，維翰休沐數日，玉獨奏行之，維翰由是不樂，與玉有間矣。"　工部侍郎：官名。尚書省工部次官。協助尚書掌管百工山澤水土之政令，考其功以詔賞罰，總所同各司之事。正四品下。

［3］俄因少帝以重睿擇師傅事言於玉：《輯本舊史》原無"事"字，據明本《册府》卷三三七補。

［4］開封府尹：官名。五代除後唐外均都汴州，升汴州爲開封府，置開封尹或知開封府事，執掌京師政務。從三品。　"帝尋出維翰爲開封府尹"至"不接賓客"：《輯本舊史》卷八四《晉少帝紀四》開運二年十二月丁亥條："以樞密使、中書令桑維翰爲開封尹。"《通鑑》卷二八五開運二年十二月丁亥條："罷維翰政事，爲開封尹。維翰遂稱足疾，希復朝謁，杜絶賓客。"亦見《新五代史》卷九《晉本紀》開運二年十二月丁亥條。

是歲，秋霖經月不歇。一日，維翰出府門，由西街入内，至國子監門，馬忽驚逸，御者不能制，維翰落水，久而方蘇。[1]或言私邸亦多怪異，親黨咸憂之。及戎王至中渡橋，維翰以國家安危繫在朝夕，迺詣執政異其議，又求見帝，復不得對。維翰退而謂所親曰："若以社稷之靈，天命未改，非所能知也；若以人事言之，晉氏將不血食矣。"[2]

［1］國子監：官署名。晋代始設國子學，隋代改稱國子監。古代中國最高學府和教育管理機構，設國子祭酒爲最高長官。中華書局本有校勘記："'監'字原闕，據《册府》卷九五一補。"見《宋本册府》卷九五一《總録部·咎徵門二》。

［2］"及戎王至中渡橋"至"晋氏將不血食矣"：《輯本舊史》卷八五《晋少帝紀五》之末有原輯者案語："《五代史補》：少主之嗣位也，契丹以不俟命而擅立；又景延廣辱其使，契丹怒，舉國南侵。以駙馬都尉杜重威等領駕下精兵甲禦之于中渡河橋。既而契丹之衆已深入，而重威等奏報未到朝廷。時桑維翰罷相，爲開封府尹，謂僚佐曰：'事急矣，非大臣鉗口之時。'乃叩内閣求見，欲請車駕親征，以固將士之心。而少主方在後苑調鷹，至暮竟不召。維翰退而歎曰：'國家阽危如此，草澤逋客亦宜下問，況大臣求見而不召耶！事亦可知矣。'未幾，杜重威之徒降于契丹，少主遂北遷。"見《五代史補》卷三。《新五代史》卷二九《桑維翰傳》："契丹屯中渡，破欒城，杜重威等大軍隔絶，維翰曰：'事急矣！'乃見馮玉等計事，而謀不合。又求見帝，帝方調鷹於苑中，不暇見，維翰退而歎曰：'晋不血食矣！'"《通鑑》卷二八五開運三年(946）十二月辛酉條："開封尹桑維翰，以國家危在旦夕，求見帝言事；帝方在苑中調鷹，辭不見。又詣執政言之，執政不以爲然。退，謂所親曰：'晋氏不血食矣！'"

開運三年十二月十日，王師既降契丹，十六日，張彦澤以前鋒騎軍陷都城，戎王遣使遺太后書云："可先使桑維翰、景延廣遠來相接，甚是好事。"[1]是日淩旦，都下軍亂，宫中火發。維翰時在府署，左右勸使逃避，維翰曰："吾國家大臣，何所逃乎？"即坐以俟命。時少帝已受戎王撫慰之命，乃謀自全之計，因思維翰在相時，累貢謀畫，請與虜和，慮戎王到京窮究其事，則顯彰己過，故欲殺維翰以滅其口，因令圖之。[2]張彦澤既受少帝密旨，[3]復利維翰家財，乃稱少帝命召維翰。維翰束帶乘馬，行及天街，與李崧相遇，交談之次，有軍吏於馬前揖維翰赴侍衛司，維翰知其不可，顧謂崧曰："侍中當國，今日國亡，翻令維翰死之，何也？"[4]崧甚有愧色。是日，彦澤遣兵守之，[5]十八日夜，爲彦澤所害，[6]時年四十九。即以衣帶加頸，報戎王云維翰自經而死。戎王報曰："我本無心害維翰，維翰不合自剄。"戎王至闕，使人驗其狀，令殯於私第，厚撫其家，所有田園邸第，並令賜之。[7]及漢高祖登極，詔贈尚書令。[8]

[1]開運：後晋少帝石重貴年號（944—946）。　張彦澤：人名。突厥人，徙居太原。後晋將領，投降於契丹。傳見本書卷九八、《新五代史》卷五二。

[2]請與虜合：《輯本舊史》原作"請與契丹合"。《新輯會證》："據《資治通鑑考異》卷三〇引《薛史》、《大事紀續編》卷七五引《舊史》改。"見《通鑑》卷二八五開運三年（946）甲戌條《考異》。《新五代史》卷二九《桑維翰傳》："自契丹與晋盟，始成於維翰，而終敗於景延廣，故自兵興，契丹凡所書檄，未嘗不以此兩人爲言。耶律德光犯京師，遣張彦澤遺太后書，問此兩人在否，可使先來。而帝以維翰嘗議毋絶盟而己違之也，不欲使維翰見德光，因諷彦澤圖之，而彦澤亦利其貲産。"

[3]張彦澤既受少帝密旨：《舊五代史考異》："《通鑑考異》云：彦澤既降契丹，豈肯復受少帝之命，當係彦澤自以私怨殺維翰，非受命于少帝也。"《通鑑》卷二八五開運三年十二月甲戌條《考異》云："是時豈肯復從少帝之命！"

[4]侍衛司：官署名。五代及宋初置。全稱侍衛親軍馬步軍指

揮使司，與殿前司分領全國禁軍。

［5］彦澤遣兵守之：《通鑑》卷二八五開運三年十二月癸酉條："彦澤踞坐見維翰，維翰責之曰：'去年拔公於罪人之中，復領大鎮，授以兵權，何乃負恩至此！'彦澤無以應，遣兵守之。"

［6］十八日夜，爲彦澤所害：《輯本舊史》卷八五《晋少帝紀五》開運三年十二月甲戌條："是夜，開封尹桑維翰、宣徽使孟承誨皆遇害。"是月丁巳朔，十八日即爲甲戌。卷九八《張彦澤傳》開運三年十二月："時桑維翰爲開封尹，彦澤召至麾下，待之不以禮。維翰責曰：'去年拔公於罪人之中，復領大鎮，授以兵權，何負恩一至此耶？'彦澤無以對。是夜殺維翰，盡取其家財。"《新五代史》卷九《晋本紀》開運三年十二月壬申條："張彦澤犯京師，殺開封尹桑維翰。"《太平廣記》卷一四五有桑維翰遇害前之傳説。

［7］所有田園邸第，並令賜之：中華書局本有校勘記："'田園'，邵本作'田宅'。"《舊五代史考異》："《歐陽史》作以尸賜其家，而貲財悉爲彦澤所掠。"見《新五代史》卷二九。

［8］漢高祖：後漢開國皇帝劉知遠，太原（今山西太原市）人，沙陀部人。紀見本書卷九九、卷一〇〇及《新五代史》卷一〇。　尚書令：官名。秦始置。隋、唐前期爲尚書省長官，與中書令、侍中並爲宰相。因以李世民爲之，後皆不授，唐高宗廢其職。唐後期以李適、郭子儀有功而特授此職，爲大臣榮銜，不參與政務。五代因之。唐時爲正二品，後梁開平三年（909）升爲正一品。《輯本舊史》卷一〇〇《漢高祖紀下》天福十二年（947）閏七月乙丑條："故開封尹桑維翰贈尚書令。"

維翰少時所居，恒有魑魅，家人咸畏之，維翰往往被竊其衣，撮其巾櫛，而未嘗改容。[1]當兩朝秉政，出上將楊光遠、景延廣俱爲洛川守；[2]又嘗一制除節將十五人，各領軍職，無不屈而服之。理安陽除民弊二十餘事，在兖海擒豪賊過千人，亦寇恂、尹翁歸之流也。[3]

[1]“維翰少時所居”至“而未嘗改容”：《宋本册府》卷八五〇《總録部·器量門》“恒”“咸”均作“常”。宋真宗爲《册府元龜》之實際主持人，名恒。

[2]洛川：縣名。治所在今陝西延安市。

[3]安陽：縣名。治所在今河南安陽市。　兖海：方鎮名。治所在兖州（今山東濟寧市兖州區）。　寇恂：人名。上谷昌平（今北京市昌平區）人。東漢開國功臣，“雲臺二十八將”之一。傳見《後漢書》卷一六。　尹翁歸：人名。河東平陽（今山西臨汾市）人。西漢官員。傳見《漢書》卷七六。

開運中，朝廷以長子坦爲屯田員外郎，次子塤爲祕書郎。[1]維翰謂同列曰：“漢代三公之子爲郎，廢已久矣，近或行之，甚諠外議。”乃抗表固讓不受，尋改坦爲大理司直，塤爲祕書省正字，議者美之。[2]

[1]屯田員外郎：官名。屯田郎中的副職。與郎中共掌屯田政令等。從六品上。　祕書郎：官名。魏晋始置。唐代掌經史子集四部圖書經籍。從六品上。

[2]大理司直：官名。大理寺屬官。掌出使推按，凡承制推訊長吏，當停務禁錮者，請魚書以往。從六品上。　祕書省：官署名。漢代設秘書監，晋代初置秘書寺，後改秘書省。隋唐沿置。以秘書監、秘書少監爲正副長官。掌古今經籍圖書、國史實録、天文曆數之事。　“開運中”至“議者美之”：亦見《宋本册府》卷一三一《帝王部·延賞門二》。

初，高祖在位時，詔廢翰林學士院，由是併内外制皆歸閣下，命舍人直内廷，數年之間，尤重其選。及維翰再居宥密，不信宿，奏復置學士院，凡署職者，皆其親舊。時議者以維翰相業素高，公望所屬，雖除授或黨，亦弗之咎也。《永樂大典》卷七千三百三十九。[1]

[1]《大典》卷七三三九“桑”字韻“姓氏”事目。《輯本舊史》録《五代史補》:“桑維翰形貌甚怪，往往見之者失次。張彦澤素以驍勇稱，每謁候，雖冬月未嘗不雨汗。及中渡變生，彦澤引蕃部至，欲逞其威，乃領衆突入開封府，弓矢亂發，且問:‘桑維翰安在?’維翰聞之，乃厲聲曰:‘吾爲大臣，使國家如此，其死宜矣。張彦澤安得無禮!’乃升廳安坐，數之曰:‘汝有何功，帶使相，已臨方面，當國家危急，不能盡犬馬之力以爲報効，一旦背叛，助契丹作威爲賊，汝心安乎?’彦澤覩其詞氣慨然，股慄不敢仰視，退曰:‘吾不知桑維翰何人，今日之下，威稜猶如此，其再可見耶!’是夜，令壯士就府縊殺之。當維翰之縊也，猶瞋目直視，嘘其氣再三，每一嘘皆有火出，其光赫然，三嘘之外，火盡滅，就視則奄然矣。”見《五代史補》卷三《桑維翰責張彦澤》條。“助契丹作威爲賊”，“契丹”原文爲“戎狄”，乃《輯本舊史》忌清諱改。《輯本舊史》卷九六《陳保極傳》:“初，桑維翰登第之歲，保極時在秦王幕下，因戲謂同輩曰:‘近知今歲有三箇半人及第。’蓋其年收四人，保極以維翰短陋，故謂之半人也。天福中，維翰既居相位，保極時在曹郎，慮除官差跌，心不自安，乃乞假南遊，將謀退跡。既而襄鄧長吏以行止入奏，維翰乃奏於高祖曰:‘保極閩人，多狡，恐逃入淮海。’即以詔追赴闕，將下臺鍛成其事，同列李崧極言以解之，因令所司就所居鞫之，貶爲衛尉寺丞，仍奪金紫。尋復爲倉部員外郎，竟以銜憤而卒。”

趙瑩

趙瑩，字玄輝，華陰人也。[1]曾祖溥，江陵縣丞。[2]祖孺，祕書正字。父居晦，爲農。瑩風儀美秀，性復純謹。梁龍德中，始解褐爲康延孝從事。[3]後唐同光中，延孝鎮陝州，會莊宗伐蜀，命延孝爲騎將。[4]將行，留瑩監修金天神祠。[5]功既集，忽夢神召於前亭，待以優禮，謂瑩曰："公富有前程，所宜自愛。"因遺一劍一笏，覺而駭異。[6]明宗即位，以高祖爲陝府兩使留後，[7]瑩時在郡，以前官謁之，一見如舊相識，即奏署管記。高祖歷諸鎮皆從之，累使闕下，官至御史大夫，賜金紫。[8]高祖再鎮并州，位至節度判官。[9]高祖建號，授瑩翰林學士承旨、金紫光禄大夫、户部侍郎，知太原府事，尋遷門下侍郎、同平章事、監修國史。[10]車駕入洛，使持聘謝契丹，及還，加光禄大夫、兼吏部尚書、判户部。[11]

[1]玄輝：中華書局本有校勘記："《册府》卷八九三作'玄暉'。趙瑩墓誌（拓片刊《大唐西市博物館藏墓誌》）云其字'光圖'。"見《宋本册府》卷八九三《總録部·夢徵門二》。　華陰：縣名。治所在今陝西華陰市。《輯本舊史》之影庫本粘籤："原本作'華夏'，今從《歐陽史》改正。"見《新五代史》卷五六《趙瑩傳》。

[2]江陵：縣名。治所在今湖北荆州市。　縣丞：官名。戰國時始設，歷代通常沿置，爲縣令之佐貳。掌文書、倉庫諸事。正八品。

[3]龍德：後梁末帝朱友貞年號（921—923）。　解褐：古代

入仕爲官的一種説法。　康延孝：人名。代（今山西代縣）人。後唐將領。傳見本書卷七四、《新五代史》卷四四。　從事：泛指一般屬官。　梁龍德中，始解褐爲康延孝從事：《宋本册府》卷七二九《幕府部·辟署門四》："晋趙瑩初依梁將康延孝。延孝奔唐莊宗，同光初用爲鄭州防禦使，表瑩爲判官。三年，延孝爲陝帥，又署賓職。"

[4]陝州：州名。治所在今河南三門峽市陝州區。　莊宗：即後唐莊宗李存勗。沙陀部人。後唐開國皇帝。紀見本書卷二七至卷三四、《新五代史》卷四至卷五。

[5]金天神祠：寺觀名。具體供奉神主不詳。

[6]"後唐同光中"至"覺而駭異"：亦見《宋本册府》卷八九三。

[7]明宗：即後唐明宗李嗣源。沙陀部人。原名邈佶烈，李克用養子。926年至933年在位。紀見本書卷三五至卷四四、《新五代史》卷六。　留後：官名。唐、五代節度使多以子弟或親信爲留後，以代行節度使職務，亦有軍士、叛將自立爲留後者。掌一州或數州軍政。　以高祖爲陝府兩使留後：《宋本册府》卷七二九同，《宋本册府》卷三〇九《宰輔部·佐命門二》作"以高祖爲陝府長史留後"。

[8]御史大夫：官名。秦始置，與丞相、太尉合稱三公。至唐代，在御史中丞之上設御史大夫一人，爲御史臺長官，專掌監察、執法。正三品。　賜金紫：官名。本兩漢光禄大夫。魏晋以後，光禄大夫之位重者，加金章紫綬，因稱金紫光禄大夫。北周、隋爲散官。唐貞觀後列入文散官。正三品。

[9]并州：州名。治所在今山西太原市。　節度判官：官名。唐、五代方鎮僚屬，位在行軍司馬下。分掌使衙内各曹事，並協助使職官員通判衙事。　高祖再鎮并州，位至節度判官：《輯本舊史》卷四八《唐末帝紀下》清泰三年（936）六月丙子條："詔河東將佐節度判官趙瑩以下十四人並籍没家産。"卷七五《晋高祖紀一》清

泰三年五月《舊五代史考異》:"《遼史·太宗紀》云:七月丙申,唐河東節度使石敬瑭爲其主所討,遣趙瑩求救,時趙德鈞亦遣使至,河東復遣桑維翰來告急,遂許興師。八月庚午,自將以援石敬瑭。"同年十一月,《舊五代史考異》:"《契丹國志》引《紀異録》云:唐石敬瑭反於河東,爲後唐張敬達所敗,亟遣趙瑩持表重賂,許割燕、雲,求兵爲援。"見《遼史》卷三《太宗紀上》天顯十一年(937)七月丙申、《契丹國志》卷二。

[10]翰林學士承旨:官名。爲翰林學士之首。掌拜免將相、號令征伐等詔令的起草。《舊唐書》卷四三《職官志二·翰林院》:"例置學士六人,内擇年深德重者一人爲承旨,所以獨承密命故也。"　户部侍郎:官名。尚書省户部次官。協助户部尚書掌天下田户、均輸、錢穀之政令。正四品下。　門下侍郎:官名。門下省副長官。唐後期三省長官漸爲榮銜,中書、門下侍郎却因參議朝政而職位漸重,常常用爲以"同三品"或"同平章事"任宰相者的本官。正三品。　"高祖建號"至"監修國史":《輯本舊史》卷七六《晋高祖紀二》天福元年(936)十一月己亥條:"以節度判官趙瑩爲翰林學士承旨、守尚書户部侍郎、知河東軍府事。"同年閏十一月丙寅條:"制以翰林學士承旨、知河東軍府、户部侍郎、知制誥趙瑩爲門下侍郎、同中書門下平章事、監修國史。"《新五代史》卷八《晋本紀》天福元年閏十一月丙寅條:"翰林學士承旨、尚書户部侍郎趙瑩爲門下侍郎。"《宋本册府》卷三〇九作"翰林承旨,金紫光禄大夫,户部侍郎,知太原府事。尋遷門下侍郎、同平章事、監修國史。"明本《册府》卷七四《帝王部·命相門四》晋高祖天福元年閏十一月條:"翰林學士承旨、知河東軍府事、正議大夫、尚書户部侍郎、知制誥、賜紫金魚袋趙瑩,儒中端士,席上正人,襟靈而萬里坦夷,行葉而四時繁茂……瑩可紫金光禄大夫、門下侍郎、平章事、集賢殿大學士,依前權知樞密使事。"《通鑑》卷二八〇天福元年十一月己亥條:"以節度判官趙瑩爲翰林學士承旨、户部侍郎、知河東軍府事。"

［11］吏部尚書：官名。尚書省吏部最高長官。與二侍郎分掌六品以下文官選授、勳封、考課之政令。正三品。　“車駕入洛”至“判户部”：《輯本舊史》卷七六《晋高祖紀二》天福二年六月丙戌條：“宰臣李崧上表讓樞密使於趙瑩，以瑩佐命之元臣也。詔不允。”同月戊子條：“宰臣趙瑩自契丹使回。”此句有《舊五代史考異》：“《薛史》不載趙瑩出使之月日，《五代春秋》作三月趙瑩使契丹，《歐陽史》作四月。”同年七月甲戌條：“以宰臣趙瑩判户部。”同年八月辛巳條：“宰臣監修國史趙瑩奏：‘請循近例，依唐明宗朝，凡有内庭公事及言動之間，委端明殿學士或樞密院學士侍立冕旒，繫日編録，逐季送當館。其百司公事，亦望逐季送當館，旋要編修日曆。’從之。”卷七七《晋高祖紀三》天福三年七月壬戌條：“宰臣趙瑩、桑維翰、李崧各改鄉里名號。”同年十一月戊申條：“以門下侍郎平章事、監修國史、判户部趙瑩兼吏部尚書。”卷一三七《契丹傳》：“晋高祖入洛，尋遣宰相趙瑩致謝于契丹。”《新五代史》卷八《晋本紀》天福二年四月丁亥條：“趙瑩使于契丹。”卷七二《四夷附録一》：“高祖復遣趙瑩、馮道等以太常鹵簿奉册德光及其母尊號。”

初，瑩爲從事，丁母憂，高祖不許歸華下，以麤縗隨幕，［1］人或短之。及入相，以敦讓汲引爲務。監修國史日，以唐代故事殘缺，署能者居職，纂補實録及修正史二百卷行於時，瑩首有力焉。［2］少帝嗣位，拜守中書令。［3］明年，檢校太尉，本官出爲晋昌軍節度使。［4］是時，天下大蝗，境内捕蝗者獲蝗一斗，給粟一斗，使飢者獲濟，遠近嘉之。［5］未幾，移鎮華州，歲餘入爲開封尹。［6］

［1］麤（cū）縗（cuī）：古代用粗麻製作的一種喪服。

［2］實録：編年體史書的一種形式，是詳記一朝皇帝史實的編年史長編。唐初設史館，每一新皇帝繼位，都要詔令史官根據前代皇帝的起居注、時政記、目録等材料重新彙總，修成前朝皇帝的實録，以便爲日後修正史積累資料。後成爲定制。從唐至清，歷代都有實録。　"監修國史日"至"瑩首有力焉"：《輯本舊史》卷七九《晋高祖紀五》天福六年（941）二月己亥條："詔户部侍郎張昭遠、起居郎賈緯、秘書少監趙熙、吏部郎中鄭受益、左司員外郎李爲光等同修唐史，仍以宰臣趙瑩監修。"亦見《輯本舊史》卷一三一《賈緯傳》，詳見《宋本册府》卷五五四《國史部·選任門》、卷五五七《國史部·採撰門三》、卷五六〇《國史部·記注門》。

［3］少帝嗣位，拜守中書令：《輯本舊史》卷八〇《晋高祖紀六》天福七年正月丙寅條："以門下侍郎、平章事、監修國史趙瑩爲侍中。"卷八一《晋少帝紀一》天福七年八月甲子條："趙瑩加中書令。"《通鑑》卷二八三天福七年八月甲子條："以趙瑩爲中書令。"

［4］檢校太尉：官名。爲散官或加官，以示恩寵，無實際執掌。太尉，與司徒、司空並爲三公。　本官出爲晋昌軍節度使：《輯本舊史》卷八一《晋少帝紀一》天福八年三月己卯條："以中書令、監修國史趙瑩爲晋昌軍節度使。"《通鑑》卷二八三天福八年三月己卯條："以中書令趙瑩爲晋昌節度使兼中書令。"《新五代史》卷九《晋本紀》天福八年三月己卯條："趙瑩罷。"同卷開運二年（945）十二月條："開封尹趙瑩爲中書令。"

［5］"是時"至"遠近嘉之"：《輯本舊史》卷一四一《五行志·蝗》："晋天福七年四月，山東、河南、關西諸郡蝗害稼，至八年四月，天下諸道州飛蝗害田，食草木葉皆盡。詔州縣長吏捕蝗。華州節度使楊彦詢、雍州節度使趙瑩命百姓捕蝗一斗，以禄粟一斗償之。"亦見《宋本册府》卷六七五《牧守部·仁惠門》。

［6］華州：州名。治所在今陝西渭南市華州區。　未幾，移鎮

華州，歲餘入爲開封尹：《輯本舊史》卷八二《晋少帝紀二》開運元年四月癸亥條："以晋昌軍節度使趙瑩爲華州節度使。"卷八四《晋少帝紀四》開運二年五月甲寅條："以華州節度使趙瑩爲開封尹。"

開運末，馮玉、李彦韜用事，以桑維翰才望素重，而瑩柔而可制，因共稱之，乃出維翰，復瑩相位，加弘文館大學士。[1]及李崧、馮玉議出兵應接趙延壽，而以杜重威爲招討都部署，瑩私謂馮、李曰："杜中令國之懿親，所求未愜，心恒怏怏，安可更與兵權？若有事邊陲，只李守貞將之可也。"[2]

[1]"開運末"至"加弘文館大學士"：《輯本舊史》卷八四《晋少帝紀四》開運二年（945）十二月丁亥條："以開封尹趙瑩爲中書令、弘文館大學士。"《新五代史》卷九《晋本紀》開運二年十二月丁亥條："開封尹趙瑩爲中書令。"卷五六《趙瑩傳》："是時，出帝童昏，馮玉、李彦韜等用事，與桑維翰争權，乃共譖去之，以瑩柔而易制，故復引以爲相。"《通鑑》卷二八五開運二年十二月丁亥條："李守貞素惡維翰，馮玉、李彦韜與守貞合謀排之；以中書令行開封尹趙瑩柔而易制，共薦以代維翰。丁亥，罷維翰政事，爲開封尹；以瑩爲中書令，李崧爲樞密使、守侍中。"

[2]李崧：人名。深州饒陽（今河北饒陽縣）人。後晋宰相，歷仕後唐至後漢。傳見本書卷一〇八、《新五代史》卷五七。　趙延壽：人名。本姓劉，恒山（今河北正定縣）人。後唐明宗李嗣源女婿，後降契丹，引導契丹攻滅後晋。傳見《遼史》卷七六。　杜重威：人名。其先朔州（今山西朔州市朔城區）人，後徙居太原。後晋、後漢將領。傳見本書卷一〇九、《新五代史》卷五二。　招討都部署：官名。凡遇戰事，掌率軍征戰。　李守貞：人名。河陽

(今河南孟州市）人。五代將領。傳見本書卷一〇九、《新五代史》卷五二。　“及李崧、馮玉議出兵應接趙延壽”至“只李守貞將之可也”：中華書局本有校勘記：“‘招討都部署’，原作‘都督部署’，據殿本改。”《通鑑》卷二八五開運三年十月辛未條：“及將北征，帝與馮玉、李崧議，以威爲元帥，守貞副之。趙瑩私謂馮、李曰：‘杜令國戚，貴爲將相，而所欲未厭，心常慊慊，豈可復假以兵權！必若有事北方，不若止任守貞爲愈也。’不從。”

及虜陷京城，虜主遷少帝於北塞，瑩與馮玉、李彦韜俱從。[1]契丹永康王代立，僞授瑩太子太保。[2]周廣順初，遣尚書左丞田敏報命於契丹，遇瑩於幽州。[3]瑩得見華人，悲悵不已，謂田敏曰：“老身漂零，寄命於此，[4]近聞室家喪逝，弱子無恙，蒙中朝皇帝倍加存恤，東京舊第本屬公家，亦聞優恩特給善價，老夫至死無以報效。”於是南望稽首，涕泗横流。先是，漢高祖以入蕃將相第宅徧賜隨駕大臣，故以瑩第賜周太祖。[5]太祖時爲樞密副使，召瑩子前刑部郎中易則告之曰：“所賜第，除素屬版籍外，如有別契券爲己所置者，可歸本直。”[6]即以千餘緡遺易則。易則惶恐辭讓，周太祖堅與之方受，故瑩言及之。未幾，瑩卒於幽州，時年六十七。

[1]“及虜陷京城”至“李彦韜俱從”：《輯本舊史》之影庫本粘籤：“李彦韜，原本脱‘彦’字，今從《通鑑》增入。”見《通鑑》卷二八六天福十二年（947）正月癸卯條。《輯本舊史》卷八五《晋少帝紀五》開運四年（947）正月癸卯條：“宰臣趙瑩、樞密使馮玉、侍衛馬軍都指揮使李彦韜隨帝入蕃，契丹主遣三百騎援送

而去。”“虜”及“虜主”，《輯本舊史》原作“契丹”及“契丹主”，乃忌清諱而改，今據《宋本册府》卷九四〇《總録部·患難門》及卷九五三《總録部·傷感門》回改。

［2］永康王：即遼世宗耶律阮。紀見《遼史》卷五。　太子太保：官名。與太子太師、太子太傅統稱太子三師。隋唐以後多作加官或贈官。從一品。《舊五代史考異》：“《遼史》作太子太傅。”見《遼史》卷五《世宗紀》、卷四七《百官志三》。《輯本舊史》原無“僞”字，據《宋本册府》卷九五三補。

［3］廣順：後周太祖郭威年號（951—953）。　尚書左丞：官名。尚書省佐貳官。唐中期以後，與尚書右丞實際主持尚書省日常政務，權任甚重。正四品上。後梁開平二年（908）改爲左司侍郎，後唐同光元年（923）復舊爲左丞。正四品。　田敏：人名。淄州鄒平（今山東鄒平縣）人。五代、宋初大臣、學者。傳見《宋史》卷四三一。　幽州：州名。治所在今北京市。

［4］寄命於此：中華書局本有校勘記：“‘命’字原闕，據《册府》卷九四〇、卷九五三補。”

［5］周太祖：即後周太祖郭威。邢州堯山（今河北隆堯縣）人。後周的建立者。紀見本書卷一一〇至卷一一三、《新五代史》卷一一。

［6］樞密副使：官名。樞密院副長官。　刑部郎中：官名。尚書省刑部頭司刑部司長官。掌司法及審覆大理寺及州府刑獄。從五品上。　易則：人名。即趙易則。華州華陰（今陝西華陰市）人。趙瑩之子。五代大臣。事見本書本卷。

瑩初被疾，遣人祈告於虜主，願歸骨於南朝，使羈魂幸復鄉里，虜主閔而許之。及卒，遣其子易從、家人數輩護喪而還，[1]仍遣大將送至京師。太祖閔瑩死于異域，而知夷狄亦能不違物性，歸其喪柩，感歎久之，詔贈太傅，仍賜其子絹五百疋，以備喪事，令歸葬於華陰故里。[2]《永樂大典》卷一萬六千九百九十一。[3]

[1]易從：人名。即趙易從。華州華陰（今陝西華陰市）人。趙瑩之子。事見本書本卷。

[2]太傅：官名。與太師、太保合稱“三師”，唐後期、五代多爲大臣、勳貴加官。正一品。　“瑩初被疾”至“令歸葬於華陰故里”：兩“虜主”，《輯本舊史》原作“契丹主”；“閔瑩死于異域而知夷狄亦能不違物性歸其喪柩”，《輯本舊史》原無，均原輯者忌清諱删改，今據《宋本册府》卷九四〇《總録部・患難門》回改。《輯本舊史》卷一一一《周太祖紀二》廣順元年（951）八月壬寅條：“契丹遣幽州牙將曹繼筠來歸故晋中書令趙瑩之喪，詔贈太傅，仍賜其子絹五百匹，以備喪事，歸葬於華陰故里。”《新五代史》卷一一《周本紀》廣順元年八月壬寅條：“契丹來歸趙瑩之喪。”亦見《宋本册府》卷一四〇《帝王部・旌表門四》廣順元年八月條、卷九四〇《總録部・患難門》、卷九八〇《外臣部・通好門》廣順元年八月條。《宋本册府》卷九八〇載契丹護送喪柩之大將爲幽州教練使曹繼筠。

[3]《大典》卷一六九九一“趙”字韻“姓氏（七）”事目。

劉昫

劉昫，字耀遠，[1]涿州歸義人也。祖乘，幽府左司馬；父因，幽州巡官。[2]昫神彩秀拔，文學優贍，與兄晅、弟皞，俱有鄉曲之譽。[3]唐天祐中，契丹陷其郡，昫被俘，至新州，逃而獲免。[4]後隱居上谷大寧山，與吕夢奇、張麟結庵共處，以吟誦自娱。[5]

[1]字耀遠：中華書局本有校勘記："耀遠，《册府》卷七八三作'輝達'。"見《宋本册府》卷七八三《總録部·兄弟齊名門》。

[2]左司馬：官名。即行軍左司馬。與行軍右司馬同掌弼戎政，專器械、糧糒、軍籍。 巡官：官名。唐代節度使、觀察使、團練使、防禦使屬官，位在判官、推官下。掌巡察及處理某些事務。

[3]"昫神彩秀拔"至"俱有鄉曲之譽"：《新五代史》卷五五《劉昫傳》："昫爲人美風儀，與其兄暄、弟皞，皆以好學知名燕、薊之間"。劉皞，本書卷一三一有傳。

[4]天祐：唐昭宗李曄開始使用的年號（904）。唐哀帝李柷即位後沿用（904—907）。唐亡後，河東李克用、李存勖仍稱天祐，沿用至天祐二十年（923）。五代其他政權亦有行此年號者，如南吴、吴越等，使用時間長短不等。 新州：州名。治所在今河北涿鹿縣。

[5]吕夢奇：人名。山東萊州（今山東萊州市）人。五代官員。事見本書本卷、本書卷三六、《新五代史》卷二六。 張麟：人名。籍貫不詳。後晋官員。事見本書卷八〇。 後隱居上谷大寧山：中華書局本有校勘記："'隱'字原闕，據《册府》卷七二九、卷八八二、卷九四九補。'上谷'，原作'上國'，據《册府》卷七二九、卷八八二、卷九四九改。"見《宋本册府》卷七二九《幕府部·辟署門四》、卷八八二《總録部·交友門二》，明本《册府》卷九四九《總録部·逃難門二》。大寧山，《宋本册府》卷八八二作"太寧山"。

會定州連帥王處直以其子都爲易州刺史，署昫爲軍事衙推。[1]及都去任，乞假還鄉，都招昫至中山。[2]會其兄暄自本郡至，都薦於其父，尋署爲節度衙推，不踰歲，命爲觀察推官。[3]歷二年，都篡父位。時都有客和少微素嫉暄，搆而殺之，昫越境而去，寓居浮陽，節度使李存審辟爲從事。[4]莊宗即位，授太常博士，尋擢爲翰林學士，繼改膳部員外郎，賜緋；比部郎中，賜紫。[5]丁母憂，服闋，授庫部郎中，依舊充職。明宗即位，拜中書舍人，歷户部侍郎、端明殿學士。[6]明宗重其風儀，愛其温厚，長興中，拜中書侍郎兼刑部尚書、平章事。[7]時眗入謝，遇大祠，明宗不御中興殿，閤門使白："舊禮，宰相謝恩，須於正殿通唤，請候來日。"[8]樞密使趙延壽曰："命相之制，下已數日，[9]中謝無宜後時。"因即奏之，遂謝於端明殿。眗自端明殿學士拜相，而謝於本殿，士子榮之。

[1]定州：州名。治所在今河北定州市。　王處直：人名。京兆萬年（今陝西西安市長安區）人。唐末、五代軍閥，長期爲義武節度使。傳見本書卷五四、《新五代史》卷三九。　易州：州名。治所在今河北易縣。　刺史：官名。漢武帝始置。州一級行政長官，總掌考覈官吏、勸課農桑、地方教化等事。唐中期以後，節度、觀察使轄州而設，刺史爲其屬官，職任漸輕。從三品至正四品下。

[2]中山：地名。此處代指唐末河北方鎮義武軍（治所在今河北定州市）。

[3]節度衙推：官名。唐末、五代方鎮屬官。　觀察推官：官名。唐肅宗以後置，五代沿置。觀察使屬官，掌理刑案之事。"會定州連帥王處直以其子都爲易州刺史"至"命爲觀察推官"：亦見《宋本册府》卷七二九《幕府部·辟署門四》及明本《册府》卷九四九《總録部·逃難門》。

[4]和少微：人名。籍貫不詳。王都門客。事見本書本卷及《宋史》卷二六二。　浮陽：縣名。治所在今河北滄縣。　李存審：

人名。原姓符，名存。陳州宛丘（今河南淮陽縣）人。後唐將領。傳見本書卷五六、《新五代史》卷二五。

[5]太常博士：官名。漢代始置。爲太常寺屬官。掌辨五禮，討論謚法，贊相導引。從七品上。　膳部：官署名。尚書省禮部膳部司的簡稱。掌管百官飲食餚饌，及祭祀宴饗等方面的政令。　員外郎：官名。尚書省郎官之一。爲郎中的副職，協助負責諸司事務。從六品上。　比部郎中：官名。唐、五代刑部比部司長官，掌管勾會内外賦斂、經費俸禄等。從五品上。　"莊宗即位"至"賜紫"：《輯本舊史》卷三〇《唐莊宗紀四》同光元年（923）十一月丁巳條："以翰林學士、守尚書膳部員外郎劉昫爲比部郎中、知制誥，依前充職。"

[6]中書舍人：官名。中書省屬官。掌起草文書、呈遞奏章、傳宣詔命等。正五品上。　户部侍郎：《舊五代史考異》："《歐陽史》作兵部侍郎。案：《薛史·唐明宗紀》作兵部侍郎，與此傳異。《歐陽史》從《薛史》本紀。"《輯本舊史》卷三九《唐明宗紀五》天成三年（928）八月癸酉條本作"户部侍郎"。《新五代史》卷五五《劉昫傳》、《宋本册府》卷七八二《總録部·榮遇門》則作"兵部侍郎"。《輯本舊史》卷三七《唐明宗紀三》天成元年十一月己未條："以翰林學士、尚書户部郎中、知制誥劉昫爲中書舍人充職。"卷三九《唐明宗紀五》天成三年八月癸酉條："以翰林學士守中書舍人李懌、劉昫並爲户部侍郎充職。"卷四二《唐明宗紀八》長興二年（931）八月辛未條："以翰林學士、兵部侍郎劉昫守本官，充端明殿學士。"即在天成三年八月至長興二年八月這三年間，劉昫由户部侍郎轉兵部侍郎。

[7]長興：後唐明宗李嗣源年號（930—933）。　刑部尚書：官名。尚書省刑部主官。掌天下刑法及徒隸、勾覆、關禁之政令。正三品。　長興中，拜中書侍郎兼刑部尚書、平章事：《輯本舊史》卷四一《唐明宗紀七》長興元年九月乙酉條："以翰林學士、户部侍郎劉昫爲兵部侍郎。"同卷長興元年二月己亥條："翰林學士劉昫

奏：‘新學士入院，舊試五題，請今後停試詩賦，祇試麻制、答蕃書、批答共三道。仍請内賜題目，定字數，付本院召試。’從之。”此句有《輯本舊史》之原輯者案語：“案《五代會要》載劉昫原奏云：‘舊例，學士入院，除中書舍人不試，餘官皆先試麻制、答蕃、批答各一道，詩、賦各一道，號曰五題，並于當日呈納。從前每遇召試，多預出五題，潛令宿搆，其無黨援者，即日起草，罕能成功。今請權停詩、賦，祇試三道，仍内賜題目，兼定字數。’從之。”卷四四《唐明宗紀十》長興四年正月庚寅條：“以端明殿學士、尚書兵部侍郎劉昫爲中書侍郎、平章事。”同年九月丙戌條：“宰臣劉昫加刑部尚書。”同年十二月癸卯條：“是日發哀，百僚縞素於位，中書侍郎、平章事劉昫宣遺制，宋王從厚於柩前即皇帝位，服紀以日易月，一如舊制云。”《新五代史》卷五五《劉昫傳》：“長興三年，拜中書侍郎兼刑部尚書、同中書門下平章事。”《通鑑》卷二七八長興四年正月庚寅條：“以端明殿學士歸義劉昫爲中書侍郎、同平章事。”亦見《宋本册府》卷七八二。

[8]中興殿：宫殿名。在洛陽宫城内。位於今河南洛陽市。　閤門使：官名。唐代始設，掌扈從乘輿、朝會禮儀、大宴引贊、引接朝見等事務。中華書局本有校勘記：“‘使’字原闕”，據《册府》卷七八二補。　須於正殿通喚：中華書局本有校勘記：“‘於’字原闕，據《册府》卷七八二補。”見《宋本册府》卷七八二。

[9]下已數日：《通鑑》卷二七五天成元年五月乙亥條胡三省注作“已下三日”。《宋本册府》卷七八二作“下已三日”。

清泰初，兼判三司，加吏部尚書、門下侍郎、監修國史。[1]時與同列李愚不協，動至忿争，時論非之。[2]未幾，俱罷知政事，昫守右僕射，以張延朗代判三司。[3]初，唐末帝自鳳翔至，切於軍用，時王玫判三司，詔問錢穀，玫具奏其數，及命賞軍，甚愆於素。[4]末帝怒，用昫代玫，昫乃搜索簿書，命判官高延賞計窮詰，勾及積年殘租，或場務販負，皆虚係賬籍，條奏其事，請可徵者急督之，無以償官者蠲除之。吏民相與歌詠，唯主典怨沮。及罷相之日，羣吏相賀，昫歸，無一人從之者，蓋憎其太察故也。[5]

［1］三司：官署名。後唐明宗天成元年（926）合鹽鐵、度支、户部爲一職，始稱三司，爲中央最高之理財機構。“清泰初”至“監修國史”：《輯本舊史》卷四五《唐閔帝紀》應順元年（934）正月庚辰條：“宰臣劉昫加吏部尚書。”卷四六《唐末帝紀上》應順元年四月庚辰條：“以宰臣劉昫判三司。”此句《輯本舊史》之原輯者案語：“《夢溪筆談》載應順元年案檢一通，乃除宰相劉昫兼判三司堂檢，前有擬狀云：‘具官劉昫，右經國才高，正君志切，方屬體元之運，實資謀始之規。宜注宸衷，委司判計，漸期富庶，永贊聖明。臣等商量，望授依前中書侍郎兼吏部尚書、同中書門下平章事，充集賢殿大學士、兼判三司，散官、勳封如故，未審可否？如蒙允許，望付翰林降制處分，謹録奏聞。’其後有制書曰：‘宰臣劉昫，右可兼判三司公事，宜令中書門下依此施行。付中書門下，准此。四月十日。’用御前新鑄之印。押檢二人，乃馮道、李愚也。案此條可考見五代時案檢之式，今附録於此。”同卷清泰元年五月戊申條：“中書門下奏，太常禮院狀，明宗以此月二十日祔廟，宰臣攝太尉行事。緣馮道在假，李愚十八日私忌，在致齋内，劉昫又奏判三司免祀事，詔禮官參酌。”此句《舊五代史考異》：“案《五代會要》：清泰元年五月，宰臣劉昫奏：‘中書以近敕祠祭行事官致齋内，唯祀事得行，其餘悉斷。又宰臣行事致齋内，不押班，不赴内殿起居，不知印。臣緣判三司公事，其祀事、國忌行香，伏乞特免。’從之。”同月己未條：“中書侍郎、兼吏部尚書、同平章事、集賢院大學士、判三司劉昫加門下侍郎兼吏部尚書、平章事、監修

國史、判三司。”同年六月癸未條：“三司使劉昫奏：‘天下户民，自天成二年括定秋夏田税，迨今八年。近者相次有百姓詣闕訴田不均，累行蠲放，漸失税額，望差朝臣一概檢視。’不報。”同書卷一四三《禮志下》：“清泰元年五月，中書門下奏：‘據太常禮院申，明宗聖德和武欽孝皇帝今月二十日祔廟，太尉合差宰臣攝行。緣馮道在假；李愚十八日私忌，在致齋内；今劉昫又奏見判三司事煩，請免祀事。今與禮官參酌，諸私忌日，遇大朝會，入閤宣召，尚赴朝參。今祔饗事大，忌日屬私，致齋日請比大朝會宣召例，差李愚行事。’從之。”

［2］李愚：人名。渤海無棣（今山東慶雲縣）人。唐末進士，唐末、五代大臣。傳見本書卷六七、《新五代史》卷五四。

［3］右僕射：官名。秦始置。隋、唐前期，以左、右僕射佐尚書令總理六官、綱紀庶務；如不置尚書令，則總判省事，爲宰相之職。唐後期多爲大臣加銜。從二品。　張延朗：人名。汴州開封（今河南開封市）人。後唐三司使。傳見本書卷六九、《新五代史》卷二六。　“時與同列李愚不協”至“以張延朗代判三司”：《輯本舊史》卷四六《唐末帝紀上》清泰元年（934）七月丁未條：“是日，宰臣李愚、劉昫因論公事，於政事堂相詬，辭甚鄙惡，帝令樞密副使劉延朗宣諭曰：‘卿等輔弼之臣，不宜如是，今後不得更然。’”卷四七《唐末帝紀中》清泰二年十二月己丑條：“以尚書右僕射劉昫爲左僕射。”卷六七《李愚傳》：“宰相劉昫與馮道爲婚家，道既出鎮，兩人在中書，或舊事不便要釐革者，對論不定。愚性太峻，因曰：‘此事賢親家翁所爲，更之不亦便乎。’昫憾其言切，於是每言必相折難，或至喧呼。無幾，兩人俱罷相守本官。”卷一四九《職官志·三公》：“劉昫又以罷相爲僕射，出入就列，一與馮道同，議者非之。”《通鑑》卷二七九清泰元年七月辛亥條：“劉昫與馮道昏姻。昫性苛察，李愚剛褊；道既出鎮，二人論議多不合，事有應改者，愚謂昫曰：‘此賢親家所爲，更之不亦便乎！’昫恨之，由是動成忿争，至相詬罵，各欲非時求見，事多凝滯。帝

患之，欲更命相，問所親信以朝臣聞望宜爲相者，皆以尚書左丞姚顗、太常卿盧文紀、祕書監崔居儉對；論其才行，互有優劣。帝不能決，乃置其名於琉璃瓶，夜焚香祝天，且以筯挾之，首得文紀，次得顗。"《新五代史》卷七《唐本紀》清泰元年十月戊寅條："李愚、劉昫罷。"亦見《新五代史》卷五四《李愚傳》。《宋本册府》卷一五八《帝王部·誡勵門三》唐末帝清泰元年七月條："宰臣李愚、劉昫因論公事於政事堂相詬，辭甚鄙惡，各欲非時見訟是非，帝令劉延朗宣諭：'卿皆輔弼之臣，萬國式瞻，不宜如是，此後不得更然。'"明本《册府》卷三三三《宰輔部·罷免門二》清泰二年十月戊寅條："制尚書左僕射、門下侍郎、同平章事、弘文館大學士、太微宫使、趙郡公、食邑二千石、食實封二百户李愚可守本官，門下侍郎兼吏部尚書同平章事、監修國史、判三司、彭城郡公、邑千五百户劉昫可守尚書右僕射，皆免知政事。昫司邦計，意在至公，欲除積弊，傷於太察。初，帝自鳳翔至，切於軍賞，時王致（玫）判三司，詔問錢穀，奏數百萬在。及慶賜無幾，帝怒，用昫代致（玫）。昫性初疾惡，又懼訶譴，及搜索簿書，命判官高延賞計窮詰，乃積年殘租。或主務不怠，詰之不已，屢遷歲時。計司主典利其所係，不欲搜擿，至是藏蓋彰露，昫具條奏。可徵者急督之，無以償者以籍進。韓昭備言，繇是逋者咸蠲除之，窮民相與歌詠，唯王典怨沮，乃謀僞書昫名差務官，昫疑不繇己，詰之，獄成。云自昫别室内弟。御史陳觀鞫訊，遣吏取公文，昫曰：'吾一病妻，比無别室，御史見淩，亦須循理。'觀仍遣吏不已。及罷相之日，群吏携三司印復萃月華門外，聞宣昫罷，乃相賀快活矣。及昫歸第，三司無一人從至第者。傳所謂盗憎民惡，其可忽諸。李愚褊急，素不悦馮道。昫與道婚家，及道出鎮，凡中書積滯事，愚指昫云：'君親家翁所爲。'昫與之口訟，動至色厲，吏俱惡之。乃揚言於外，二人欲相毆，穢語及之，愚之秉執，昫之多防。帝採其言，俱罷之。"明本《册府》卷三三七《宰輔部·不協門》："李愚爲平章事，與劉昫俱在中書。時馮道已出鎮同州，而昫與道爲婚家。而愚性太峻，或因舊事不便，要釐革者，對論不協，愚必曰‘此事賢家翁所爲，更之不亦便乎?’昫憾其言切，於是每言必相詰難，或至喧呼，無幾，兩人俱罷相。”

［4］唐末帝：即後唐末帝李從珂。又稱廢帝。鎮州（今河北正定縣）人。後唐明宗養子，明宗入洛陽，他率兵追隨，以功拜河中節度使，封潞王。紀見本書卷四六至卷四八、《新五代史》卷七。　鳳翔：方鎮名。治所在鳳翔府（今陝西鳳翔縣）。　王玫：人名。籍貫不詳。後唐、後晋大臣。事見《通鑑》卷二七九。　“初，唐末帝自鳳翔至”至“甚愆於素”：《舊五代史考異》：“《通鑑》云：帝問王玫以府庫之實，對有數百萬在。既而閲實，金、帛不過三萬兩、匹。”見《通鑑》卷二七九清泰元年四月乙亥條。

［5］“末帝怒”至“蓋憎其太察故也”：《舊五代史考異》：“《通鑑》：清泰元年八月，免諸道逋租三百三十八萬。”此句之“清泰元年八月”，中華書局本有校勘記：“‘元年’，原作‘二年’，據《通鑑》卷二七九改。”《通鑑》卷二七九清泰元年八月庚午條：“帝以王玫對左藏見財失實，故以劉昫代判三司。昫命判官高延賞鉤考窮覈，皆積年逋欠之數，姦吏利其徵責丐取，故存之。昫具奏其狀，且請察其可徵者急督之，必無可償者悉蠲之，韓昭胤極言其便。八月，庚午，詔長興以前户部及諸道逋租三百三十八萬，虚煩簿籍，咸蠲免勿徵。貧民大悦，而三司吏怨之。”《輯本舊史》卷四六《唐末帝紀上》清泰元年十月戊寅條：“宰臣李愚、劉昫罷相，以愚守左僕射，昫守右僕射。”《新五代史》卷五五《劉昫傳》：“先是，馮道與昫爲姻家而同爲相，道罷，李愚代之。愚素惡道爲人，凡事有稽失者，必指以誚昫曰：‘此公親家翁所爲也!’昫性少容恕，而愚特剛介，遂相詆訴。相府史吏惡此兩人剛直，因共揚言，其事聞，廢帝並罷之，以昫爲右僕射。是時，三司諸吏提印聚立月華門外，聞宣麻罷昫相，皆歡呼相賀曰：‘自此我曹快活矣!’昫在相位，不習典故。初，明宗崩，太常卿崔居儉以故事當爲禮儀使，居儉辭以祖諱蠡。馮道改居儉祕書監，居儉怏怏失職。中書舍

人李詳爲居儉誥詞，有‘聞名心懼’之語，昫輒易曰‘有耻且格’。居儉訴曰：‘名諱有令式，予何罪也？’當時聞者皆傳以爲笑。及爲僕射，入朝遇雨，移班廊下，御史臺吏引僕射立中丞御史下，昫詰吏以故事，自宰相至臺省皆不能知。是時，馮道罷相爲司空。自隋、唐以來，三公無職事，不特置，及道爲司空，問有司班次，亦皆不能知，由是不入朝堂，俟臺官、兩省入而後入，宰相出則隨而出。至昫爲僕射，自以由宰相罷與道同，乃隨道出入，有司不能彈正，而議者多竊笑之。”

天福初，張從賓作亂於洛陽，害皇子重乂，詔爲東都留守，判河南府事，尋以本官判鹽鐵。[1]未幾，奉使入契丹，還遷太子太保兼左僕射，封譙國公，俄改太子太傅。[2]開運初，授司空、平章事、監修國史，復判三司。[3]契丹主至，不改其職。昫以眼疾乞休致，契丹主降僞命授昫守太保。[4]契丹主北去，留於東京。其年夏，以病卒，[5]年六十。漢高祖登極，贈太保。[6]

[1]重乂：人名。即石重乂。後晋高祖石敬瑭之子。傳見本書卷八七、《新五代史》卷一七。　留守：官名。古代皇帝出巡或親征時指定親王或大臣留守京城，綜理國家軍事、行政、民事、財政等事務，稱京城留守。在陪都或軍事重鎮也常設留守，以地方長官兼任。　河南府：府名。治所在今河南洛陽市。　“詔爲東都留守”至“尋以本官判鹽鐵”：《輯本舊史》卷七六《晋高祖紀二》天福二年（937）二月壬寅條：“尚書左僕射劉昫、右僕射盧質並加食邑實封。”同年三月丙寅條：“左僕射劉昫等議立宗廟，以立高祖已下四親廟，其始祖一廟，伏候聖裁。”同年七月甲寅條：“削奪范延光在身官爵。以左僕射劉昫充東都留守，兼判河南府事。”同年

八月庚子條：“左僕射劉昫加特進，兼鹽鐵轉運等使。”

［2］太子太傅：官名。與太子太師、太子太保統稱“太子三師”。隋、唐以後多作加官或贈官。從一品。　“未幾”至“俄改太子太傅”：《輯本舊史》卷七七《晋高祖紀三》天福三年八月戊寅條：“以左僕射劉昫爲契丹册禮使，左散騎常侍韋勳副之，給事中盧重爲契丹皇太后册禮使。”卷七八《晋高祖紀四》天福四年三月癸卯條：“左僕射劉昫、給事中盧重自契丹使迴，頒賜器幣如馮道等。”同年五月癸卯條：“以左僕射劉昫兼太子太保，封譙國公。”卷八一《晋少帝紀一》天福七年八月戊辰條：“以太子太保兼尚書左僕射劉昫爲太子太傅。”卷一三七《契丹傳》：“天福三年，又遣宰臣馮道、左僕射劉昫等持節册德光及其母氏徽號，齎鹵簿、儀仗、法服、車輅於本國行禮。”《新五代史》卷八《晋本紀》天福三年八月戊寅條：“馮道及左僕射劉昫爲契丹册禮使。”《宋本册府》卷六五四《奉使部·恩奬門》：“天福四年，與給事中盧重自契丹使迴，頒賜器幣。”

［3］司空：官名。與太尉、司徒並爲三公。唐後期、五代多爲大臣、勳貴加官。正一品。　“開運初”至“復判三司”：《輯本舊史》卷八三《晋少帝紀三》開運元年（944）七月己丑條：“以太子太傅、譙國公劉昫爲守司空、兼門下侍郎、平章事、監修國史、判三司。”卷八四《晋少帝紀四》開運二年五月壬子條：“宰臣桑維翰、劉昫、李崧、和凝並加階爵。”同年六月乙丑條：“監修國史劉昫、史官張昭遠等以新修《唐書·紀》《志》《列傳》并目録凡二百三卷上之，賜器帛有差。”同年十二月丁亥條：“以司空、門下侍郎、平章事劉昫判三司。”《新五代史》卷九《晋本紀》開運元年七月己丑條：“太子太傅劉昫守司空兼門下侍郎、同中書門下平章事。”卷五五《劉昫傳》：“開運中，拜司空、同中書門下平章事，復判三司。”《通鑑》卷二八四開運元年七月己丑條：“以太子太傅劉昫爲司空兼門下侍郎、同平章事。”

［4］契丹主降僞命授昫守太保：《舊五代史考異》：“《歐陽史》

作罷爲太保。”《新五代史》卷五五《劉昫傳》：“契丹犯京師，昫以目疾罷爲太保。”

[5]其年夏，以病卒：《新五代史》卷一〇《漢本紀》開運四年：“是夏，劉昫薨。”

[6]贈太保：《輯本舊史》卷一〇〇《漢高祖紀下》天福十二年七月辛丑條：“故守司空、兼門下侍郎、平章事、譙國公劉昫贈太保。”

初，昫避難河朔，匿於北山蘭若，有賈少瑜者爲僧，輟衾裯以温燠之。[1]及昫官達，致少瑜進士及第，拜監察御史，聞者義之。[2]《永樂大典》卷九千九十八。[3]

[1]北山：地名。今地不詳。　蘭若：佛寺的代稱。　賈少瑜：人名。籍貫不詳。五代僧侣。事見本書本卷。

[2]監察御史：官名。唐代屬御史臺之察院，掌監察中央機構、州縣長官及祭祀、庫藏、軍旅等事。唐中期以後，亦作爲外官所帶之銜。正八品下。

[3]《大典》卷九〇九八“劉”字韻“姓氏（二六）”事目。

馮玉

馮玉，字璟臣，定州人也。[1]父濛，爲州進奏吏，居京師，以巧佞爲安重誨所喜，以爲鄴都副留守。高祖留守鄴都，得濛，懽甚，乃爲重胤娶濛女，後封吴國夫人。[2]玉少應進士不第。唐長興中，宣徽使馮贇出鎮太原，玉以宗盟之分往依之，贇乃奏玉爲從事，府罷入朝，拜監察御史。[3]累遷禮部郎中，爲鹽鐵判官。晋出帝納玉姊爲后，玉以后戚知制誥，拜中書舍人。玉不知書，而與殷鵬同爲舍人，制誥常遣鵬代作。[4]

[1]馮玉，字璟臣，定州人也：《新五代史》卷五六《馮玉傳》。“馮玉”下有《舊五代史考異》：“案：以下有闕文。《歐陽史》云：字景臣，定州人。”《新五代史》原作字“璟臣”，《舊五代史考異》誤。《宋本册府》卷七二九《幕府部·辟署門五》馮玉條亦作字“璟臣”。又有《輯本舊史》之影庫本粘籤：“《馮玉傳》，《永樂大典》闕全篇。其散見各韻者，尚存三條，今排比前後，以存大概。”

[2]安重誨：人名。應州（山西應縣）人。後唐大臣。傳見本書卷六六、《新五代史》卷二四。　“父濛”至“後封吴國夫人”：《新五代史》卷一七《出帝皇后馮氏傳》。馮玉妹後爲晋少帝后，據《馮氏傳》可知其父名。

[3]宣徽使：官名。唐始置。宣徽南院使、北院使通稱宣徽使。初用宦官，五代以後改用士人。通掌内諸司及三班内侍之名籍，郊祀、朝會、宴享供帳之儀，檢視内外進奉名物。參見王永平《論唐代宣徽使》，《中國史研究》1995 年第 1 期；王孫盈政《再論唐代的宣徽使》，《中華文史論叢》2018 年第 3 期。　馮贇：人名。太原（今山西太原市）人。五代後唐明宗朝宰相、三司使。傳見本書附録、《新五代史》卷二七。　“玉少應進士不第”至“拜監察御史”：《宋本册府》卷七二九。《新五代史·馮玉傳》作：“少舉進士不中。馮贇爲河東節度使，辟爲推官，入拜監察御史。”

[4]禮部郎中：官名。尚書省禮部頭司禮部司長官。掌禮樂、學校、衣冠、符印、表疏、圖書、册命、祥瑞、鋪設，及百官、宫人喪葬贈賻之數。從五品上。　鹽鐵判官：官名。掌鹽鐵政務及税收。　“累遷禮部郎中”至“制誥常遣鵬代作”：見《新五代史·馮玉傳》。“晋出帝納玉姊爲后”，中華書局本有校勘記：“本書卷一

七《晋家人傳》、《舊五代史》卷八九《馮玉傳》、《通鑑》卷二八三，晋出帝皇后爲馮玉妹。按吴光耀《纂誤續補》卷五：‘“姊”字疑“妹”字傳寫之誤。’”《輯本舊史》卷七九《晋高祖紀五》天福六年（941）四月己亥條：“禮部郎中馮玉改司門郎中、知制誥。”《輯本舊史》卷八九《殷鵬傳》：“（殷鵬）擢拜中書舍人，與馮玉同職。玉本非代言之才，所得除目，多託鵬爲之。玉嘗以‘姑息’字問於人，人則以‘辜負’字教之，玉乃然之，當時以爲笑端。”《通鑑》卷二八三天福八年十月戊申條：“立吴國夫人馮氏爲皇后……初，高祖愛少弟重胤，養以爲子；及留守鄴都，娶副留守安喜馮濛女爲其婦。重胤早卒，馮夫人寡居，有美色，帝見而悦之；高祖崩，梓宫在殯，帝遂納之。羣臣皆賀，帝謂馮道等曰：‘皇太后之命，與卿等不任大慶。’羣臣出，帝與夫人酣飲，過梓宫前，醊而告曰：‘皇太后之命，與先帝不任太慶。’左右失笑，帝亦自笑，顧謂左右曰：‘我今日作新壻，何如？’夫人與左右皆大笑。太后雖恚，而無如之何。既正位中宫，頗預政事。后兄玉，時爲禮部郎中、鹽鐵判官，帝驟擢用至端明殿學士、户部侍郎，與議政事。”

少帝嗣位，納馮后於中宫，后即玉之妹也。玉既聯戚里，恩寵彌厚，俄自知制誥、中書舍人出爲潁州團練使，遷端明殿學士、户部侍郎，尋加右僕射，軍國大政，一以委之。[1]《永樂大典》卷一萬三百三十。[2]

[1]潁州：州名。治所在今安徽阜陽市。　團練使：官名。唐代中期以後，於不設節度使的地區設團練使，掌本區各州軍事。　户部侍郎：官名。尚書省户部次官。協助户部尚書掌天下田户、均輸、錢穀之政令。正四品下。　“少帝嗣位”至“一以委之”：《輯本舊史》卷八二《晋少帝紀二》天福八年（943）九月丁亥條：“以金部郎中、知制誥馮玉爲檢校尚書右僕射，充潁州團練使。”卷

八三《晉少帝紀三》開運元年（944）七月壬午條："以潁州團練使馮玉爲户部侍郎，充端明殿學士。"卷八四《晉少帝紀四》開運二年八月丙寅條："以樞密使馮玉爲中書侍郎、平章事，使如故。"同年九月丁酉條："以中書舍人盧價爲工部侍郎。價久次綸闈，舊例合轉禮部侍郎或御史中丞，宰臣馮玉擬此官，桑維翰以爲資望淺，不署狀。無何，維翰休沐數日，玉獨奏行之，維翰由是不樂，與玉有間矣。"此事亦見明本《册府》卷三三七《宰輔部·不協門》。《輯本舊史》卷八五《晉少帝紀五》開運三年十一月庚寅條："樞密使、中書侍郎兼户部尚書、平章事馮玉加尚書右僕射。"卷八九《桑維翰傳》："（桑維翰）權位既重，而四方賂遺，咸湊其門，故仍歲之間，積貨鉅萬，由是澆競輩得以興謗。未幾，内客省使李彦韜、端明殿學士馮玉皆以親舊用事，與維翰不協，間言稍入，維翰漸見疏忌，將加黜退，賴宰相劉昫、李崧奏云：'維翰元勳，且無顯過，不宜輕有進退。'少帝乃止。尋以馮玉爲樞密使，以分維翰之權。"同卷《殷鵬傳》："及玉爲樞密使，擢爲本院學士，每有庶僚秉鞹謁玉，故事，宰臣以履見之，鵬多在玉所，見客亦然。有丞郎王易簡退而有言，鵬銜之。"《新五代史》卷九《晉本紀》開運二年二月丙申條："端明殿學士、尚書户部侍郎馮玉爲户部尚書、樞密使。"卷五六《馮玉傳》："頃之，玉出爲潁州團練使，拜端明殿學士、户部侍郎，遷樞密使、中書侍郎、同中書門下平章事。"《通鑑》卷二八四開運二年二月丙申條："端明殿學士、户部侍郎馮玉，宣徽北院使、權侍衛馬步都虞候太原李彦韜，皆挾恩用事，惡中書令桑維翰，數毁之。帝欲罷維翰政事，李崧、劉昫固諫而止。維翰知之，請以玉爲樞密副使，玉殊不平。丙申，中旨以玉爲户部尚書、樞密使，以分維翰之權。"

［2］《大典》卷一〇三三〇"璽"字韻"玉璽"事目。《舊五代史考異》："以下有闕文。《通鑑》云：玉每喜承迎帝意，由是益有寵。嘗有疾在家，帝謂諸宰相曰：'自刺史而上，俟馮玉出，乃得除。'其倚任如此。玉乘勢弄權，四方賂遺，輻輳其門，由是朝

政日壞。”見《通鑑》卷二八五開運二年八月丙寅條。其中，“玉每喜承迎帝意”作“玉每善承迎帝意”，“自刺史而上”作“自刺史以上”，“由是朝政日壞”作“由是朝政益壞”，均通。

時少帝方務奢逸，後宫大恣華侈，玉希旨取容，未嘗諫止，故少帝愈寵焉。[1]因少帝以重睿擇師傅事言于玉，遂以詞激少帝，尋出維翰爲開封尹。[2]熊皦以少帝開運三年謫授商州上津縣令。[3]皦嘗爲延州劉景巖從事。景巖入移内地，皦有力焉。後景巖承詔休致，心甚不樂，前使皦送金帶遺宰臣馮玉，玉不受。皦時爲左補闕，雖云歸帶與景巖之來使，而不甚明。景巖以失意怨皦，因誣其隱帶以達玉。玉奏之，故有是謫。[4]

［1］“時少帝方務奢逸”至“故少帝愈寵焉”：明本《册府》卷三三五《宰輔部·竊位門》。

［2］“因少帝以皇弟重睿擇師傅事言于玉”至“尋出維翰爲開封尹”：明本《册府》卷三三七《宰輔部·不協門》桑維翰條。

［3］熊皦：人名。或作“熊皎”。九華山（今安徽青陽縣）人。五代大臣。事見《唐才子傳》卷一〇。　商州：州名。治所在今陝西商洛市商州區。　上津：縣名。治所在今湖北鄖西縣上津鎮。

［4］左補闕：官名。唐代諫官。武則天時始置。分爲左、右，左補闕隸於門下省，右補闕隸於中書省。掌規諫諷諭，大事可以廷議，小事則上封奏。從七品上。　“熊皦以少帝開運三年謫授商州上津縣令”至“故有是謫”：明本《册府》卷九四九《總録部·亡命門》。

張彦澤陷京城，軍士争湊其第，家財巨萬，一夕罄空。翌日，玉假蓋而出，猶繞指以諂彦澤，且請令引送玉璽於契丹主，將利其復用。[1]《永樂大典》卷一萬三百三十。[2]少帝蒙塵，終無一言勸之以死，共欲偷其視息，深爲士大夫所耻。[3]

[1]“張彦澤陷京城”至“將利其復用”：《大典》卷一〇三三〇“璽”字韻“玉璽”事目。明本《册府》卷三三九《宰輔部·邪佞門》作：“開運末，張彦澤引契丹陷京城，軍士争湊其第，家財巨萬，一夕罄空。翼日，玉假蓋而出，猶繞指以諂彦澤，且請引送玉璽於虜主，將利其復用。”亦見《新五代史》卷五六《馮玉傳》。

[2]《大典》卷一〇三三〇“璽”字韻“玉璽”事目。

[3]“少帝蒙塵”至“深爲士大夫所耻”：明本《册府》卷三三九。“其”疑爲“安”之誤。

玉從少帝北遷，契丹命爲太子少保。[1]至周太祖廣順三年，其子傑自幽州不告父而亡歸，玉懼譴責，尋以憂恚卒於蕃中。[2]《永樂大典》卷一萬七千一百九十五。[3]

[1]太子少保：官名。與太子少傅、太子少師合稱“太子三少”，唐後期、五代多爲大臣、勳貴加官。從二品。

[2]廣順三年：中華書局本有校勘記：“‘三年’，原作‘二年’，據《册府》（宋本）卷九二三、《新五代史》卷五六《馮玉傳》改。”　其子傑自幽州不告父而亡歸：中華書局本有校勘記：“‘其子’二字原闕，據殿本、劉本補。影庫本粘籤：‘“二年”下，以文義推之，當有“其子”二字，今原文脱落，未敢以意增補，姑仍其舊，附識于此。’”《宋本册府》卷九二三《總録部·不孝門》馮傑條云：“馮傑，晋宰相玉之子也。玉從少帝北遷，虜僞命爲太

子少保。至周太祖廣順三年，傑至幽州不告父而亡歸。玉懼虜譴責，尋以憂恚卒於蕃中。”《新五代史》卷五六《馮玉傳》：“周廣順三年，其子傑自契丹逃歸，玉懼，以憂卒。”《輯本舊史》在傳後録《五代史補》：“《五代史補》：馮玉嘗爲樞密使，有朝使馬承翰素有口辯，一旦持刺來謁玉，玉覽刺輒戲曰：‘馬既有汗，宜卸下鞍。’承翰應聲曰：‘明公姓馮，可謂死囚逢獄。’玉自以言失，遽延而謝之。”見《五代史補》卷四馮玉爲馬承翰所譏條。

［3］《大典》卷一七一九五“孝”字韻“不孝”等事目。

殷鵬

殷鵬，字大舉，大名人也。[1]以雋秀爲鄉曲所稱，弱冠擢進士第。[2]唐閔帝之鎮魏州，聞其名，辟爲從事。[3]及即位，命爲右拾遺，歷左補闕、考功員外郎，充史館修撰，遷刑部郎中。[4]鵬姿顔若婦人，而性巧媚。天福中，擢拜中書舍人，與馮玉同職。[5]玉本非代言之才，所得除目，多託鵬爲之。玉嘗以“姑息”字問於人，人則以“辜負”字教之，玉乃然之，當時以爲笑端。鵬之才比玉雖優，其纖佞過之。後玉出郡，借第以處之，分禄食之。及玉爲樞密使，擢爲本院學士，每有庶僚秉鞹謁玉，故事，宰臣以履見之，鵬多在玉所，見客亦然。[6]有丞郎王易簡退而有言，鵬銜之。[7]及契丹入汴，有人獲玉與鵬有籤記字，皆朝廷上列有不得志欲左授者，則易簡是其首焉。玉既北行，鵬亦尋以病卒。《永樂大典》卷二千二百六。[8]

［1］大名：府名。治所在今河北大名縣。

［2］弱冠：古時男子二十歲稱“弱冠”。行冠禮以示成年，但因體猶未壯，尚屬年少，故以“弱”稱之。

［3］唐閔帝：即後唐閔帝李從厚。明宗李嗣源第三子。紀見本書卷四五、《新五代史》卷七。　魏州：州名。治所在今河北大名縣。　“殷鵬”至“辟爲從事”：亦見《宋本册府》卷七二九《幕府部・辟署門四》。

［4］右拾遺：官名。唐武則天於垂拱元年（685）置拾遺，分左、右。左拾遺隸門下省，右拾遺隸中書省，與左、右補闕共掌諷諫，大事廷議，小事則上封事。從八品上。《宋本册府》卷一七二《帝王部・求舊門二》：“愍帝，長興四年十一月即位，丙辰……以天雄軍巡官殷鵬爲右拾遺。鵬與吴承範俱魏州人，舉進士，會帝爲帥，歸鄉里依之，故有是超授焉。”　考功員外郎：官名。尚書省吏部考功司副長官。爲考功郎中的副職，協助考功郎中掌考察内外百官及功臣家傳、碑、頌、誄、謚等事。從六品上。　史館修撰：官名。唐天寶以後，他官兼領史職者，稱史館修撰。

［5］“天福中”至“與馮玉同職”：《輯本舊史》卷一四九《職官志・封廕》載殷鵬爲起居郎時，於天福三年（938）十一月奏議一篇，又見於明本《册府》卷四七六《臺省部・奏議門七》，《册府》繫於天福二年十二月。《輯本舊史》卷八〇《晋高祖紀六》天福六年七月丙戌條：“刑部郎中殷鵬爲水部郎中，知制誥。”卷八四《晋少帝紀四》開運二年（945）十二月辛未條：“以前中書舍人殷鵬爲給事中，充樞密直學士。”

［6］“鵬之才比玉雖優”至“見客亦然”：《通鑑》卷二八五開運二年十二月辛未條：“以前中書舍人廣晋陰鵬爲給事中、樞密直學士。鵬，馮玉之黨也。朝廷每有遷除，玉皆與鵬議之。由是請謁賂遺，充滿其門。”

［7］王易簡：人名。字國寶，京兆（今陝西西安市）人。後梁進士，五代、宋初大臣。傳見《宋史》卷二六二。

[8]《大典》卷二二〇六爲“盧”字韻“姓氏（一）”事目，誤。應爲《大典》卷三二〇六“殷”字韻“姓氏（二）”事目。據下段“史臣曰”後亦可知爲卷三二〇六。

史臣曰：維翰之輔晋室也，罄弼諧之志，參締搆之功，觀其効忠，亦可謂社稷臣矣。況和戎之策，固非誤計，及國之亡也，彼以滅口爲謀，此掇殁身之禍，則畫策之難也，豈期如是哉！是以韓非慨慷而著説難者，當爲此也，悲夫![1]趙瑩際會風雲，優游藩輔，雖易簀於絶域，終歸柩於故園，蓋仁信之行通於遐邇故也。劉昫有真相之才，克全嘉譽；馮玉乘君子之器，終殁窮荒，其優劣可知矣。《永樂大典》卷三千二百六。[2]

[1]韓非：人名。新鄭（今河南新鄭市）人。戰國時期法家代表人物。其著説被整理爲《韓非子》一書。後爲李斯構陷所害。《説難》：戰國時期法家代表作《韓非子》的篇目之一，主要論述説服君主所需面對的種種困難。

[2]《大典》卷三二〇六“殷”字韻“姓氏（二）”事目。